种植业低碳绩效评价与减排政策研究
——以山东省为例

FARMING

Research on Low Carbon Performance Evaluation and Emission Reduction Policy of Planting Industry:

Taking Shandong Province as an Example

杨滨键 著

中国社会科学出版社

图书在版编目（CIP）数据

种植业低碳绩效评价与减排政策研究：以山东省为例 / 杨滨键著. —北京：中国社会科学出版社，2022.1
ISBN 978 - 7 - 5203 - 8935 - 8

Ⅰ.①种… Ⅱ.①杨… Ⅲ.①种植业—低碳经济—研究—山东 ②种植业—节能减排—环境政策—研究—山东 Ⅳ.①F326.1

中国版本图书馆 CIP 数据核字（2021）第 163253 号

出 版 人	赵剑英
责任编辑	刘晓红
责任校对	周晓东
责任印制	戴　宽
出　　版	中国社会科学出版社
社　　址	北京鼓楼西大街甲 158 号
邮　　编	100720
网　　址	http://www.csspw.cn
发 行 部	010 - 84083685
门 市 部	010 - 84029450
经　　销	新华书店及其他书店
印　　刷	北京君升印刷有限公司
装　　订	廊坊市广阳区广增装订厂
版　　次	2022 年 1 月第 1 版
印　　次	2022 年 1 月第 1 次印刷
开　　本	710×1000　1/16
印　　张	14.5
插　　页	2
字　　数	209 千字
定　　价	78.00 元

凡购买中国社会科学出版社图书，如有质量问题请与本社营销中心联系调换
电话：010 - 84083683
版权所有　侵权必究

摘　　要

联合国政府间气候变化专业委员会第四次评估报告（2007）指出，农业是温室气体的第二大来源，农业源温室气体排放占全球人为排放的13.5%。种植业在整个农业中占有最重要的地位，是整个农业的基础。我国种植业生产面临着生产资料高投入、产量与效益偏低、资源过度利用、生态退化、农村生活条件差等一系列问题。山东省是我国的种植业大省，种植业经济发展良好，外向度较高，据山东省海关统计，自2001年起山东省对外农产品进出口额连续18年位居我国第一，其稳定发展，一方面，对我国种植业而言具有很强的示范意义和导向价值；另一方面，对于人民生活水平的提高与国民经济的发展均具有重要意义。

根据2019年数据显示，我国碳排放总量位居全球第一，几乎是第二名美国碳排放量的2倍，但是需要肯定的是我国仅以世界7%的耕地养活了世界1/5的人口，为全球的稳定发展做出了巨大的贡献。然而在我国种植业高速发展的同时，也给环境带来了负面影响，化肥、农药、农膜等生产资料的过度使用，对土壤与水资源都造成了严重的污染，更加大了种植业碳源的排放量，且在党的十八大报告中，我国明确提出了大力推进生态文明建设战略。鉴于来自国际社会的减排压力与国内种植业发展的实际情况，开展种植业低碳的研究是顺应时代潮流所需的必然前进方向。种植业低碳绩效能够很好地衡量与评价种植业低碳的发展程度，但如何去测度种植业低碳绩效水平？影响种植业低碳绩效的因素是什么？制定减排政策如何合理地进行成本控制？减排政策如何进行科学的评价？显而易见的是，只有以上问题得到解答，才能促进种植业的低碳发展。所以，本书将对种植业低碳绩效进行全面分析与评价，为其走低碳发展之路构建减排政策体系，这将对种植业走低碳发展之路具有强烈的现实意义。本书主要工作如下：

第一，本书系统地梳理了国内外关于低碳农业方面的研究现状，并对本书所涉及的概念以及理论进行了总结与界定，以确保研究理论根基扎实。

第二，对山东省种植业发展的现状、生产投入现状以及农业低碳发展现状进行描述性分析，并以此为基础，对山东省种植业碳排放量与碳汇量进行了科学的测算，并从时间与空间的角度分析了其发展趋势、结构、密度以及强度的变化与地区差异。接着在种植业碳排放与碳汇测度基础上运用随机前沿分析法测算了山东省种植业碳排放边际减排成本，同时，进行了种植业碳汇空间集聚特征分析，由此全面系统地掌握了山东省碳排放、碳汇的时间与空间发展规律以及区域差异，一方面，为减排政策体系构建指出了任务细分方向，完善了政策体系构建的成本模块；另一方面，为接下来进行山东省种植业低碳绩效的研究打下了坚实的基础。

第三，本部分首先对种植业低碳绩效的投入变量与产出变量进行了界定，在此基础上构建了 DEA – Malmquist 模型对山东省种植业低碳绩效水平进行了测度，接着从时间与空间的角度对种植业低碳绩效开展了分析与评价，并对种植业低碳绩效与种植业传统绩效进行了比较分析，这为后文的研究指明了方向。

第四，为了研究种植业低碳绩效水平时空存在差异的原因，本部分对山东省种植业低碳绩效进行了空间效应研究，首先运用了全域自相关性检验和局域自相关性检验，对山东省区域种植业低碳绩效的空间相关性进行了分析，并对局域空间自相关性的时空跃迁路径进行刻画和分析。接着运用了空间面板数据模型进行了固定效应的空间滞后模型（SLM）和空间杜宾模型（SEM）估计，从经济因素、制度因素、规模因素以及技术因素出发分析了种植业低碳绩效的空间效应。通过本部分研究，系统地掌握了各因素对种植业低碳绩效的空间影响效应，使山东省种植业低碳发展减排政策体系的构建更加科学合理。

第五，本部分运用了 PVAR 模型研究了低碳驱动与约束对山东省种植业低碳绩效的动态影响效应。首先通过 GMM 参数估计分析了低碳约束目标与低碳驱动手段在滞后一期的情况下对种植业低碳绩效的影响作用，接着运用脉冲函数分析了低碳约束目标与低碳驱动手段变量对种植业低碳绩效影响的发展趋势变化，并且通过方差分解测算了低碳约束目标与低碳驱动手段变量对种植业低碳绩效的影响贡献度。该部分的研究为减排政策体系的最终形成，奠定了坚实的理论与现实基础。

第六，本部分首先对种植业低碳绩效进行了现有情景仿真分析，接着设定了低碳政策情景并进行了仿真分析，同时，对低碳政策开展了决策评价分析。最后，综合了前文研究结论，系统地构建了山东省种植业减排政策体系，并有针对性地提出了推动山东省种植业低碳发展的政策建议。

关键词　种植业；低碳绩效评价；减排成本；仿真模拟；减排政策

目　　录

第一章　绪论 … 1
第一节　研究背景 … 1
第二节　研究目的与意义 … 3
第三节　国内外研究现状及评述 … 4
第四节　研究内容、方法及技术路线 … 19
第五节　研究可能创新点 … 23

第二章　相关概念界定与理论基础分析 … 24
第一节　相关概念界定 … 24
第二节　相关理论基础 … 29
第三节　本章小结 … 37

第三章　山东省种植业发展现状分析 … 38
第一节　山东省农业低碳发展现状 … 38
第二节　山东省种植业发展时空特征分析 … 41
第三节　山东省种植业生产资料投入使用的分析 … 51
第四节　山东省种植业投入产出效率的分析 … 56
第五节　本章小结 … 58

第四章　山东省种植业碳排放/碳汇测算与特征分析 … 60
第一节　种植业碳排放测算 … 60

第二节 种植业碳排放边际减排成本测度 …………………… 71
第三节 种植业碳汇的测算 …………………………………… 87
第四节 种植业碳汇空间集聚特征分析 ……………………… 98
第五节 本章小结 ……………………………………………… 101

第五章 山东省种植业低碳绩效测度与评价 ……………………… 103
第一节 种植业低碳绩效测度研究方法 ……………………… 103
第二节 变量选取及数据处理 ………………………………… 105
第三节 种植业低碳绩效测度与时空比较分析 ……………… 109
第四节 本章小结 ……………………………………………… 116

第六章 山东省种植业低碳绩效的空间效应与影响因素分析 … 118
第一节 种植业低碳绩效的空间效应检验 …………………… 118
第二节 区域种植业低碳绩效空间效应检验 ………………… 122
第三节 山东省种植业低碳绩效的空间计量经济学模型 …… 126
第四节 山东省种植业低碳绩效影响因素的实证分析 ……… 131
第五节 本章小结 ……………………………………………… 138

第七章 低碳驱动与约束对山东省种植业低碳绩效的影响效应分析 …………………………………………………………… 140
第一节 低碳驱动与约束动态影响效应研究方法与变量选取 …………………………………………………… 140
第二节 低碳驱动与约束影响效应实证检验 ………………… 144
第三节 低碳驱动与约束影响效应实证分析 ………………… 149
第四节 本章小结 ……………………………………………… 159

第八章 山东省种植业低碳政策情景仿真分析 …………………… 161
第一节 山东省种植业现有情景仿真分析 …………………… 161
第二节 低碳政策情景设定与仿真分析 ……………………… 175

第三节　政策可行评估分析 …………………………… 180
　　第四节　本章小结 ……………………………………… 183

第九章　山东省种植业低碳发展减排政策体系构建 ………… 185
　　第一节　种植业减排政策体系的框架构建 …………… 185
　　第二节　种植业减排政策体系的制度构建 …………… 189
　　第三节　山东省种植业低碳发展的减排政策 ………… 193
　　第四节　本章小结 ……………………………………… 201

第十章　结论 ……………………………………………………… 202

参考文献 …………………………………………………………… 205

后记 ………………………………………………………………… 221

第一章 绪 论

第一节 研究背景

20世纪以来，碳排放量的增加导致全球温室效应加剧，其发展程度已经严重影响人类社会的生存与发展，而2007年IPCC公告显示农业碳排放源成为温室气体的第二大来源，农业温室气体排放占全球人为排放的13.5%，但根据我国学者董红敏等（2008）、赵文晋等（2010）的研究测算，我国农业源排放量占比已经达到16%—17%。IPCC第二工作组第四次评估报告指出：如温度增加1—3℃，全球大多数农作区种植业将会受其影响，导致农作物产量下降。同时，气温的升高将会降低冬季进行病虫害防治工作的效果，增加农业的生产风险。需要特别注意的是，农业碳排放的降低，不仅意味着大气中温室气体的减少，而且Johnson（2007）研究表明，农业碳排放的减少对提升土壤肥力、改善生态环境与提高农产品质量等方面都有积极的促进作用。所以，如何减少温室气体排放，特别是农业温室气体的排放，积极应对气候变迁带来的负面影响，已经成为世界各国关注的热点问题。

我国属于发展中国家，对《京都议定书》中规定的强制减排责任并没有履行的义务，但根据2019年数据显示，我国碳排放总量位居全球第一，几乎是第二名美国碳排放量的 2 倍，欧盟代表团主席 Carlgren 直言："主要发展中国家特别是中国需要加入到减排协议中来。"我国是负责任的大国，也是生态文明的践行者，在 2020 年庄严地向世界宣布将建设生态文明和美丽地球，二氧化碳排放力争于 2030 年前达到峰值，努力争取 2060 年前实现碳中和。并明确表示，愿意在 2020 年后有条件地接受具有法律约束力的全球减排协议。并且在党的十八大中，明确提出了大力推进生态文明建设战略。值得肯定的是，我国仅以世界 7% 的耕地养活了世界 1/5 的人口，但是在农业高速发展的同时，也给环境带来了负面影响，化肥、农药、农膜等生产资料的过度使用，对土壤与水资源都造成了严重的污染，更加大了农业碳源的排放量。鉴于来自国际社会的减排压力与国内农业发展的实际情况，开展低碳农业的研究是顺应时代潮流所需的必然前进方向。而农业低碳绩效能够很好地衡量与评价低碳农业的发展程度，但如何去衡量农业低碳绩效水平？影响农业低碳绩效的因素是什么？制定减排政策如何合理地进行成本控制？减排政策如何进行科学的评价？显而易见，只有以上问题得到解决，才能更好地促进农业低碳发展。

种植业在农业中占有特殊位置，是人类社会得以存在和发展的基础。其在农业中的比重最大，产值占比超过 50%，种植业的稳定发展，特别是其中粮食作物生产对畜牧业、工业的发展以及国民经济的发展和人民生活的改善均有重要意义。种植业具有碳汇和碳源双重属性，种植业生产过程中农作物光合作用可以吸收大量二氧化碳，具有固碳作用，但种植业生产需要投入大量农用生产资料，必然导致二氧化碳的释放，Mccarl（2000）在研究中就指出，因种植业具备碳源与碳汇的双重属性，实现种植业的低碳发展将有可能成为解决气候变暖问题的关键突破口。

山东省地处我国东部沿海，黄河下游，是我国的农业大省，耕地率属我国最高省份，以粮食总产量最高的 2017 年为例，产量高达 4723.2 万吨，其中蔬菜（含食用菌）、园林水果、肉蛋奶产量更是位居我国第一位。同时，山东省农业经济发展良好，2017年农林牧渔业增加值达到了5158.7亿元，居我国第一位，农业科技进步贡献率更是达到了63.27%，高出全国5个百分点；另外，山东省外向度较高，据山东省海关统计，自2001年起山东省对外农产品进出口额连续18年位居我国第一，其品质高，开放程度好，是我国农产品对外贸易重要的窗口和桥梁，以山东省为样本区域开展研究，对我国农业而言具有很强的示范意义和导向价值。故本书研究将以种植业为对象，对种植业低碳绩效展开系统的分析与评价，同时，为了保证减排政策的切实可行，将对现有情景与低碳政策情景进行仿真模拟分析，力争为推动山东省种植业更好地进行低碳发展提供合理的减排政策建议。

第二节 研究目的与意义

一 研究目的

本书将立足于对山东省种植业碳源、碳汇测算的基础上，以农业低碳经济理论为核心指导思想，综合运用农业循环经济理论、农业绿色发展理论，基于山东省种植业低碳绩效综合评价与政策仿真研究结果的基础上，为促进山东省种植业低碳发展提供减排政策建议。

首先，系统地分析了山东省种植业发展现状并对种植业碳排放量与碳汇量进行了科学的测算，接着分析了山东省碳汇的集聚性，并测算了山东省种植业碳排放边际减排成本，同时，对省内区域差异进行比较分析，并运用核密度函数对山东省种植业碳排放边际减排成本动态趋势变化进行了分析，对于精确分区设计碳减排责任制度有着极其重要的指导意义。其次，对山东省种植业低碳绩效进行了准确的测算并开展了系统的分析，对于衡量种植业低碳发展程度，进而为有针对性地制定种植业低碳发展政策提供了理论支撑。

最后，为推动山东省种植业低碳发展提出了减排政策，力争能够通过运用政策工具实现种植业经济与环境的可持续发展，为促进山东省种植业低碳发展提供决策参考。

二 研究意义

在理论意义方面，本书首先以农业低碳经济理论、农业循环经济理论以及农业绿色发展理论为切入点，在系统分析低碳发展模式成果的基础上，提出了低碳种植业发展的内涵体系和研究框架，在一定程度上丰富了已有的低碳种植业含义，并对我国种植业发展方向由传统粗放型模式向低能耗、低排放、节约高效型模式转变具有一定的理论指导意义。其次，在减排政策体系构建中加入了成本分析模块，一定程度上提升了在政策研究方面的合理性与科学性，对于后续研究具有很好的借鉴作用。最后，山东省种植业低碳发展的减排政策是推进农村生态文明建设的内在需求，对于丰富农村生态文明理论体系具有一定的促进作用。

在现实意义方面，本书根据山东省以及各经济区种植业实际发展情况有针对性地构建了减排政策体系，操作上具有很强的直观性，对于山东省种植业更好地走低碳发展之路具有一定的实践指导作用，并且由于山东省种植业在我国具有"风向标"的导向作用，其减排政策对加快我国种植业低碳步伐，推进农村生态文明建设均具有重要的典型示范意义。

第三节 国内外研究现状及评述

随着温室效应的加剧，农业生产已经受到了严重的影响，国内外许多学者以农业低碳发展为研究主题，展开了许多有价值且极富指导意义的研究。这些学术成果对本书的研究提供了许多可贵的经验借鉴。由于专门针对种植业低碳发展研究的文献偏少，本书将综合借鉴农业低碳发展相关研究成果与种植业低碳发展成果。基于此，本章将主要对农业碳排放源、农业碳汇、低碳农业影响因素、农业低碳绩效与农业减排政策的相关文献进行梳理，通过对相关文献进行综述和分析，为本书的研究工作奠定了坚实的理论基础。

一 国外研究现状

1. 外文相关文献检索情况综述及分析

本书将以 Estimation of Agricultural Carbon Emissions、Influencing Factors of Low Carbon Agriculture、Agricultural Carbon Sink、Performance of Low Carbon Agriculture 以及 Research on the Policy of Reducing Emissions in Low Carbon Development of Agriculture 为主题词进行检索，从四个方面对农业低碳发展已有研究成果进行回顾。

表 1-1　　　　　　　　国外研究检索情况

检索关键词	数量	文献来源	时段（年份）
Estimation of Agricultural Carbon Emissions	31400	读秀学术	2000—2019
Influencing factors of Low Carbon Agriculture	22800	读秀学术	2000—2019
Estimation of Agricultural Carbon Sink	27900	读秀学术	2000—2019
Performance of Low Carbon Agriculture	25200	读秀学术	2000—2019
Research on the Policy of Reducing Emissions in Low Carbon Development of Agriculture	24300	读秀学术	2000—2019

本书检索区间为2000—2019年，从检索的结果观察到，国外学者针对 Estimation of Agricultural Carbon Emissions 研究文献最多，其次为 Estimation of Agricultural Carbon Sink，而最低为 Research on the Policy of Reducing Emissions in Low Carbon Development of Agriculture，由此可知，国外关于低碳农业的研究，主要集中在对农业碳排放、碳汇的测算上，大多停留在对表明现象的分析上，而对其影响因素分析、农业低碳绩效以及农业低碳发展减排政策的研究则相对薄弱，这也为本书的研究指明了可深入钻研的方向。

2. 农业碳排放与碳汇测算研究

农业作为温室气体第二大碳排放来源，准确地定位其来源并测算其碳排放量与分析碳排放变化趋势，一直被国外学者高度关注，如 Johnson（2007）通过研究发现，农业碳排放主要来源于对农业能源利用、农业废弃物、稻田翻耕释放以及生物燃烧等方面。Jane N.（2015）以英国为研究区域，测算了不同农用生产资料使用所释放的碳排放量，并对其进行了比较分析。Lal R.（2004）对不同耕作方式下农业生产所释放的碳排放量进行了测算，并比较分析了其农业收益的经济效果。Baumann M.（2016）测算了南美1985—2013 年农地利用所产生的碳排放量，并研究了其变化发展趋势。Coderoni S.（2011）首先测算意大利各地区的农业碳排量，并对其碳排放量变化趋势展开了分析研究。Mccarl（2000）在构建农业碳排放测算公式的基础上，测算了美国、加拿大、新西兰等国家的碳排放量，研究发现了不同耕作方式下，各国农业碳排放量占总碳排放量比例有明显的差别。Chiodi A.（2016）通过建立测算模型对爱尔兰的农业排放量进行了估算，结果显示爱尔兰农业碳排放量占总碳排放量比例高达 30%，明显高于全球平均水平。

根据 ACIL Tasman Pty Ltd.（2009）研究可知，农业具有碳源与碳汇双重属性，其碳汇属性对于缓解温室效应有着重要的意义，这与 Reicosky D.（2016）研究结论一致，其指出农业具有良好的固碳功能，能够很好地吸收空气中的二氧化碳，从而减缓全球变暖。同样，Kirkels（2014）也在研究中指出，用于农业生产的土地即是碳排放来源，但是也能起到很好的固碳作用，其中农业生产技术是关键影响因素。而国外学者对于农业碳汇的测算也开展许多有价值的研究，Patricio J. H. P.（2014）以菲律宾南部农业省 Bukidnon 为研究样本，对农业土壤碳汇进行了测算研究，并比较分析了各农作物所使用的耕地碳固能力差异。Schepaschenko M.（2012）以俄罗斯国家统计局公布的数据为基础，通过构建测算模型，估算了俄罗斯耕地碳汇量与农作物碳吸收量。Lal R.（2016）在研究中指出，农业生态系统中的农田、牧场、林地，这三种土地资源对碳排放有着良好的吸收作用，正确的土地使用与管理方式可以加强碳吸收能力。Gianelle D. （2015）在研究中指出，用于农业生产的土壤，能够起到固碳的作用，从而有效提高农业生产的净碳汇。Saunders M. J. （2012）以东非热带地区为研究区域，测算当地土壤的碳汇量，并且通过研究发现，由于当地农作物的减少，一方面导致了碳汇的直接减少，另一方面也造成了土壤固碳能力的下降。

3. 农业低碳发展影响因素与农业绩效研究

由于影响农业低碳发展的因素较多，故针对不同的影响因素，国外学者采用了多样的实证方法，以期更好地促进农业低碳发展。在众多影响因素研究中，多数学者对经济因素与农业低碳发展之间的关系展开了研究，Ali G. （2017）通过建立 EKC 模型，研究了巴基斯坦的农业经济增长与碳排放之间的关系，最后得出结论应该采取收费和补贴等经济手段抑制农业碳排放的增长。Coderoni S. （2011）通过建立 EKC 模型对意大利农业部门的经济增长与农业碳排放之间的关系进行了系统研究，发现两者之间存在倒"U"形关系。

有些学者运用实证模型综合考虑了多种因素对于碳排放的影响，Andreoni V. （2012）以意大利为研究区域，运用了"脱钩"模型，分析了农业各因素与碳排放之间的关系，结果表明能源消耗和碳排放没有实现绝对"脱钩"，经济增长和能源强度是农业碳排放量增加的最主要因素。Castillo – Santiago M. A. （2007）通过建立矩阵采用因果分析的方法，综合研究了经济发展、人口密度与土地利用方法等因素对农业碳排放的影响。Mohanad Ismael （2018）以约旦1970—2014 年农业统计数据为研究样本，通过研究后得出结论，提升农业生产技术与机械水平能够有效推动农业低碳减排工作向前发展。Antle J. M. （2007）以美国为研究样本，运用计量经济学模型研究了农业碳排放与经济潜力之间的关系，并且引入了碳排放效率与土壤固碳指数等因素，得出了结论，碳排放效率具有明显的空间异质性，提出碳排放效率的估算需要与空间分析相匹配。

国外学者一般以农业生产效率指标评价农业绩效，Kurkalova L. A. （2003）在对农业生产效率进行测算的基础上，系统地研究评价了其农业绩效水平，并分析了粮食产量下降的原因。Ayenew（2015）以非洲为研究区域，在综合考虑了经济、技术以及农村就业等指标的情况下，运用距离函数法对其农业生产效率进行了评价分析。Nsiah C.（2019）运用数据包络分析法对非洲49个国家的农业生产效率进行了绩效评价，并对其影响绩效的因素展开了系统的分析研究，发现了技术进步是推动绩效增长的主要驱动力。

4. 农业边际减排成本与减排政策研究

农业生产首先需要做到因地制宜与不违农时，并且需要综合考虑多方面的社会、经济、环境等因素，而其中碳减排成本的测算与研究，对于减排政策的制定具有重要的参考价值，国外许多学者对于碳减排边际成本取得了丰富的研究成果，Kai T.（2016）以澳大利亚为研究区域，运用距离函数测算方法，估算了1998—2005年农业碳减排的边际成本，通过比较研究得出结论，农作物产量较高的农场碳减排边际成本较高。Macleod M.（2010）以英国农业为研究样本，测算了农作物与土壤的边际减排成本，并分析了其成本效益与减排潜力。Moran D.（2011）在研究中指出，农业减排成本的核算相比于其他部门更复杂，故运用了"自下而上"边际减排成本曲线（MACC）科学地对农业减排成本进行了测算。

科学合理地制定减排政策，对推动低碳农业的发展有着重要的意义，国外很多学者，对如何推动低碳农业发展，开展了许多有意义的研究，Norse D.（2012）开展了低碳农业的政策研究，通过对已有的案例进行分析后得出结论，首先，制定低碳减排政策时，部门之间需要加强沟通与协作；其次，制定减排政策时需要充分考虑到农民的参与意愿；最后，提出应制定相关低碳技术奖励政策，以此提高资源利用效率，减少化石燃料使用，从而有效降低温室气体排放，促进农业低碳发展。Castro（2015）以葡萄牙为研究区域，在充分考虑农业对于生态系统影响的前提下，以欧盟农业政策为基础，提出了运用大规模支付体系融资的政策能够有效促进农业生产的低碳减排。Fogarassy C.（2015）提出，应有针对性地从鼓励低碳发展项目开展的角度制定政策，以此促进低碳生产技术的升级，耕作方法的转变、粪便处理相关系统的完善，同时，由于资金的长期支持对于推动低碳农业发展具有明显促进作用，故应制定相应的财政资金支持政策。Burney J. A.（2010）通过研究美国 1961—2005 年农业集约化生产方式对温室气体排放影响得出结论，产量提升有助于减少农业碳排放，因此应制定相应财政支持政策增加对产量改进工程的投资，从而推进农业低碳发展。De Pinto A.（2016）通过研究发现，提高资源有效利用率，完善土壤与生态系统的利用技术以及改进农业生产方法，能够有效降低农业碳排放，故应制定政策激励技术创新，为技术创新提供相应的保障措施，从而促进农业低碳发展。Pretty J.（2001）在研究中指出，农业减排政策工具分为规制、建议与经济手段，对政策工具的合理运用在农业减排中起到至关重要的作用。Wollenberg E.（2016）建议应通过设立全球性的农业和粮食生产部门，在保证粮食生产安全的基础上，进行统一政策制定，设立相关减排措施，并且积极因地制宜地在参与国中建立低碳生产技术更新与优秀成果共享机制，以此来推动低碳农业向前发展。

另外，有些学者在制定减排政策后，对政策的实施效果进行了深入的情景模拟分析研究，Lengers B.（2013）基于设定好的农业减排政策，选择了五个指标进行了可行性、精度检测与减排成本权衡之后，对政策实施的效果进行了模拟分析与综合评价。Riesgo L.（2006）以西班牙为研究区域，通过建立模型运用实证研究的方法，选择经济、环境与社会指标变量进行了农业减排政策模拟分析与评估。

二　国内研究现状

1. 国内研究相关文献检索情况综述及分析

关于国内研究文献的检索，本书将以农业碳排放、农业碳汇、农业低碳发展影响因素以及农业减排政策研究为主题进行检索，分析国内学者研究情况。

表1-2　　　　　　　　中文文献检索情况

检索主题	文献数量	文献来源	时段（年份）
农业碳排放	808	CNKI知网	2000—2019
农业碳汇	328	CNKI知网	2000—2019
农业低碳发展影响因素	342	CNKI知网	2000—2019
农业低碳绩效	10	CNKI知网	2000—2019
农业减排政策	25	CNKI知网	2000—2019

注：数据来源于CNKI知网。

由表1-2可知，与国外研究相似，国内关于农业碳排放的研究最为集中，而对于农业减排政策与农业低碳绩效的研究则非常薄弱，由此更加体现出本书研究的重要性与特殊意义。

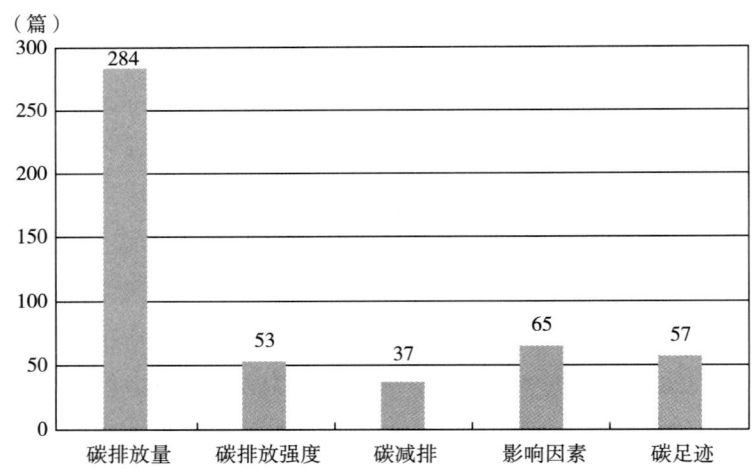

图1-1　农业碳排放研究热点分布

注：图合并部分研究方向并列举主要热点，以下均采取统一列举方法。

由图1-1可知，农业碳排放的研究主要是集中在对碳排放量的测算上，而对于其他方面却涉猎较少，由此可以看出，现目前对于农业碳排放的研究深入性不够。

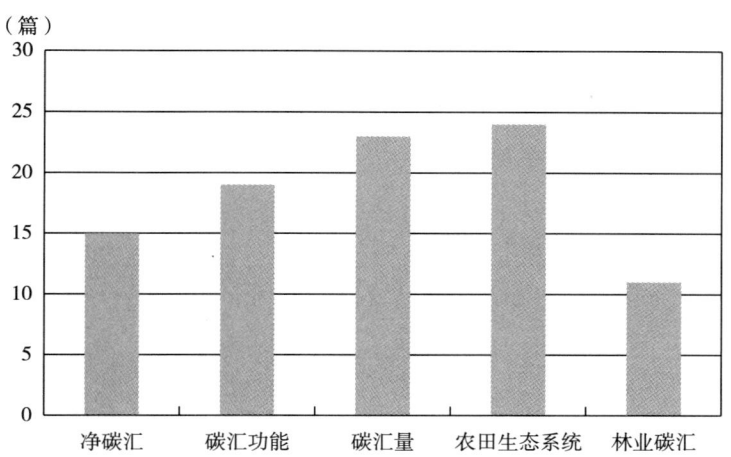

图 1-2 农业碳汇研究热点分布

由图 1-2 可知,农业碳汇的研究热点集中在对农田生态系统的研究与测算碳汇量上,研究面较狭窄。

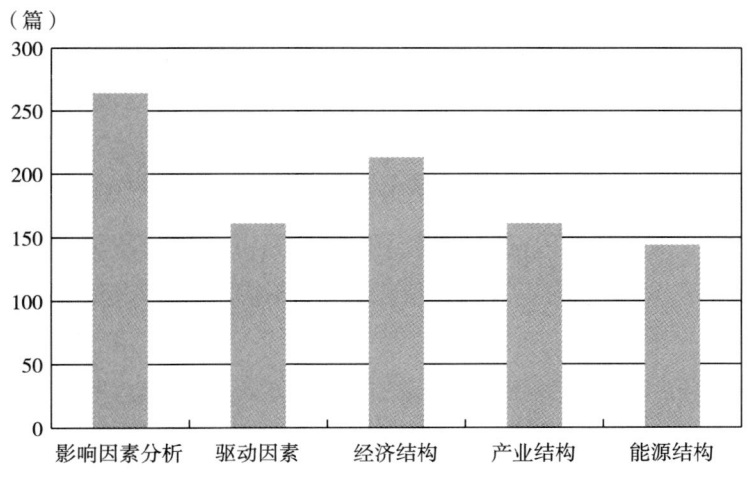

图 1-3 农业低碳发展影响因素研究热点分布

由图 1-3 可知,目前国内关于农业低碳发展影响因素的研究,多从经济结构、产业结构与能源结构等方向为切入点展开分析。

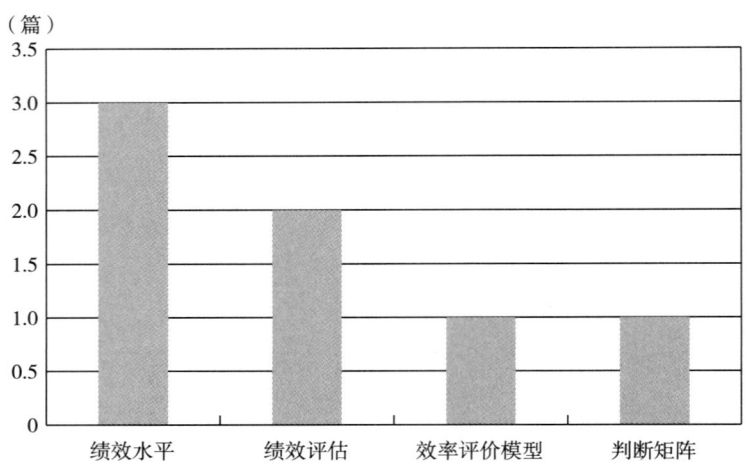

图1-4 农业低碳绩效研究热点分布

由图1-4可知,目前国内关于农业低碳绩效的研究以测算绩效水平与进行绩效评估为主,大多通过构建评价模型等方式开展农业低碳绩效的研究。

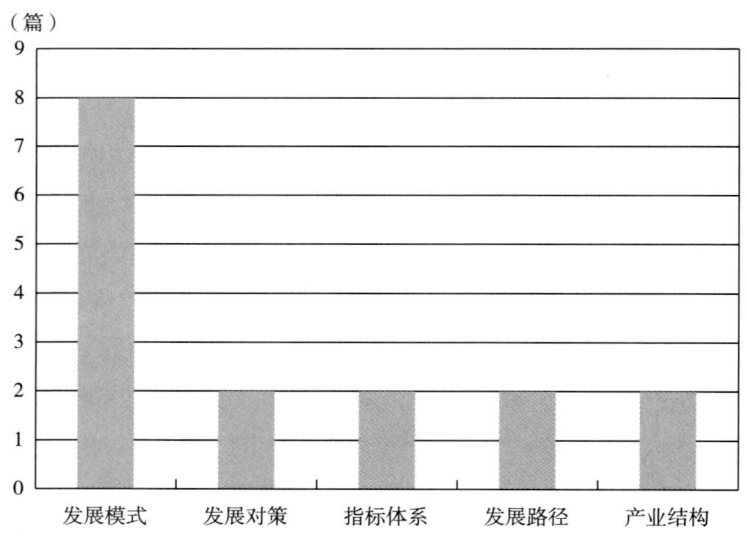

图1-5 农业减排政策研究热点分布

由图 1-5 可知，我国关于农业减排政策的研究主要集中在发展模式上，而关于如何制定政策体系的研究相对较少，同时，对于政策工具在政策体系构建中的重要性认识不够。

2. 农业碳排放、碳汇测算以及发展趋势分析

国内学者运用科学的方法对农业源碳排放进行了测算，并且分析了其发展趋势，田云等（2012）选取了农地利用、稻田等在种植与生产过程中产生的 16 类主要农业碳排放来源为研究对象，测算了 1995—2010 年我国农业生产所释放的碳排放量，并进行了发展趋势分析与地区差异比较研究。冉锦成等（2017）以 23 类农业主要碳排放来源为研究对象，测算了 1995—2014 年我国西北五省农业碳排放量，同时比较了其农业碳排放量在省域空间分布上的差异。陈林等（2019）以宜宾市为研究区域，科学地测算了其 2001—2015 年农业碳排放量与碳排放强度，并对其变化趋势与成因进行了系统的分析。吴义根（2019）系统地测算了 1997—2015 年我国 31 个省份的农业碳排放量，并以此为依据分析了其发展趋势变化与空间集聚分布差异。

基于农业生产存在碳源与碳汇双重性的特点，也有很多学者对农业碳汇进行了科学的测算，李波（2013）测算了我国 1991—2008 年农作物碳汇量，并以此为基础分析了其时序变化特征与空间分布差异。曹志宏等（2018）以河南省为研究区域，测算了其 2000—2015 年农业碳汇量，并以此为依据分析了河南省农业碳汇时间变化趋势与空间集聚性。杨果（2016）测算了我国 1993—2011 年农业的碳汇量，分析了其发展变化趋势，并且计算了粮食作物碳汇量与经济作物碳汇量在总碳汇占比中的变化幅度。陈罗烨等（2016）测算了 1991—2011 年我国农业净碳汇量，并从时间变化趋势、碳汇结构、空间差异三方面系统进行了分析研究；当然，也有少部分学者有针对性开展了种植业碳源、汇测算研究，如尚杰（2019）以山东省为研究区域，对种植业碳源、碳汇与净碳汇进行了科学测算，并分析了其 1990—2016 年的发展趋势变化。田云（2015）则以中国

31个省份为研究区域，测算了2000—2012年种植业碳汇盈余量，并以此为基础从时间的角度分析了其变化趋势，从空间的角度进行了区域比较。杨滨键等（2019）以新组建的济南市为研究区域，从碳源与碳汇角度出发，科学地测算了其2000—2017年的碳足迹，并对其发展趋势的变化展开了系统的分析研究。樊高源等（2016）以新疆为研究区域，测算了其1996—2013年种植业碳汇量，并分析了其变化发展趋势，接着又对区域碳汇量之间的差异进行了比较分析。

3. 农业低碳发展影响因素与农业低碳绩效研究

国内学者关于农业低碳发展影响因素研究成果丰富，有些学者主要从经济因素与农业碳排放之间的发展关系为切入点展开研究，赵先超（2018）以湖北省为研究区域，运用EKC模型研究了1999—2014年农业碳排放与农业经济发展之间的影响关系。李波（2012）运用脱钩分析从时间的角度研究了我国1994—2008年农业碳排放与农业经济发展之间的影响关系，并从空间的角度对区域之间的差异进行了比较分析。高标等（2017）以吉林白城市为研究区域，运用EKC模型分析了1999—2013年农业碳排放与经济发展水平之间的关系，结果显示其呈现出了倒"U"形影响关系。苏洋等（2014）选取了新疆1993—2011年15类农业碳排放主要来源为研究样本，运用"脱钩"模型从时间角度分析了其农业碳排放与农业经济发展之间的影响变化关系。

有些学者则是综合考虑多方面的因素对碳排放的影响变化，吴贤荣等（2014）以农业碳排放效率为切入点，综合运用了DEA-Malmquist指数分解方法与Tobit模型，研究分析了对外开放程度、产业结构、技术进步等因素对于农业碳排放效率的影响关系。何炫蕾等（2018）以兰州市为研究区域，从农业经济发展、碳排放强度以及产业结构等方面运用LMDI分析方法，研究了其对农业碳排放的影响作用。王劼（2018）运用了LMDI模型和Tapio"脱钩"模型从经济发展、碳排放源结构以及生产规模等方面，分析比较了其对发展中国家与发达国家农业碳排放的影响作用。何艳秋等（2018）以我国2001—2016年的农业统计数据为研究样本，综合运用了动态灰色关联法和回归模型从农业经济水平、农业产业结构以及农业人力资本等方面为研究切入点，分析了其对农业碳排量的影响变化。

还有些学者运用了空间计量经济模型，研究农业碳排放的空间效应，吴贤荣（2015）运用了空间计量模型研究了我国省域农业碳减排潜力的空间效应关系，得出了农业经济发展水平与农业产业结构对碳减排具有显著促进作用的结论。郑长德（2019）运用了空间计量模型，分析研究了我国省域间农业碳排放存在的空间效应，并对经济增长与农业碳排放之间的影响效应进行了分析。李秋萍等（2015）运用空间杜宾模型，从农业经济增长、农民文化素质以及科研投入水平等方面为切入点，研究分析了我国1993—2010年农业碳排放空间效应在省域间的表现形式。

关于农业低碳绩效的研究，国内学者也进行了一些很有价值的分析，董明涛（2016）运用DEA数据包络分析法测算了我国29个省份的农业低碳绩效，并以绩效特征为标准识别了各省份的绩效水平，同时，提出了相应的农业低碳发展对策。吴贤荣等（2014）对我国各省的农业低碳绩效发展水平进行了全面的测算与评估，并对各省农业低碳绩效水平发展现状进行了分区。陈儒（2017）通过建立模型，用效率指数分析了我国农业低碳绩效的时间与空间变化趋势、制约因素、驱动力等，并就低碳政策实施效果进行了全面的评价与分析。

4. 农业边际减排成本与减排政策研究

受农业生产不可控因素影响，其政策制定需综合考虑多重影响因素，农业生产一方面需要关注环境效益，另一方面经济效益也是其重点考虑因素，故国内学者在农业减排成本方面开展了一系列研究。吴贤荣（2014）运用方向距离函数测算了我国31个省份的农业减排边际成本，并对其进行了分析比较，结果表明，青海与西藏减排成本较低，而福建、山东、北京等发达地区农业减排成本反而较高。肖新成等（2014）以三峡为研究区域，同样运用了方向距离函数测算了其2000—2012年农业减排边际成本、污染排放效率以及"影子价格"，并以此为基础进行了区域内的分析比较，同时提出了相关减排对策。米松华等（2016）运用边际成本曲线测算了稻田温室气体减排成本与影子价格，并对不同技术组合下的成本与收益进行了分析比较，以此为基础找到了稻田生产最优成本技术组合。

　　关于农业低碳减排政策的研究，国内学者取得丰富的研究成果，张俊飚等（2008）提出，农业低碳减排政策的制定要以科学发展观为指导思想，树立循环农业发展理念，才能推动农业向"优质、高产、低耗、高效、生态、安全"的方向发展。张莉侠（2011）通过对我国农业低碳发展现状与问题进行深入分析研究后，提出科学制定农业低碳发展规划政策，应从加大财政支农力度、优化提升低碳技术以及普及低碳农业知识等方面为抓手有针对性地制定政策，以此推动低碳农业向前发展。郑恒（2010）在分析研究我国农业碳排放现状的基础上，借鉴了国际成功经验，提出低碳农业政策的制定要明确其发展目标、核心任务以及政策导向。何蒲明（2012）首先指明了农业具有碳源与碳汇的双重特性，接着在分析我国农业发展现状的基础上，提出应从激励加大植树造林力度，大力发展循环农业以及促进农业生产方式向低碳转变等方面为导向制定减排政策，助推农业低碳发展。肖大伟（2011）以黑龙江省为研究区域，在分析其农业发展现状的基础上，提出制定农业低碳发展规划，要以增强农民低碳意识以及大力发展低碳种植技术等为导向，制定科学合理的政策，保障农业低碳发展。曾大林等（2013）通过实证研究深入分析我国低碳农业发展的现状与问题基础上，提出推动低碳农业更好地向前发展需要从制度、科技、教育等方面出发因地制宜制定科学的政策，保障低碳农业更好地向前发展。李波（2011）通过对我国农地利用碳排放现状进行综合研究分析后指出，合理地运用政策工具构建低碳政策体系能够较好地推进农业碳减排工作向前发展。

与国外学者一样，也有学者对减排政策展开了情景模拟分析的研究，郭默（2018）在构建模型与设置参数的前提下，通过情景模拟分析，对低碳政策的实施效果进行了模拟分析与评价。徐磊等（2017）通过构建农业碳排放系统动力学模型，进行了多种农业政策对农业碳排放的仿真模拟分析，为制定农业减排政策提供了科学的理论分析根据。

三　国内外研究现状评述

综合来看，国外关于碳汇、碳排放的研究，起步较早，从碳排放来看，国外学者将碳排放主要来源界定为农业能源利用、农业废弃物、稻田翻耕释放以及生物燃烧等，通过运用科学的方法，在构建农业碳排放测算公式的基础上，系统测算了农业生产过程中的碳排放数据，并以此为依据，运用EKC模型、"脱钩"模型等实证方法开展了农业低碳发展影响因素的研究，但选择的影响因素却局限于耕作方式、技术水平以及土地管理办法等微观角度，对于其宏观影响因素涉及较少。从碳汇来看，国外测算农业碳汇集中在测算土壤碳汇上，更多地忽略了农作物通过光合作用对二氧化碳的吸收，但需要肯定的是，国外学者在测算农作物碳吸收量、含水量以及土壤固碳能力上，成果尤为显著，使国内关于碳汇的研究有了较好的经验借鉴。关于农业碳减排成本的研究，国外学者综合考虑了社会、经济、环境等因素，将其完整地纳入了成本核算体系，方法上多采用方向距离函数进行测算，同时考虑了减排潜力与成本效益，但方法多为"自下而上"的边际成本核算，测算方法较单一，核算指标也略显不足。关于农业低碳绩效的研究，国外学者多采用农业生产效率指标进行评价，方法上多采用数据包络分析法进行农业低碳绩效的测算，也有学者进行了农业低碳绩效影响因素的研究，但大多针对的是技术进步因素展开研究，并且对于区域之间的相互影响作用深入研究的较少。关于农业低碳减排政策的研究国外也取得了丰硕的成果，政策的制定多角度地考虑了农民的意愿、激励手段以及运用政策工具等，对我国的农业低碳政策研究具有较强的借鉴意义。

　　国内研究相比于国外起步稍晚，研究方法多借鉴于国外，关于碳排放与碳汇的研究近几年是热点。从碳排放来看，多数文章集中在对碳排放的测算以及宏观因素影响的研究上，就碳排放量测算而言，值得肯定的是相比于国外研究，国内研究界定的农业碳排放源更加全面，但是对于直接作用于农业生产的影响因素却甚少提及，采用的实证方法也多为较常规的因素分解法、EKC曲线以及"脱钩"分析等，研究的角度将时间与空间结合得较少。就碳汇而言，多集中在对于各种农作物的碳汇测算上，以及对未来碳汇增长预测与净碳汇量的测算上，由于有了较好的国外成果借鉴基础以及坚持不懈的研究，国内学者的研究充分考虑了土壤以及农作物在农业中共同发挥的固碳作用，但对碳汇进一步展开分析的研究成果较少。农业碳减排成本的研究，与国外学者研究一样，多采用方向距离函数进行测算，进步的地方是充分考虑了碳减排过程中的经济效益，更有部分学者测算了"影子价格"并进行区域差异比较分析与潜力分析，但研究方法集中于从参数线性规划开展，方法显得较为单一。关于农业低碳绩效的研究，国内学者也大多采用数据包络分析法进行绩效的测算，接着开展区域特征识别与影响因素分析，并且根据实际情况所需，将对外开放程度、产业结构等因素纳入了核算体系，这对于后续的研究借鉴意义较强。农业低碳减排政策的研究相比于国外而言，政策的制定加入了实证研究方法，运用了如系动动力学模型，使政策的制定更具严谨性，但政策也多从农业技术提升、财政支持等传统角度来考虑，对政策实施效果以及区域之间的差异研究开展较少。

　　综合国内外研究来看，一是对于农业碳排放源与碳汇的研究多是从测算其排放量与吸收量上开展，界定的碳排放源与碳汇来源不够全面。二是影响因素的选择显得较为片面，对于直接作用于农业生产的影响因素没有完全纳入其中。三是实证方法的运用上，模型较为单一，研究的视角多从直线角度考虑，缺乏全方位、多角度地对问题开展研究，同时，也缺乏将空间与时间进行有机的串联，导致了可行性科学理论支撑稍显不足。四是农业低碳绩效的研究不够全面，纳入的核算指标体系未对农业碳排放的具体特征深入剖析，需要从全方位的角度去核算。五是农业低碳减排政策的研究，大多采用政策建议形式，虽有少部分学者运用了实证的方法对政策的制定进行了深入研究，但并未对政策实施的效果进行模拟与评价。故本书将全面对山东省种植业低碳绩效进行深入评价，且充分考虑到种植业碳源与碳汇的双重属性，首先，关于碳汇的测算在考虑传统的土壤固碳外将引入农作物对于二氧化碳的吸收作用，并且在此基础上进一步开展碳汇特征属性分析，同时，为了能全方位地对减排政策进行完善，测算了种植业边际减排成本并对其进行了区域差异分析比较。其次，将全方位地进行种植业低碳绩效的评价与分析。最后，设定低碳政策情景并对实施效果进行模拟与综合评价后，构建了种植业低碳发展减排政策体系，力争为推动山东省种植业低碳发展提供有用的政策建议。

第四节 研究内容、方法及技术路线

一 研究内容

本书分为五部分共九章进行研究。

1. 第一部分：研究现状与概念界定（第一章、第二章）

第一章，介绍本书选题的国际与国内背景、目的以及意义，总结分析了现阶段国内外学者对于农业碳排放与碳汇测算、农业低碳发展影响因素、农业低碳绩效评价以及农业低碳减排政策研究的相关现状，然后，基于此提出本书的研究思路和方法，并绘制了技术路线图。

第二章，对种植业碳排放、种植业碳汇以及低碳种植业的相关概念进行界定，接着介绍了国内外关于农业低碳经济理论、农业循环经济理论与农业绿色发展理论等研究情况并分析对于本书研究的指导意义，为本书的进一步研究夯实了理论基础。

2. 第二部分：山东省种植业发展现状分析（第三章）

第三章对山东省种植业发展的现状、生产资料投入使用现状以及农业低碳发展现状进行描述性分析，为下一步测算种植业碳排放与碳汇以及全面分析山东省种植业的现状打下了坚实的基础。

3. 第三部分：山东省种植业碳排放/碳汇测算与特征分析（第四章）

第四章，对山东省种植业碳排放与碳汇进行了科学的测算，在此基础上全面掌握了山东省种植业碳排放、碳汇的发展趋势与规律、碳排放与碳汇的主要来源，密度以及强度的变化趋势，并比较了区域之间碳排放与碳汇的主要来源、结构、密度等的差异。接着在测算种植业碳排放的基础上运用随机前沿分析法对种植业碳排放边际减排成本进行了测度，并对省内区域差异进行了比较分析，同时，运用核密度函数对种植业碳排放边际减排成本动态趋势变化进行了分析，最后，运用空间基尼系数分析了山东省种植业碳汇的集聚特征。

4. 第四部分：山东省种植业低碳绩效综合评价（第五章、第六章、第七章）

第五章通过构建 DEA–Malmquist 模型，对山东省种植业低碳绩效进行了测度，分析了绩效变动的内在影响，同时，对省内种植业低碳绩效进行了时间与空间的比较分析，通过本章的分析为下文指明了深入研究的方向。

第六章首先对山东省 17 个地级市 2000—2018 年的面板数据进行了全域自相关性检验和局域自相关性检验，以期分析出种植业低碳绩效空间依赖性与集聚特征。其次进行了固定效应的空间滞后模型和空间杜宾模型估计，以期能够全面分析各因素对于种植业低碳绩效的影响作用以及区域之间的空间关联性。

第七章进行了低碳驱动与约束对种植业低碳绩效的影响效应研究，分别从低碳约束目标与低碳驱动手段两个角度出发，研究了低碳驱动与约束对于种植业低碳绩效的影响作用，为下文低碳政策仿真分析奠定了坚实的基础。

5. 第五部分：山东省种植业低碳发展减排政策体系构建（第八章、第九章）

第八章首先综合了前文种植业低碳绩效的研究结果，对种植业低碳绩效进行了现有情景仿真模拟分析，通过结果可知，现有情景下达不到既定的碳减排目标，且种植业低碳绩效增幅较小，故设定了低碳政策情景并进行了仿真效果分析与政策可行决策研究，为接下来的减排政策体系构建提供了理论支撑。

第九章首先综合了前文对山东省种植业现状梳理与种植业碳排放边际成本测算的结果，并结合对种植业低碳绩效综合评价与低碳政策仿真分析研究的基础上，构建了山东省种植业低碳减排政策体系，同时，有针对性地提出了山东省种植业低碳发展的减排政策。

二 研究方法

1. 扎根理论研究法

本书广泛收集了国内外关于农业碳源汇测算、农业碳排放减排边际成本、农业低碳发展影响因素、农业低碳绩效以及农业减排政策等文献资料，通过比较分析和归纳分析，对国内外农业低碳发展相关研究成果进行了全面的了解，探明研究对象的性质和状况，并从中找到了本书的研究思路，即山东省种植业低碳绩效评价与减排政策研究。

2. 实证研究法

为了能够充分评价山东省种植业低碳绩效，本书首先运用了 DEA–Malmquist 模型测算了山东省种植业低碳绩效水平，接着利用空间计量经济学模型分析了山东省种植业低碳绩效空间集聚效应。其次，通过构建 PVAR 模型分析了低碳驱动与约束对山东省种植业低碳绩效的影响效应。再次，运用系统动力学模型对本书低碳减排政策进行情景模拟分析与综合评价。最后，通过对实证研究结果的概括和总结，进行了减排政策体系构建。

3. 比较研究法

本书首先对山东省种植业碳排放、碳汇以及边际减排成本等进行了时间与空间的比较分析，全面系统地掌握了其发展规律与区域差异。其次，比较了山东省种植业低碳绩效的区域差异，同时，比较分析了种植业低碳绩效与种植业传统绩效的差异。最后，比较了在不同政策情境下，山东省种植业低碳绩效的仿真结果，为减排政策体系的形成提供了理论支撑。

三　技术路线

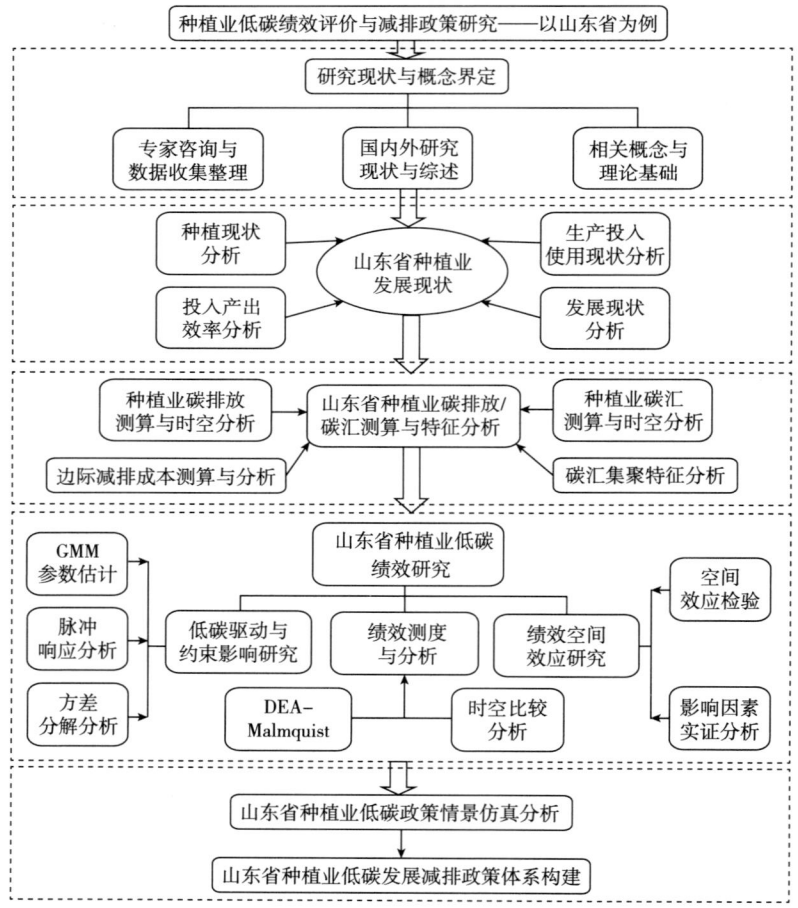

图1-6　技术路线

第五节　研究可能创新点

对比目前国内外已有的研究成果，本书的创新点可能在于以下几点：

（1）研究对象的创新。目前关于国内外低碳的研究多集中在工业碳排放上，随着农业碳排放量比重日益上升，农业碳排放源也成为研究热点，而多数研究集中在对于农业整体的研究，特别是目前关于低碳绩效部分暂未有针对种植业进行评价与分析的文献，而本书进行了种植业低碳绩效评价，体现研究对象的创新性。

（2）研究方法运用的创新。本书系统地运用了集聚特征分析、PVAR 实证分析、DEA – Malmquist 模型分析、空间计量经济学模型分析、随机前沿分析、系统动力学分析等研究方法，在综合考察了时间与地区因素情况下，还兼顾截面间的空间依赖性即空间效应的分析，从而系统全面地从多角度、多层次评价分析了山东省种植业低碳绩效水平以及影响效应，体现了研究方法的创新。

（3）研究种植业低碳绩效投入变量的创新。目前关于农业低碳绩效测算投入变量，多从劳动力投入与生产资料投入等直接作用于农业的指标进行考量，未综合考虑低碳发展所需要付出的边际减排成本因素，本书创新性地加入了种植业碳排放边际减排成本指标，完善了种植业低碳绩效的测算体系，体现了研究投入变量的创新。

第二章 相关概念界定与理论基础分析

第一节 相关概念界定

一 种植业碳排放

根据 IPCC（2007）公告显示，农业碳排放成为第二大碳排放来源，陈炜等（2019）在研究中直接指出，种植业生产所释放的碳排放对于农业碳排放影响程度最大。尚杰（2019）在研究中将种植业碳排放来源确定为四大类，第一为化肥、农药以及农膜在种植业生产和使用中释放的二氧化碳，该类碳源为我国种植业生产最主要的碳排放来源。第二为使用机械作业消耗农用柴油释放的二氧化碳，该类碳源与机械化水平高低有着密切关系。第三为种植业翻耕造成有机碳流失所释放的二氧化碳，该类碳源的多少则与播种面积有着直接联系。第四为使用电能进行灌溉消耗的化石燃料所释放的二氧化碳。Mosier A. R.（2006）将碳排放定义为人类在农业生产过程中释放出的温室气体，其主要是农药、化肥以及农膜等生产资料投入造成的温室气体排放。

由于种植业在农业中占据最核心的位置，本书在综合前人研究的基础上，将种植业碳排放源确定为其在生产过程中产生的向空气中释放的温室气体，其碳排放产生机理相对于工业、服务业的碳排放，种植业的碳排放显得更加复杂化。为了更好地对种植业碳排放来源进行梳理，本书综合已有的研究成果，将种植业碳源分为四类，界定为本书种植业碳排放来源。

首先，化肥、农药以及农膜在种植业生产和使用中释放的二氧化碳。化肥等在生产和运输过程中释放出了大量的二氧化碳，从目前研究情况显示，该部分碳源是种植业碳排放的主要来源，特别是化肥碳排放占比最高，由于其生产成本投入较低，国家补贴力度大，故使用量一直居高不下，另外，由于替代品的不易获得，就我国种植业生产情况而言，过度使用化肥所引起的污染以及农产品质量的下降问题需要重点关注。

其次，使用机械作业消耗农用柴油释放的二氧化碳，化石能源燃烧产生了温室气体排放，属于种植业生产的直接排放，机械作业一方面提高了种植业的生产效率，促进了单位面积产量的增加与农产品质量的提升；另一方面也导致了种植业在生产过程中增加了直接向空气中排放的温室气体，进一步加剧了温室效应。

再次，种植业翻耕造成有机碳流失所释放的二氧化碳，土壤中含有的有机碳，由于翻耕破坏了土壤，造成了有机碳排向空气中，所以播种面积与该类碳源排放量有着直接的关系，种植业结构的优化升级以及生产水平的提高，将有效减缓该类碳源的排放量。

最后，使用电能进行灌溉，消耗的化石燃料所释放的二氧化碳，电力在能源转化过程中产生大量二氧化碳，属于种植业生产产生的间接碳源，对于电能的有效利用可以很好地节约人力成本与提高生产效率，但是也会增加种植业生产过程中的温室气体排放，故清洁能源的使用对于减少该类碳排放来源有着至关重要的缓解作用。

具体来源及产生过程见图 2-1。

二 种植业碳汇

尚杰（2019）与王梁等（2016）均以山东省为研究区域测算了其农作物的碳汇量，并且肯定了其碳汇作用对降低种植业碳排放具有积极的正面影响。Powlson D. S.（2016）通过研究得到证明，

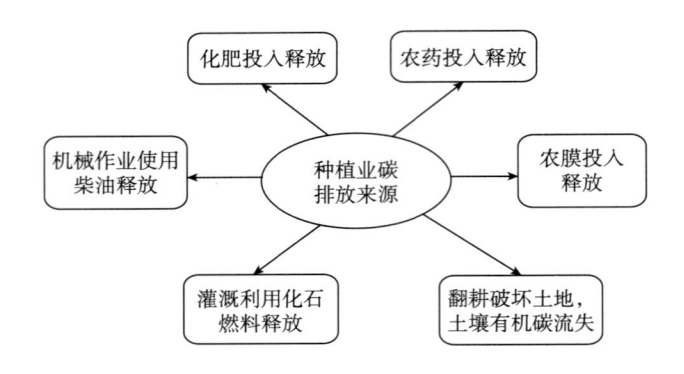

```
                化肥投入释放      农药投入释放

   机械作业使用                              农膜投入
   柴油释放          种植业碳排放来源          释放

                灌溉利用化石      翻耕破坏土地，
                燃料释放         土壤有机碳流失
```

图 2-1　种植业碳排放来源

土壤有很好的固碳作用，能起到有效减缓温室效应的作用。于伟咏等（2016）在研究中既考虑了农作物通过光合作用对于碳的吸收也考虑了耕地的固碳作用，并且在研究中指出了农业碳汇量大于碳排放量。与我国学者研究相似，Janzen H. H. （2018）以加拿大为研究区域，在对农业的碳汇研究中，充分考虑了土壤的固碳作用，也对农业生态系统消除温室气体的效果进行了研究并肯定了其作用。综合来看，种植业通过两方面来实现其碳汇作用，一方面源于其种植的农作物进行光合作用来吸收二氧化碳，另一方面源于其用于种植的耕地有着良好的碳固作用，据此，本书将从两方面来分析测算种植业碳汇。

第一，农作物自身的固碳，指农作物通过光合作用吸收空气中的二氧化碳，合成有机物，将碳固定在农作物体内的过程。农作物固碳量主要取决于产量，并且受碳吸收率、含水率与经济系数的影响，经济系数越大，农作物吸收碳的效果越好，在主要的农作物中，小麦与玉米碳吸收率，分别达到了 0.485 和 0.471，其固碳效果较好。由于核算的是农作物的干物量，所以含水率越高其固碳效果越差，这就是蔬菜产量很大，但是由于含水率高达 90%，导致蔬菜固碳效果较差。在主要农作物里，棉花含水率仅为 8%，花生与油菜籽也只有 10%。从农作物固碳来说，由于农作物的属性难以改变,最有效的增汇手段就是提高单位面积的产量,以此增加农作物固碳量。

第二,农田土壤固碳数量巨大,是一个巨大的碳库,其通过生物和非生物过程捕获大气中的碳并将其封存在土壤中,这一过程被称为碳固存。农田土壤在生态系统中的作用不可替代,其固碳的潜力巨大,王小彬等(2011)通过研究得出结论,未来50年我国农业土壤固碳减排潜力可以达到87—393 $TgC \cdot a^{-1}$,这相当于使工业碳排放总量减少了11%—52%。农田土壤质量的高低,直接决定了其固碳水平的高低,影响农田土壤碳固存的因素有很多,West T. O. (2007)通过研究得出结论,农田土壤碳固存率的高低与土壤管理水平有着直接的影响关系。其中比较重要的是农田管理方式,包括耕作方式、农业生产资料的科学使用等,对于农田土壤碳汇作用甚至有科学家预测,其固碳效果能够抵消掉目前所有人为的碳排放。

其来源具体见图2-2。

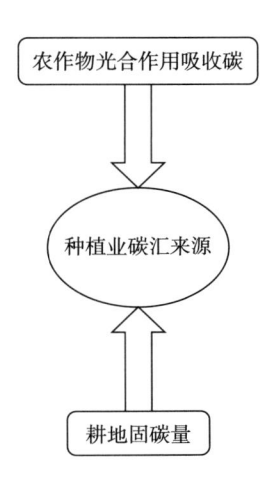

图2-2 种植业碳汇来源

三 低碳种植业

米松华(2013)在研究中指出,低碳农业是在低碳经济的背景下产生的，要求农业在低碳的指导下进行生产，其目的在于减少农业生产中的碳排放。同样，王松良（2010）通过与国外学者合作研究后得出结论，低碳农业是低碳经济的重要组成部分，其目的是要把温室气体封存在农作物与农用土壤中，以起到减缓温室效应的作用，实现低碳农业的关键一是要进行技术革新，二是要让低碳理念深入人心。高文玲（2011）认为低碳农业是全球温室效应加剧情况下农业发展必然选择，通过减少农业生产资料投入、提升生产能源与生产资料利用效率等措施，能够起到有效减少农业碳排放的效果，从而减缓温室效应。Norse D.（2012）在研究中明确了低碳农业的概念、目标与实现低碳发展的政策路径，并指出开展低碳农业发展，不仅对环境有益，同时能促进社会经济效益增长。De Moraes Sá J. C.（2017）展开了对南美洲低碳农业发展实践情况的研究，指出低碳发展模式不仅可以减缓温室效应，更能增加粮食产量。

Xiang-hua W. Y. L.（2010）在研究中指出了通过创新发展碳汇，提高农业技术，大力发展资源节约型农业与农产品产业园区，能够起到良好降低农业碳排放的效果，推动低碳农业向前发展。Luo J. W.（2010）在研究中指出低碳农业对全球变暖能够起到改善效果，其发展需要提高低碳减排技术，减少种植业生产资料如农药、农膜等的投入以及进行保护性耕种，同时政府需加大财政投入支持。田云（2015）认为低碳农业是通过建立有效政策措施、实行科学管理与优化农业生产技术的共同结果，其目的是减少温室气体排放与农业污染，实现农业可持续发展。吴贤荣等（2017）在研究中将化肥、农药、农膜、柴油等生产资料界定为种植业生产资料，并指出低碳种植业所需要解决的关键问题就是其生产过程中存在的"高投入、高污染、高排放"的现实情况。而如何衡量低碳农业水平的高低，即农业低碳的发展程度，也有学者开展了相关研究，陈儒等（2018）与吴贤荣等（2014）在研究中都指出，低碳绩效能够衡量与评价农业的低碳发展水平与实施效果。

目前关于低碳农业的界定从目标、实现途径以及评价手段等的研究都较为全面与深入，但可以看出关于低碳农业的研究出发点多为其中种植业部分，涉及畜牧业、渔业等则甚少提及，其低碳发展方式多从减少种植业生产资料投入，提升农田土壤管理水平出发。本书认为，种植业在整个农业中占有重要的地位，是整个农业的基础。低碳种植业实质是低碳农业的发展和延伸，低碳种植业需在农业低碳经济理论指导下，通过产业结构调整、优化提升低碳技术与进行低碳制度创新等多种手段，尽可能减少种植业生产过程中的高碳能源消耗和温室气体排放，且要求在确保粮食安全前提下，进行有计划的保护性耕种，同时，能以最小的投入得到最大的种植业经济产出与实现种植业碳汇的增长，即实现以"高能效、低能耗、低碳排放与高产出"为生产标准的低碳种植业发展模式，并且为了客观地衡量种植业低碳发展水平需建立种植业低碳绩效体系评价与分析其发展水平，以此更好地促进种植业的低碳发展。

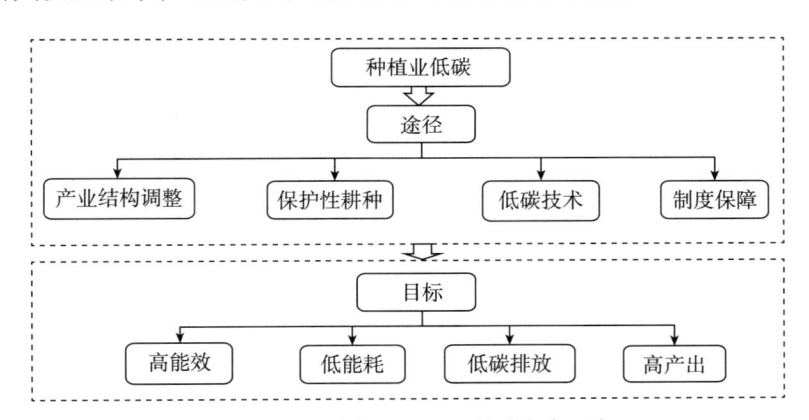

图 2-3 低碳种植业实现的途径与目标

第二节 相关理论基础

一 农业低碳经济理论

农业低碳经济理论作为本书的核心指导理论，其形成过程要追溯到2003年的英国能源白皮书《我们能源的未来：创建低碳经济》中，第一次以政府官方的形式提出了"低碳经济"。低碳经济指一个经济系统只有很少或没有温室气体排出到大气层，或指一个经济系统的碳足迹接近于或等于零，并且以低能耗、低污染、低排放为基础的经济模式。Nan – You Y.（2010）在研究中指出，低碳经济是一种低能耗、高效率的经济发展模式，同时指出发展低碳经济，不只是科学技术发展问题，更需要多方面综合考虑其社会影响、政治影响以及生态环境影响。在研究中该学者将低碳经济的特质概括为三方面，即经济性、技术性与目的性，并且将低碳经济细分成五个主要部分，分别为低碳技术、低碳产业、低碳城市、低碳能源以及低碳管理。在此基础上，总结了低碳经济对于应对气候变化，确保能源安全，促进经济社会可持续发展都具有正向的推动作用。

农业低碳经济理论作为低碳经济理论的分支，既继承了低碳经济的核心思想即低能耗、高效率的经济发展模式，又有对于农业低碳发展针对性的指导，田云（2015）在研究中将农业低碳经济定义为一种新型农业经济增长模式，其以农业低碳生产技术创新与建立低碳农业制度为手段，目的是减少农业生产过程中温室气体排放的同时增加农业经济产出，促进生态环境与社会经济共同发展。Liang Y.（2017）将农业低碳经济理论定义为低耗能与低污染，依靠农业转型升级与低碳生产技术革新进行全过程农业低碳生产的发展模式，其目标是促进农业生态与农业经济协同发展，同时，强调了农业低碳生产过程中政府监督的重要作用。赵其国（2009）在研究中将农业低碳经济理论定义为一种全新的安全与高效的农业经济发展模式，其要求农业在生产全过程中尽可能地减少农业碳排放，同时降低人力、物力以及财力的投入，并且将农业经济发展对社会的负面影响降至最低。

需要充分地认识到，低碳经济对人类社会能够持续健康发展有重要的指导意义，但是该理论由发达国家提出，对于发展中国家却面临许多挑战与制约问题，特别是我国作为最大的碳排放国，在发展低碳经济时所面临的挑战将是空前巨大的。纪玉山（2018）在研究中指出，我国发展低碳经济首先存在经济发展与碳排放降低的矛盾；其次是发展低碳经济需要投入大量的资金为支撑，现阶段我国发展低碳经济受到资金短缺的制约；最后，低碳技术起步较晚，发展水平明显落后于发达国家，发展低碳经济也受到了技术的制约。金乐琴（2009）通过对我国经济发展现状分析后，总结出我国发展低碳经济存在五方面的制约因素，第一，属于碳排放高速发展阶段，随着我国经济高速发展，其碳排放也进入高速增长阶段。第二，粗放型发展方式，我国单位增加值能耗较大，增长方式较为粗放。第三，资源禀赋限制，我国以煤炭能源消耗为主的经济增长方式带来了大量的碳排放。第四，对外贸易结构限制，我国的出口优势产品多为资源密集型产品，其生产过程中带来了大量的碳排放。第五，锁定效应，进行低碳经济发展的转变，我国在资金、技术与政策上稍显不足。

同样，针对农业在低碳经济发展过程中遭遇的问题，丁越华（2012）在研究中指出，我国发展低碳农业主要存在以下问题：首先，农业基础设施落后与农业生产效率较低制约着低碳农业生产技术的提升。其次，农业生产者掌握的低碳农技水平有限，致使先进的低碳农业生产技术普及较困难。再次，城镇化过程中对农业生产环境的破坏也阻碍了低碳农业的发展。最后，农业低碳生产技术水平相对滞后于发达国家也成为农业低碳发展的制约因素。

农业低碳经济理论是本书的核心理论，指导与贯穿全文进行山东省种植业低碳发展的科学研究，本书借鉴农业低碳经济理论的研究成果，将种植业低碳经济理论定义为：以理念创新与制度创新为根本基础，坚持以种植业生产技术提升与种植结构优化升级为机制运行支撑手段，以"低投入、低污染、低排放、高产出"为种植业生产最终目标，促进环境与经济实现协调发展的新经济发展方式。综合国内外学者已有的研究成果，本书从以下方面分析总结我国在发展种植业低碳经济中所面临的挑战，第一，发展阶段的制约，我国现阶段正处于现代化加速发展时期，种植业的生产依赖化肥、农药等高碳排放的生产资料程度依然较高，而"高碳"的生产方式加剧了碳排放。第二，国际竞争压力挑战，在国内国际经济发展遭遇下行压力影响的情况下，腾出手来进行种植业低碳经济发展转型，对于我国农业外向经济的发展是一个巨大的挑战。第三，种植业低碳生产技术水平挑战，起步较晚的种植业低碳技术研究，落后于发达国家，如何避免走西方国家"重量轻质"的老路成为发展种植业低碳生产技术所必须要攻克的难关。

二　农业循环经济理论

农业循环经济理论是种植业低碳发展的指导思想，其对种植业低碳发展有显著的促进作用。20世纪60年代美国经济学家波尔丁第一次提出"循环经济"的概念，而我国在2003年将"循环经济"这一理念融入了科学发展观，将其确立为物质减量化的发展战略。廖红（2002）在研究中指出，循环经济是对传统线性经济的革命，其最大的特点是功能型经济，要求在提供人们足够物质需求的同时，大幅度地减少生产中对于物质的消耗特别是对其中自然资源的消耗，并且要求在经济体系里面的各部门做好协调工作，做到废物的再利用，实现物质能源的循环使用。其通过建立无害化技术体系为实现手段，具体包括了废物利用技术、清洁生产技术以及污染治理技术等。最后将循环经济定义为物质闭环流动型经济、资源循环经济。Korhonen J.（2018）在研究中将循环经济定义为一种周期性具有替代流动效果的经济系统，是一种以实用的政策为基础，以商业为导向的循环经济，强调对资源的再利用，再制造与翻新，并且将太阳能、风能、生物能等自然资源纳入循环经济体系中，以期能将废物能源达到最高利用率。

农业循环经济是循环经济发展的衍生，是以循环经济理论为指导，将其理论运用在农业领域的创新发展。郝春（2008）认为，农业循环经济理论是农业在生产过程中遵循循环经济理论的指导，要求农业发展坚持"减量—再利用—再循环—无害化"的循环使用原则，整个农业生产过程要充分考虑生态与经济共同发展的机制，最终建立生态高效的农业循环经济体系。俞花美（2011）则认为，农业循环经济理论是一个全新的循环经济理论应用于农业的创新，要求农业生产需要坚持再利用与再循环的原则，并尽可能降低农业生产过程中生产资料的投入和减少农业生产所释放的二氧化碳，从而实现生态效益与农业经济的共同增长，同时，强调了循环经济理论必须贯穿于整个农业生产系统。毛晓丹（2014）在研究中指出，农业循环经济理论的中心思想是将农业资源进行无污染的最大化利用，要求从农业生产的"投入—生产—产出"过程都通过农业生产技术水平的提高来实现农业生产资料的最大化利用，同时将对环境的污染降到最低，在农业生产过程中始终坚持循环使用的原则，从而促进农业经济与农业生态环境的协调发展。

循环经济理论对于经济的发展重要促进作用不言而喻。Sauvé S.（2016）在研究中指出，循环经济是一种生产和消费模式，其关注到每一个流程所可能产生的污染，并对其给环境与社会经济带来的促进作用从以下方面进行了概括：首先，增强了资源的弹性。其倡导生产可以修复，每一种资源将不再被浪费，会以另一种形式被修复而进行再利用。其次，利于环境水平的提升。相比于环境科学与可持续发展等概念，循环经济提供了一个明确的角度帮助解决环境问题。最后，层次分明，易于操作。将循环经济从微观、中观与宏观进行分层，即微观为特定公司与行业，中观为不同的公司与行业，宏观为整个社会，将有利于各层次开展系统分明的循环经济发展模式。

农业的发展坚持农业循环经济理论为指导，是因为其具有良好的积极作用。崔军（2011）在研究中指出，农业循环经济理论对于农业发展的积极影响主要体现在以下方面，首先，能促进农业的清洁生产，同时实现农业资源有效利用。其次，能够实现农业生产资料废弃物的循环使用，提升农业生产资料利用效率。最后，能从根本上改善农业生产的思维，促进农业经济与生态协调发展。Rong -

Zhang L.（2009）在研究中指出，农业循环经济理论的积极作用可以归结为以下几点，第一，可以有效地保护农业发展，减少农业在生产过程中所造成的环境污染。第二，有利于对农业生产废弃物进行循环再利用，促进生态效益提高。第三，有利于提高农业的生产效率与生产水平。

综合国内外已有的循环经济定义，本书立足于对山东省种植业低碳发展研究，故将以循环经济为研究理论基础，将种植业循环经济理论定义为，在种植业生产过程中，坚持"废物循环利用、低污染、低碳排放"的原则，大力加强种植业生产各部门之间的协作，倡导使用清洁能源，建立循环利用系统，积极提升种植业循环发展技术，最大限度地使物质资源能在各部门之间进行循环再利用，促进农业生态环境与农业经济协调向前发展。

对于本书而言，农业循环经济理论是种植业低碳发展手段的指导思想，其积极作用本书归纳为以下三方面，首先，促进学科融合，更好地指导种植业生产工作。循环经济很好地将人文社会学科与自然社会学科进行了结合，一方面丰富了学科的理论基础，另一方面使理论更好地与实践工作相结合，在实际运用中能起到事半功倍的效果。其次，实现了种植业生产过程的全提升。循环经济将清洁生产上升到全过程绿色生产，倡导循环使用，对于种植业而言，发展绿色循环生产系统对其有着特殊的指导作用，一方面可以减少种植业生产过程中的污染，另一方面能变废为宝，促进物质资源进行循环再利用。最后，循环经济对于种植业生产环境与社会经济发展起着良好的桥梁纽带作用，能够使两者有机结合，形成合力助推种植业科学低碳发展。

三　农业绿色发展理论

农业绿色发展理论对种植业低碳发展在理论与方法上具有较强的指导作用。在面对经济下行压力与极端气候变化的大环境下，西方发达国家纷纷提出了以绿色发展理论为指导的"绿色新政"。当今世界，绿色发展已经成为一个主流发展趋势，其要求大到国家、小到个人都要遵循绿色发展理念,特别是在农业生产过程中主动进行节能减排,从而推动低碳农业经济向前发展。

秦书生(2017)在研究中将绿色发展理念定义为对世界发展理念的科学总结,其以确保人民能够拥有生态幸福感为目标,核心是促进社会经济与生态环境协调共融发展,最重要的是绿色发展理论倡导人们养成绿色的生活方式,如低碳出行、少用空气调节装置等,同时,呼吁国家的发展以绿色方式向前推进,这对于形成绿色的生产生活方式起着直接的推动效果,从而能够构建起完善的绿色发展模式。Adams B.(2008)在研究中将绿色发展从以下方面定义:首先,绿色发展理论是对可持续理论发展的总结与升华,它能够很好地诠释世界经济与环境的发展关系。其次,绿色发展理论对可持续发展在实践中的运用有着清晰的实践指引。最后,绿色发展理论为环境可持续性和社会经济发展在技术与制度上进行了补充完善。方时娇(2017)认为,绿色发展理论是一个整体性、综合性以及科学性的可持续发展理论,其以实现人与自然生态健康发展为目的,将"生产力、生产关系以及上层建筑"进行了有机且全面的统一与升华,对于生态文明与和谐社会的建设有着强劲的推动作用。

农业绿色发展理论是绿色发展理论在农业应用中的创新,是目前国家大力提倡的农业发展方向。韩长赋(2017)指出,农业绿色发展理论是指导农业现代化发展的理论,其要求农业发展要坚持绿色发展为方向,以农业绿色机制创新与体制革新为发展驱动力,坚持高效与安全的原则,同时保障农业生产坚持走资源节约与环境友好的发展道路。张秉福(2006)在研究中将农业绿色发展理论定义为绿色发展理论应用于农业生产的新理论,强调农业生产坚持生态化与集约化的新增长方式,同时,要求农业从生产到最后的销售环节都需要坚持绿色发展的生产经营方式,标志着农业从生产到销售进入了一个全新的绿色发展阶段。

农业绿色发展的实现,其实现措施起着至关重要的作用。Pingali P. L.(2012)通过对绿色发展实践进行了分析总结以后,认为要更好地推动绿色发展,首先,最核心的问题就是建立相关政策从制度上进行保障并从方向上进行指引;其次,对绿色发展理论的传播使其深入人心也尤为重要;最后,绿色生产技术水平的提高对于绿色发展的推动有直接的影响。徐雪高(2018)在研究中指出,农业绿色发展的实现需要做到以下几点,第一,以市场需求为导向,准确划分绿色农业。第二,学习与革新农业绿色生产技术,引进农业技术人才。第三,推进农业生产绿色标准化体系建设,同时,建立合理的监督评价制度。

  根据国内外学者已有的关于绿色发展理论的定义,立足于对种植业低碳发展研究,本书将种植业绿色发展理论定义为,是对已有可持续发展模式上的创新,以实现环境、经济与社会的可持续发展为最终目标,倡导种植业生产者进行理性、绿色的生产方式,建议以资源与环境承载能力为约束指标,进行绿色的生产发展模式,是将生态与社会经济发展结合的科学发展理念。其全流程绿色生产发展理念以及人与自然共融发展的思想对于种植业低碳发展具有良好的指导作用与实践意义。

  显而易见的是,国内外学者关于绿色发展措施的研究成果,其中关于提升科技水平与促进产业结构升级进行低碳绿色发展的措施,对于本书研究种植业低碳发展有着很强的指导意义。故本书将实现种植业绿色发展的措施总结如下:首先以绿色创新为主要驱动力,加大力度提升低碳生产科技水平,配合建立完善的种植业低碳发展政策措施,突出政府财政资金支持的重要性。其次,找准着力点,推动种植业结构向低碳绿色进行优化升级。最后,需要开展绿色种植业生产理念的普及工作,让绿色发展从形式走向内心所需,从而推进种植业向低碳绿色的发展方向前进。

第三节　本章小结

本章首先对与研究内容相关的主要基础概念进行了阐释和界定，包括种植业碳排放、种植业碳汇以及低碳种植业等，特别是从定义、实现途径、目标以及评价方式对低碳种植业进行了界定与完善，明确了本书研究对象。其次，诠释了农业低碳经济的定义并指出了农业低碳经济理论对本书研究的指导作用，同时，分析了低碳经济在发展过程中遇到的挑战，并就种植业在低碳发展过程中所遇到的挑战进行了总结与分析。再次，通过整理相关概念与国内外学者研究成果，对农业循环经济理论进行了全新的定义且指明了农业循环经济对于种植业低碳发展的实际指导意义，接着充分研究了农业循环经济的积极作用，进一步说明了农业循环经济对于种植业低碳发展的重要作用。最后，结合国内外学者的研究成果与现有的定义，本书将农业绿色发展理论进行了新的诠释，并就绿色发展措施对于种植业低碳发展的积极影响进行了深入的分析探讨，为本书山东省种植业低碳发展的研究奠定了扎实的理论根基。

第三章 山东省种植业发展现状分析

第一节 山东省农业低碳发展现状

山东省四季分明、光照充足、雨热同季等特点，非常适宜农作物生长发育，是我国种植业的重要发源地之一，其农业增加值与农产品出口贸易额均居我国第一位，其农业发展态势良好，但该省农药使用量居我国首位，化肥使用量居我国第二位，面临着严峻的农业生态环境问题。同时，种植业生产面临着农膜、农药包装废弃物回收制度不健全，回收率较低，农田灌溉退水污染尚未得到有效解决等一系列严峻的环境问题。如何有效地解决山东省种植业生产带来的生态环境破坏？全面系统地分析种植业碳排放现实情况，准确把握其发展规律，理清减排增汇的思路，将有利于加快推进生态文明建设和农业低碳发展。在这里需要说明的是，由于研究年份较长，涉及的数据较多，研究具体到了地市，少部分数据有所缺失，故通过结合历年数据推演测算的方法补齐缺失数据。准确地对山东省种植业生产现状进行梳理总结，分析其时空特征，以期为后文准确地测算与分析山东省种植业碳排放和碳汇打下坚实的基础。

一　山东省农业低碳发展的实践

在降低污染排放方面，山东省实施了"四减四增"三年行动方案，提出从源头上治理污染的工作原则。

1. 减少化肥农药使用量

（1）着力降低化肥使用量。大力推广减肥增效技术，以设施蔬菜栽培集中区域为重点，加快推广水肥一体化技术。加快建设产出高效、产品安全、资源节约、环境友好的现代生态农业，到2020年，全省生态循环农业技术推广面积达到3000万亩。强化测土配方施肥技术应用，全面实施耕地质量监测，普及测土配方施肥，实现小麦、玉米、蔬菜、果树等各种作物全覆盖，提高化肥利用率。

（2）着力降低农药使用量。制定实施山东省农药转型升级三年行动计划，研发、推广高效、低毒、低残留农药。严格执行农药等农业投入品质量检测标准。严格控制剧毒高毒高风险农药使用，全面建立剧毒高毒农药定点经营和实名购买制度。支持高等院校、科研院所和相关企业开展高效低毒、生物农药等新型农药试验、示范和推广，引导农民选用高效低毒农药和生物农药，做好高毒农药替代工作，减少高毒农药使用。

（3）着力提高农膜回收率。加快推进农膜回收综合利用工作，开展地膜污染防治示范工程，加大推广使用0.01毫米以上标准地膜力度，建立健全废旧农膜回收体系，逐步建立废旧农膜回收制度。支持研发和示范推广全生物可降解地膜，组织高等院校、科研院所和企业联合攻关，探索农膜污染防治新模式、新途径。

2. 增加有机肥使用量

（1）大力提高有机肥替代化肥。实施有机肥替代示范项目，鼓励使用有机肥。其次，推广有机肥替代化肥技术，将有机肥替代化肥技术列为肥料使用与农产品质量安全行业关键技术培训重点内容。

（2）大力提升有机肥规模化生产能力。鼓励发展多种类型的农业有机废弃物收储和循环利用体系，探索建立收储利用长效机制。

二 制约山东省农业低碳发展的难题

1. 资源环境承载力接近上限

山东省农药使用量居全国首位，化肥使用量居全国第二位，主要污染物排放总量均位居全国前列。其带来的危害主要有：一方面，加剧"温室效应"。大量高碳排放生产资料使用，带来了温室气体排放量大幅度增加，给农业生产带来了严重的负面影响；另一方面，破坏土壤结构。在耕地上使用化肥农药会破坏土壤的结构、残杀土壤中的有机生物、破坏土壤中的生态平衡和导致有机物的失调和流失，严重的会造成耕地土壤酸化与土地流失。

2. 农业生产规模效应有待提高

首先，大而不强、发展不平衡不充分的问题仍然比较突出。山东省农业体量大，但是质量效益有待进一步提高，同时，西部内陆地区农业发展水平与东部沿海及省会城市圈仍然具有明显的差距，造成了省内区域发展的不协调不充分；其次，科研成果转化率偏低。农业技术投入不够，农业科技创新的基础较弱，自主创新能力亟待提高；最后，农业生产经营分散、规模小，规模经营比重偏低。

3. 低碳生产意识有待增强

首先，"群众基础"有待增强。关于设立与低碳农业相关的制度，宣传力度与频率还有所欠缺，没有完全让农民接受，农民参与的积极性不高。其次，受限于文化水平影响。农村教育水平与知识普及度与城市有较大差距，关于低碳农业这种新型知识，接受速度较慢。最后，青壮年的大量流失。目前，农村大量青壮年进城务工，大学生毕业留在城市，造成了农村人口老龄化进程加快，对于低碳农业新知识的学习与接受程度有所欠缺。同时，生态文明思想融入高校思政教育程度有待提高，大学生毕业后返乡践行生态文明理念助推农业低碳发展意识不强。

第二节　山东省种植业发展时空特征分析

种植业在整个农业中占有重要的地位，是人类社会得以存在和发展的基础，其产品包括粮食、蔬菜、经济作物、草药、水果和各种观赏植物。结合山东省种植业具体特点，本书选取了小麦、玉米、薯类、棉花等主要粮食作物与经济作物为研究对象，分析其产量变化趋势与形成原因。

一　种植业发展时序特征分析

1. 农作物产量变化分析

山东省稻谷产量由 2000 年的 110.83 万吨下降到 2018 年的 98.59 万吨，相比于 2000 年下降了约 11.04%，年均降幅达到约 0.20%。谷子产量由 2000 年的 16.52 万吨下降到 2018 年的 11.75 万吨，相比于 2000 年下降约 28.87%。高粱产量由 2000 年的 7.95 万吨下降到 2018 年的 1.06 万吨，年均降幅达到约 9.88%，为全部农作物降幅之最。薯类产量 2000 年为 262.24 万吨，在 2018 年产量仅为 84.25 万吨，作为薯类产出大省，呈现出了陡坡式下降，相比于 2000 年降幅达到约 67.87%，这主要是薯类价格持续低迷与不良天气的双重影响，造成了产量的下降。花生产量从 2000 年开始，19 年的时间里，作为花生产出大省，其产量持续稳定在 300 万吨以上。油菜籽产量由 2000 年的 4.8 万吨下降到 2018 年的 2.18 万吨，年均降幅约为 3.55%。烟叶产量由 2000 年的 11.71 万吨下降到 2018 年的 4.63 万吨，年均降幅约为 2.97%。农作物产量变化具体见表 3-1。

表 3-1　　　2000—2018 年山东省主要农作物产量

年份	小麦	稻谷	玉米	谷子	高粱	薯类	棉花	花生	油菜籽	烟叶	蔬菜
2000	1860.04	110.83	1467.46	16.52	7.95	262.24	58.99	350.14	4.80	11.71	7730.12

续表

年份	小麦	稻谷	玉米	谷子	高粱	薯类	棉花	花生	油菜籽	烟叶	蔬菜
2001	1655.15	110.08	1532.37	15.47	7.12	303.15	78.10	369.08	5.68	8.44	7556.35
2002	1547.06	109.36	1316.03	13.04	6.45	221.88	72.20	333.85	5.70	8.71	8335.37
2003	1565.03	77.89	1411.02	12.86	6.38	277.84	87.68	355.63	4.51	9.57	8729.27
2004	1584.50	90.59	1499.21	12.10	5.78	245.92	109.77	365.30	3.92	8.21	8883.67
2005	1800.53	95.80	1735.41	10.68	4.91	199.09	84.63	359.90	2.98	7.55	8606.98
2006	2012.96	104.96	1749.32	4.77	3.09	171.04	102.31	325.26	2.65	8.58	8026.41
2007	1995.57	110.15	1816.48	4.73	2.26	176.49	100.09	325.55	2.52	8.77	8342.33
2008	2034.19	110.42	1887.41	4.53	2.20	178.97	104.06	337.09	2.67	9.89	8634.97
2009	2047.30	112.01	1921.50	4.44	2.09	186.33	92.12	330.89	3.07	11.69	8937.20
2010	2058.60	106.35	1932.06	5.36	1.55	189.30	72.41	339.04	2.66	6.92	9030.75
2011	2103.92	103.96	1978.67	5.83	1.55	188.11	78.46	338.59	2.19	8.78	9180.93
2012	2179.50	103.38	1994.51	5.89	1.58	185.79	69.85	348.65	2.08	10.34	9386.00
2013	2218.80	103.63	1967.14	5.60	1.50	190.64	62.10	345.68	2.42	11.22	9658.20
2014	2263.84	101.01	1988.34	6.00	1.60	193.39	66.50	331.30	2.45	7.09	9973.70
2015	2346.60	95.10	2050.9	5.30	1.50	173.86	53.69	319.40	2.44	6.28	10272.90
2016	2344.59	88.08	2064.95	5.70	1.30	157.15	54.83	321.56	2.30	6.61	10327.05
2017	2495.11	90.14	2662.15	10.16	1.09	81.47	20.70	313.53	2.12	5.70	8133.77
2018	2471.68	98.59	2607.16	11.75	1.06	84.25	23.39	306.67	2.18	4.63	8192.04

资料来源：《中国统计年鉴》（2001—2019）、《山东省统计年鉴》（2001—2019）。

小麦产量由 2000 年的 1860.04 万吨上升到 2018 年的 2471.68 吨，于 2017 达到峰值，相比于 2000 年上升约 34.14%，年均增长率达到约 1.74%，结合图 3-1 可知，小麦增长率呈现出波浪形的变化趋势，但绝大多数年份表现出了正向发展趋势。玉米产量由 2000 年的 1467.46 万吨上升到 2018 年的 2607.16 万吨，于 2017 年达到峰值，上升了约 81.41%，年均增长率达到约 3.56%，其增长速度为山东省农作物之最，与小麦增长率变化相似，玉米绝大多数年份呈现稳定的正向增长趋势。小麦与玉米稳定的增长趋势一是因为其为山东省最主要的粮食作物，政府提出了建成千亿斤粮食产能省的具体要求。二是针对小麦与玉米开展了粮食增产模式攻关项目，为其稳定增产提供有力的技术支持。蔬菜产量由 2000 年的 7730.12 万吨上升到 2018 年的 8192.04 万吨，相比于 2000 年上升约 5.22%，峰值出现在 2016 年，相比于基期上升约 33.59%，其年均增长率达到约 0.59%，蔬菜产量绝大多数年份呈现出了稳定的正向增长发展趋势，一方面这得益于山东省拥有蔬菜标准和技术集成推广优势，区域内建成了如潍坊国家蔬菜标准中心。另一方面为进一步提高人民生活水平，山东省将"菜篮子"工程纳入政绩考核内容，促进了蔬菜增产增质。棉花产量由 2000 年的 58.99 万吨下降到 2018 年的 23.39 万吨，下降幅度到达约 60.35%，自 2004 年开始，棉花增速开始呈现明显的负增长发展趋势，其年均降幅达到约 1.92%，更是于 2017 年出现了陡坡式下降，这主要是因为作为经济作物的棉花生产成本高，经济效益降低导致了种植意愿急剧下降，另外，种植业生产结构的调整也是引起棉花减产的原因。增速变化趋势具体见图 3-1。

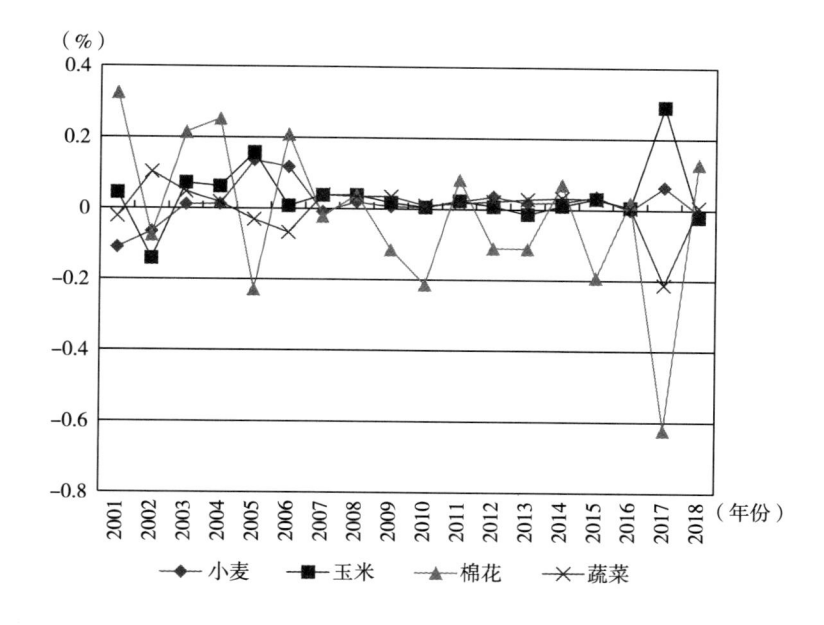

图 3-1　2000—2018 年山东省主要粮食作物与经济作物增速

2. 地类面积及农业人口变化趋势分析

播种面积是实际播种或移植有农作物的土地面积，以耕地为载体，以技术水平为支撑。耕地指种植农作物的土地，其面积大小对农作物的生产具有决定性的影响。复种指数的高低很大程度上决定了农作物产量的大小，对其变化趋势进行分析研究，有利于开展农作物的增产增收工作。农业人口是种植业生产重要的生产资料投入，经过劳动者的劳动（投入劳动力），农业可获得产出。故对农作物播种面积、耕地面积、复种指数、农业人口等变化趋势展开分析，有助于对种植业生产进行更全面的研究。具体数据见表3-2。

表3-2　　　　2000—2018年山东省地类面积与农业人口

年份	农作物播种面积（万公顷）	耕地面积（万公顷）	复种指数（%）	农业人口（万人）
2000	1114.73	660.75	168.71	6524.55
2001	1126.61	656.07	171.72	6507.62
2002	1104.78	707.00	156.26	6435.18
2003	1088.53	695.08	156.60	6275.15
2004	1063.86	690.79	154.01	6212.22
2005	1073.61	688.15	156.01	6090.25
2006	1075.41	685.52	156.88	6054.62
2007	1072.44	684.78	156.61	5909.19
2008	1076.40	751.08	143.31	5861.36
2009	1077.84	724.16	148.84	5901.71
2010	1081.82	730.78	148.04	5697.57
2011	1086.54	737.41	147.35	5646.11
2012	1086.70	763.57	142.32	5559.03
2013	1097.64	763.35	143.79	4500.34
2014	1103.79	762.06	144.84	4404.09
2015	1102.65	761.10	144.88	4233.24
2016	1097.32	760.70	144.25	4076.14
2017	1110.78	780.18	142.37	3943.94
2018	1107.68	757.25	146.28	3900.34

资料来源：《中国统计年鉴》（2001—2019）、《山东省统计年鉴》（2001—2019）。

2018年农作物播种面积为1107.68万公顷，相比2000年减少了7.05万公顷，峰值出现在2001年播种面积达到了1126.61万公顷，相比2000年上升约1.10%。结合图3-2可知，农作物播种面积增速变化幅度不大，基本在零度标准线左右徘徊，一方面，这主要是因为技术水平的提高，通过扩大播种面积来增产的粗放式种植业生产方式已经逐渐被集约式的生产方式所取代。另一方面，土地的稀缺性越来越突出，这也是制约农作物播种面积提升的原因。耕地面积由2000年的660.75万公顷上升到2018年的757.25万公顷，年均增长率达到约1.01%，耕地面积大多数年份增长率呈现正向的增长趋势，这主要是因为山东省执行了严格的耕地保护政策，并把"耕地保护"纳入市级政府责任目标考核办法，在这一系列强有力的政策与措施下，山东省耕地面积呈现出了良好的增长态势。复种指数由2000年的168.71%下降到2018年的146.28%，下降了22.43%。结合图3-2可知，复种指数增长率呈现出波浪形的发展趋势，从整体发展趋势来看，呈现负增长的年份多于正增长年份，一方面因为耕地面积的持续增加，但农作物播种面积却有所下降，故造成了复种指数降低；另一方面复种指数受热量、土壤、水分等复杂自然条件的影响，加之种植业生产方式由粗放型向集约型转变，故造成了复种指数有所下降。农业人口由2000年的6524.55万人下降到2018年的3900.34万人，减少了2624.21万人，结合图3-2可知山东省农业人口增速一直呈现出负增长的发展趋势，这主要是由于城市化进程的推进，大量农村人口转变为了城市人口，另外，由于农村在医疗、教育与卫生等方面的弱势，大量农村人口也主动迁往了城市。

二 种植业发展空间特征分析

1. 区域农作物产量结构分析

从山东省区域主要农作物产量可观察到，由于自然条件的差别，加上政府对省内区域统筹发展规划的不同，使各区域间农作物的构成呈现出了较大的区别。需要特别说明的是，一是2019年虽然莱芜

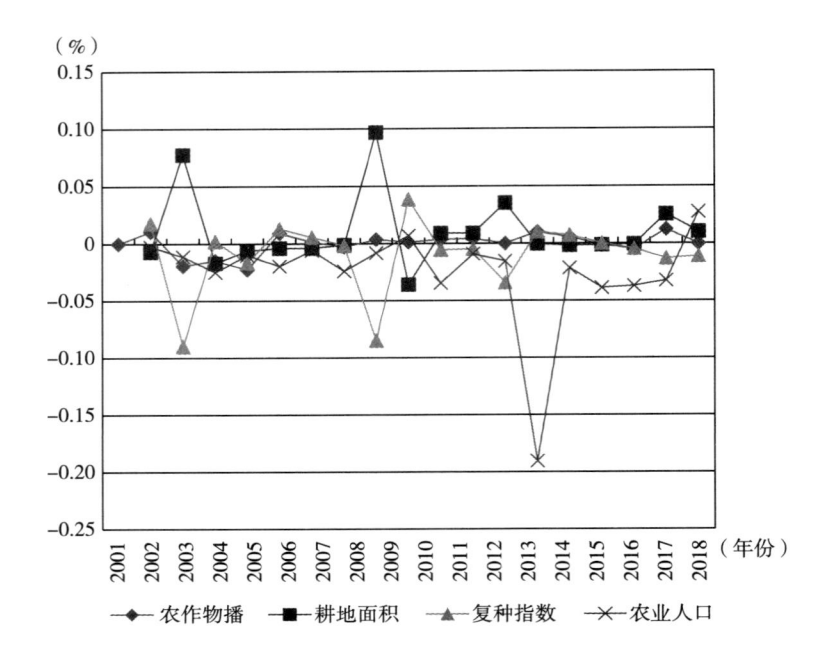

◇ 种植业低碳绩效评价与减排政策研究

图 3-2　2000—2018 年山东省地类面积与农业人口增速

市并入了济南市,为了数据的准确性,本书依然按照两市各自的数据分别开展研究。二是为了更好地对山东省种植业现状进行研究,本书结合山东省具体分区与实际种植情况,将山东省地级市分为四个区域进行分析研究,即半岛蓝色经济区,包含青岛市、日照市、潍坊市、威海市与烟台市;黄河三角洲高效生态区,包含滨州市、东营市;省会城市经济圈,包含济南市、莱芜市、泰安市、淄博市;西部经济隆起带,包含德州市、菏泽市、济宁市、聊城市、临沂市、枣庄市(分区下文将不再进行重复赘述)。

2017 年既是推进结构性改革的攻坚之年,也是山东省粮食总产量历史最高之年,故本书将以 2017 年统计数据为例,进行空间特征分析,后文将不再进行赘述。从小麦总量来看,菏泽市与德州市产量最大,相比于第三位的聊城市也多出了近 100 万吨,产量最少的为莱芜市仅有 3.51 万吨,相比于第一位的菏泽市,相差了约

108.06 倍，这主要是因为地域面积与农产物播种面积相差过大引起的。玉米产量与小麦产量一致，产量最多的为德州市，是产量最小的莱芜市的约 18.98 倍。蔬菜产量最多的潍坊市达到了 1238.65 万吨，最少的东营市仅有 69.08 万吨，潍坊市达到了东营市的约 17.93 倍，这主要是由于潍坊拥有良好的蔬菜生产优势，其成立的蔬菜质量标准中心，为国家制定蔬菜标准。棉花产量最大的为菏泽市，达到了 6.80 万吨，但是烟台市产量仅有 82 吨，威海市甚至没有进行棉花生产。花生产量最多的是烟台市，达到了 42.18 万吨，其次为青岛市的 38.37 万吨与日照的 25.35 万吨，最少的为东营市的 0.39 万吨，烟台市产量达到了东营市产量的约 108.15 倍。薯类产量最多的为临沂市，达到了 28.01 万吨，最少的为东营市仅有 0.14 万吨。其余农作物区域种植差别就更加显著，稻谷产量最大为临沂市的 34.09 万吨，而潍坊仅有 2 吨产量，威海市甚至没有生产足够量的统计数据。谷子产量最大的为济南市的 2.97 万吨，同样，威海市没有生产足够量的统计数据。高粱产量最大的为滨州市的 0.28 万吨，但在德州市没有生产足够量的统计数据。油菜籽产量最大的为菏泽市的 1.10 万吨，但青岛市、威海市、莱芜市产量没有达到足够的统计量。同样，烟叶产量最大的为潍坊市的 2.31 万吨，但在滨州市、东营市、德州市等产量甚至不能进行统计数据计量。具体数据见表 3 – 3。

表 3 – 3　　　　　2017 年山东省区域主要农作物产量

城市	小麦	稻谷	玉米	谷子	高粱	薯类	棉花	花生	油菜籽	烟叶	蔬菜
青岛	126.41	0.07	167.03	0.12	0.01	2.25	0.04	38.37	0.00	0.08	627.78
日照	33.56	2.15	45.53	0.72	0.02	6.49	0.04	25.35	0.00	0.84	104.51
潍坊	203.99	0.00	227.04	2.28	0.15	3.65	1.02	20.48	0.01	2.31	1238.65
威海	18.05	0.00	41.70	0.00	0.00	3.43	0.00	21.20	0.00	0.00	92.68
烟台	66.13	0.31	102.22	0.36	0.03	5.94	0.01	42.18	0.00	0.00	205.14
滨州	168.16	0.28	208.73	0.02	0.28	0.39	3.03	1.10	0.01	0.00	186.71

续表

城市	小麦	稻谷	玉米	谷子	高粱	薯类	棉花	花生	油菜籽	烟叶	蔬菜
东营	55.12	11.63	61.61	0.03	0.24	0.14	2.66	0.39	0.00	0.00	69.08
济南	123.79	1.36	121.25	2.97	0.11	4.28	0.20	3.31	0.21	0.00	591.63
莱芜	3.51	0.00	19.68	0.15	0.02	2.05	0.10	2.41	0.00	0.27	128.88
泰安	118.00	0.21	127.79	0.43	0.04	3.73	0.37	22.14	0.08	0.00	617.33
淄博	67.15	0.31	77.29	0.62	0.02	1.17	0.12	1.54	0.00	0.03	158.94
德州	368.24	0.00	373.60	0.16	0.00	0.79	1.58	1.15	0.00	0.00	603.97
菏泽	379.29	4.01	372.85	0.30	0.02	2.37	6.80	19.73	1.10	0.00	803.27
济宁	220.74	34.08	190.59	0.35	0.04	10.99	3.64	16.13	0.04	0.00	687.64
聊城	278.76	0.07	272.11	0.25	0.00	1.02	0.58	4.32	0.12	0.00	791.23
临沂	177.02	34.10	169.71	1.20	0.10	28.01	0.34	85.73	0.15	2.17	726.83
枣庄	87.20	1.57	83.43	0.19	0.02	4.78	0.17	8.00	0.41	0.00	499.52

资料来源：《中国统计年鉴（2018）》《山东省统计年鉴（2018）》。

从山东省分区来看，小麦平均产量最多的为西部经济隆起带达到了251.87万吨，其余依次为黄河三角洲高效生态区的111.64万吨，半岛蓝色经济区的89.63万吨以及省会城市经济圈的78.11万吨，其中西部经济隆起带小麦总产量是其余三个区域总和的约1.54倍。玉米平均产量大小排序与小麦平均产量一致，依次为西部经济隆起带＞黄河三角洲高效生态区＞半岛蓝色经济区＞省会城市经济圈，其中排名第一的西部经济隆起带平均产量为排名最后的半岛蓝色经济区平均产量的约2.82倍，从总量上来看，西部经济隆起带玉米总产量为其余三个区域总产量的约1.22倍。薯类平均产量大小排序依次为西部经济隆起带＞半岛蓝色经济区＞省会城市经济圈＞黄河三角洲高效生态区，西部经济隆起带平均产量为排名最后的黄河三角洲高效生态区平均产量的约29.59倍，从总量来看，西部经济隆起带薯类产量为其余三个区域总产量的约1.43倍。

通过以上三种主要粮食作物的平均产量可看出，山东省粮食作物种植主要集中在西部经济隆起带，这主要得益于一是该区域农业资源丰富、土地肥沃、耕地占全省约为 47.90%，其中"旱能浇、涝能排"高标准农田 2776 万亩，占其耕地总量约为 51.90%。二是劳动力资源充足。该区域人口众多，农业劳动力资源丰富，拥有农业劳动力 2272 万人，占全省约为 51.80%。三是后发优势显著，发展环境良好。西部经济隆起带发展规划已经被列为山东省重要的区域发展战略，现代农业发展的政策体系也得到了不断完善。多方面的因素成就了西部经济隆起带成为山东省的粮食主产区。蔬菜平均产量大小顺序依次为西部经济隆起带＞半岛蓝色经济区＞省会城市经济圈＞黄河三角洲高效生态区，虽然产量最高的市位于半岛蓝色经济区，但依托整体种植业优势，西部经济隆起带蔬菜平均产量达到了半岛蓝色经济区的约 1.51 倍，从总产量来看，西部经济隆起带依然占到了其余三区域总和的约 71.80%。山东省是全国花生的主产区，花生平均产量最大的半岛蓝色经济区达到了 29.52 万吨，是平均产量最少的黄河三角洲高效生态区的约 39.36 倍。稻谷和棉花主要集中种植在西部经济隆起带与黄河三角洲高效生态区。谷子主要种植在省会城市经济圈，平均产量与总产量均位居各区域第一，分别为 1.04 万吨和 4.18 万吨。油菜籽主要集中种植在西部经济隆起带，而半岛蓝色经济区与黄河三角洲高效生态区几乎没有种植。烟叶平均产量与总产量最大的为半岛蓝色经济区，分别为 0.64 万吨和 3.22 万吨，但在黄河三角洲高效生态区几乎没有种植。

2. 地类面积及农业人口变化趋势分析

受限于地域面积与自然资源禀赋的差异，由表 3-4 可知，山东省各区域在农作物播种面积、耕地面积与农业人口等表现出了明显的差异。从农作物播种面积来看，菏泽市最大，是最小的莱芜市的约 20.32 倍。耕地面积最大的是临沂市为 93.65 万公顷，是最小的莱芜市的约 12.86 倍。复种指数最高的为菏泽市，分别达到了 187.45%，是最低的日照市复种指数的约 1.96 倍。农业人口最多的临沂市为 450 万人，是莱芜市农业人口的约 8.74 倍。具体数据见表 3-4。

表 3-4　　　　2017 年山东省区域地类面积与农业人口

城市	农作物播种面积（万公顷）	耕地面积（万公顷）	复种指数（％）	农业人口（万人）
青岛	67.32	51.73	130.15	254.84
日照	22.73	23.78	95.61	120.60
潍坊	102.39	79.35	129.03	374.99
威海	20.30	19.59	103.64	94.77
烟台	46.13	44.52	103.63	257.63
滨州	68.54	46.53	147.32	161.85
东营	25.99	22.82	113.89	69.49
济南	56.55	35.66	158.57	215.76
莱芜	7.64	7.28	105.03	51.49
泰安	52.97	36.39	145.56	222.25
淄博	25.33	20.81	121.70	140.03
德州	119.71	64.36	186.01	257.51
菏泽	155.28	82.84	187.45	445.10
济宁	96.37	60.38	159.60	359.16
聊城	101.64	56.46	180.02	301.15
临沂	101.56	93.65	108.45	450.00
枣庄	40.31	23.60	170.78	167.32

资料来源：国家统计局《中国统计年鉴（2018）》《山东省统计年鉴（2018）》。

从山东省分区来看，西部经济隆起带农作物播种面积、耕地面积、复种指数、农业人口从平均数和总数而言，都位列各区域第一位，以农作物平均播种面积为例，西部经济隆起带为 102.48 万公顷，是半岛蓝色经济区的约 1.98 倍，黄河三角洲高效生态区的约 2.17 倍，省会城市经济圈的约 2.88 倍。这主要是因为该区域优势独特、农业资源丰富、土地肥沃、耕地总量较大且劳动力资源充足。农作物播种平均面积与耕地平均面积最小的是省会城市经济圈，其数量分别只有 35.62 万公顷和 25.03 万公顷，这与该区域农业发展定位有密切联系，其区域定位于重点发展休闲观光农业与深化农产品加工，这引起了农作物播种面积的下降。农业平均人口数量最少的为黄河三角洲高效生态区，其平均人口数量仅为115.67万人，仅占西部经济隆起带的约35.05%，这主要由于该区域人口总基数较少所致。

第三节　山东省种植业生产资料投入使用的分析

目前，山东省农业生态问题依然严峻，农药使用量居全国首位，化肥使用量居全国第二位，针对这一系列问题，提出了加强农业面源污染综合防治，实施化肥减量增效工程，提高配方施肥的精准性，提高化肥利用率等一系列措施。通过对化肥、农药、农膜等投入量与投入密度的演变趋势进行分析，对解决农业面源污染，促进美丽乡村建设工作都将起到积极的推动意义。

一　种植业生产资料投入使用时序特征分析

化肥的投入量最大，一直为最主要的种植业生产资料投入，其投入量由2000年的423.19万吨上升到2018年的420.35万吨，峰值为2007年的500.34万吨，其单位面积投入强度也达到了466.54千克/公顷，是国际上为防止水体污染而设置的225千克/公顷安全上限的2倍还多，这主要因为一直以来，国家对化肥产业实行价格管制政策，并且对农户实行了补贴政策，积极的一面使农民的种粮收益不会被化肥价格上涨所影响，但是这却造成了农民过度依赖化肥进行生产的现状，再者化肥生产成本不高，所以其替代产品竞争力不高，这些原因都造成了化肥的过度使用。农药投入量由2000年的14.03万吨上升到2018年的12.99万吨，下降幅度不大，其单位面积投入强度相比于2000年，下降了0.86千克/公顷，农药使用效率不高、搭配不合理，是造成农药长期使用量居高不下的主要原因。农膜投入量由2000年的22.51万吨上升到2018年的27.69万吨，其单位面积投入强度也由 20.19 千克/公顷上升到 25.00 千克/公顷。柴油的投入量 2000 年为 157.13 万吨，单位面积投入强度为 140.96 千克/公顷，2007 年出现峰值投入量达到了 193.77 万吨，单位面积投入强度也上升到了 180.68 千克/公顷，这主要是因为农业机械的广泛应用带来生产效率提高的同时，也带来农用柴油使用量的激增。具体见表 3-5。

表 3-5　　　　2000—2018 年山东省生产资料投入量及强度

年份	化肥		农药		农膜		柴油	
	投入量	强度	投入量	强度	投入量	强度	投入量	强度
2000	423.19	379.63	14.03	12.59	22.51	20.19	157.13	140.96
2001	428.62	380.45	14.50	12.87	25.77	22.87	161.46	143.31
2002	433.92	392.76	16.37	14.82	29.22	26.45	169.08	153.04
2003	432.65	397.46	17.09	15.70	30.57	28.08	172.19	158.19
2004	450.96	423.89	15.39	14.47	32.72	30.76	167.62	157.56
2005	467.63	435.57	15.56	14.49	33.16	30.89	187.43	174.58
2006	489.82	455.47	17.13	15.93	34.35	31.94	192.46	178.96
2007	500.34	466.54	16.57	15.45	34.12	31.82	193.77	180.68
2008	476.33	442.52	17.35	16.12	32.13	29.85	182.65	169.69
2009	472.86	438.71	16.90	15.68	31.38	29.11	179.21	166.27
2010	475.32	439.37	16.49	15.24	32.30	29.86	186.63	172.51
2011	473.64	435.91	16.48	15.17	31.83	29.29	185.23	170.48
2012	476.26	438.26	16.20	14.91	31.81	29.27	179.56	165.23
2013	472.66	430.61	15.84	14.43	31.87	29.03	174.60	159.07
2014	468.08	424.07	15.64	14.17	30.52	27.65	168.30	152.47
2015	463.50	420.35	15.10	13.69	30.16	27.35	165.80	150.36
2016	456.46	415.98	14.86	13.54	29.80	27.16	162.51	148.10
2017	439.96	396.08	14.07	12.67	28.71	25.85	157.75	142.02
2018	420.35	379.49	12.99	11.73	27.69	25.00	147.47	133.13

注：单位面积投入强度＝某生产资料/播种面积（千克/公顷）。

结合图 3-3 可知，化肥、农药、农膜柴油等在前期均呈现正向的发展趋势，但是自 2007 年开始，各主要生产资料投入均相继呈现出了负向的发展趋势，主要是因为同年 IPCC（2007）公布数据显示，农业碳排放源已经上升到了第二大温室来源气体，农业的污染已经引起了广泛的关注，另外，我国陆续实施了如"化肥农药三年零增长计划"也对农业生产资料的使用起到了良好的抑制作用。

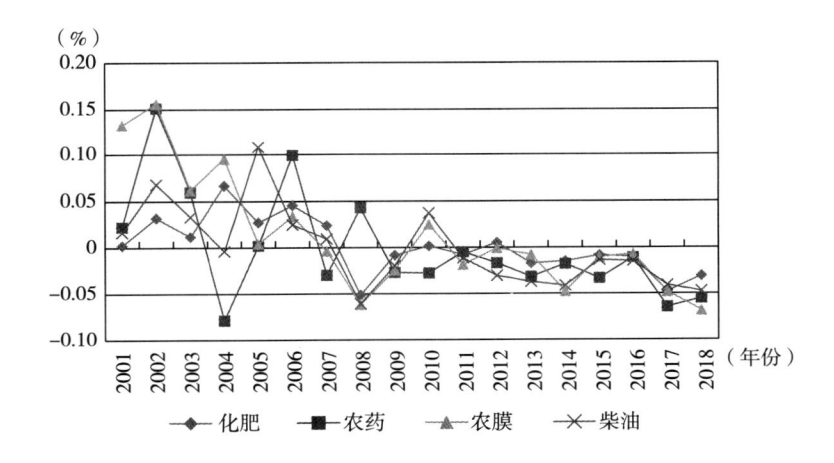

图 3-3 2001—2018 年山东省生产资料投入强度增速

二 种植业生产资料投入使用空间特征分析

山东省各区域自然资源条件与农业基础具有明显的差异性，不同的区域农业发展定位，决定了其不同农业发展模式，其种植的农作物，投入生产资料将会呈现出明显的区域差异性，对其区域差异性进行分析研究，将为制定精准的减排措施提供必要的参考依据。化肥投入量最大的城市为潍坊市，达到了约 49.60 万吨，是投入量最少的莱芜市的约 12.51 倍，从化肥单位面积投入强度来看，最大的为威海市的 516.89 千克/公顷，是单位面积投入强度最小的德州市的约 1.89 倍。农药投入量最大的济宁市为约 1.44 万吨，相比投入量最少的莱芜市多投入了约 1.33 万吨，从农药单位面积投入强度来看，最大的烟台市达到了 28.66 千克/公顷，是单位面积投入强度最小的莱芜市的约 17.16 倍。农膜投入量最大的为临沂市，达到了约 4.52 万吨，是投入量最小的莱芜市的约 18.83 倍，从单位面积投入强度来看，潍坊市达到了 75.03 千克/公顷，而单位面积投入强度最小的滨州市仅为 7.90 千克/公顷。柴油投入量最大、单位面积投入强度最高的均为威海市，分别达到了约 21.43 万吨与 1255.25 千克/公顷，投入量最少的为莱芜，仅有约 0.98 万吨，从单位面积投入强度来看，枣庄的单位面积投入强度仅为 38.15 千克/公顷，威海市达到了枣庄市单位面积投入强度的约 32.90 倍。具体见表 3-6。

表 3-6　　　　2017 年山东省区域生产资料投入量及强度

单位：吨，千克/公顷

城市	化肥		农药		农膜		柴油	
	投入量	强度	投入量	强度	投入量	强度	投入量	强度
青岛	278251	413.30	5962	8.86	18002	26.74	183497	272.56
日照	104419	459.29	3812	5.66	6576	28.92	214333	942.75
潍坊	495900	484.33	13162	19.55	76822	75.03	138179	134.95
威海	104933	516.89	8056	11.97	3445	16.97	254828	1255.25
烟台	386233	837.25	19294	28.66	10376	22.49	175475	380.38
滨州	217562	317.42	7671	11.39	5414	7.90	31247	45.59
东营	101814	391.67	4302	6.39	5150	19.81	32493	125.00
济南	209450	370.36	2896	4.30	12612	22.30	46326	81.92
莱芜	39629	518.51	1124	1.67	2444	31.98	9757	127.66
泰安	194024	366.30	6556	9.74	10094	19.06	50820	95.94
淄博	89353	352.75	4682	6.95	7306	28.84	18841	74.38
德州	327840	273.86	10399	15.45	16437	13.73	58621	48.97
菏泽	492455	317.13	11299	16.78	23829	15.35	84227	54.24
济宁	395477	410.38	14392	21.38	11579	12.02	100173	103.95
聊城	405590	399.04	8371	12.43	23828	23.44	72803	71.63
临沂	354287	348.84	14511	21.55	45166	44.47	90464	89.07
枣庄	202377	502.07	4183	6.21	8019	19.89	15377	38.15

注：单位面积投入强度＝某生产资料/播种面积（千克/公顷）。

从山东省分区来看，西部经济隆起带化肥、农药、农膜投入量均为省内最高，其分别达到了 36.3 万吨、1.05 万吨、2.15 万吨，区域内除枣庄市外，其余各市化肥、农药的投入量均远高于全省平均投入量。从单位面积投入强度来看，化肥、农膜以及柴油的单位面积投入强度分别为 375.22 千克/公顷、21.48 千克/公顷、67.67 千克/公顷，远少于全省化肥、农膜以及柴油平均单位面积投入强度 428.91 千克/公顷、21.48 千克/公顷、231.91 千克/公顷，由于西部经济隆起带耕地面积充足，农作物播种较大，在种植业生产过程中必然会引起相应生产资料投入的增加，但是西部经济隆起带利用其后发优势，各市加快转方式调结构，着力推进现代农业科学发展，为走高效低污染的种植业发展之路奠定了良好的基础；黄河三角洲高效生态区化肥、农药以及农膜的投入量与单位面积投入强度均低于全省平均指数，其中化肥与农膜的单位面积投入强度仅为 354.55 千克/公顷和 13.86 千克/公顷，远低于全省平均水平，这与该区域农业发展定位于走"生态高效"的发展之路密切相关，其最大亮点是没有走高耗能的发展模式；省会城市经济圈化肥、农药、农膜与柴油投入量均为全省最低，从单位面积投入强度来看，其农膜单位面积投入强度仅为 5.67 千克/公顷，不到全省单位面积投入强度的一半，这与其区域定位于大力发展休闲观光农业与农产品深加工行业密切相关，其发展模式决定了其不需要投入大量农业生产资料；半岛蓝色经济区农膜与柴油投入量为全省最高，特别是柴油投入量高达 19.32 万吨，是最小的省会城市经济圈的约 6.15 倍，从单位面积投入强度来看，柴油单位面积投入强度高达 597.18 千克/公顷，是全省平均值的约 2.58 倍，一方面该区域种植业经济发展水平良好，农业机械化程度最高，故柴油使用量与单位面积投入强度较大；另一方面作为省内花生最主要的生产区域，种植过程中投入使用了大量的农膜进行生产。

第四节　山东省种植业投入产出效率的分析

农作物的生长与热量、光照、水、土壤等自然条件密切相关，这些自然条件成为农业生产必要的投入。在这些投入的基础上，经过劳动者的劳动（投入劳动力），农业可获得产出，而生产资料、科技等的投入，成为提高农业产出的重要手段。本节将选择主要生产资料投入——化肥、劳动力——农业人口为代表，分析种植业万元增加值消耗具体情况，以期为后文进一步开展种植业低碳研究奠定基础。

一　种植业投入产出效率时序特征分析

山东省化肥拉动种植业增加值增长由 2000 年的 3.49 万元/万吨上升到 2018 年的 11.13 万元/万吨，上升幅度达到了约 186.82%，年均增长率约 6.66%。一方面，科学的施肥手段以及化肥本身质量的提高大大提升了化肥利用率；另一方面，随着农业基础设施的日益完善与灌溉水平的不断提高，化肥利用率得到显著提升，其增产增收效果也日益增强。农业劳动力拉动种植业增加值增长由 2000 年约 0.23 万元/万人，上升到 2018 年的约 1.20 万元/万人，上升幅度达到了约 421.74%，年均增长率约 10.32%。这主要是由于现代农业的高速发展，农业机械化程度得到了显著提高，加上大量农业科研成果应用于生产，使农业劳动生产效率得到飞速发展，多方面的因素促进了种植业增加值的高速增长。

二　种植业投入产出效率空间特征分析

山东省内化肥投入拉动种植业增加值增长最高的为淄博市，其化肥投入拉动种植业增加值约为 18.74 万元/万吨，其次为莱芜市的约 16.63 万元/万吨，最小的为菏泽市的约 6.18 万元/万吨。农业劳动力拉动种植业增加值增长最大的为烟台市约 1.45 万元/万人，其次为济南市约 1.38 万元/万人，最小的为菏泽市的约 0.68 万元/万

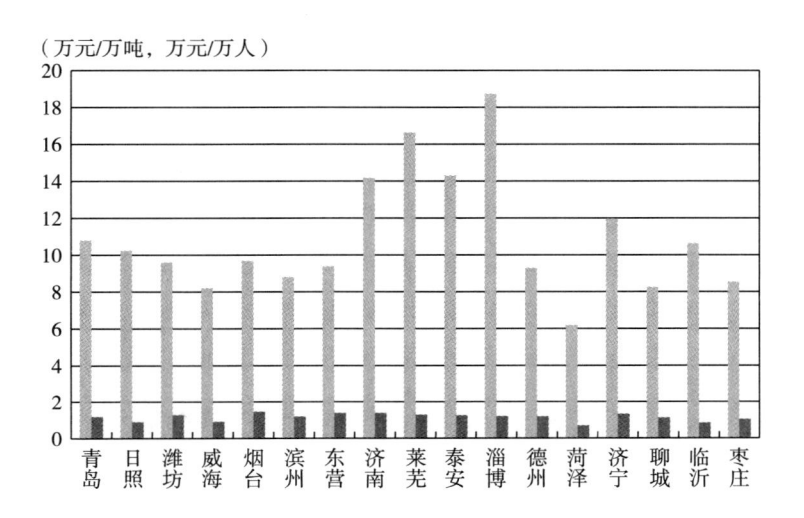

人，烟台市达到了菏泽市的约 2.13 倍。具体见图 3-4。

(万元/万吨，万元/万人)

图 3-4　2017 年山东省区域种植业万元增加值消耗生产资料比重

从山东省分区来看，半岛蓝色经济区化肥投入拉动种植业增加值增长为 9.70 万元/万吨，农业劳动力拉动种植业增加值增长为 1.14 万元/万人，两项指标均位居全省第二，这主要得益于该区域种植业经济发展水平为全省最高，现代农业基础设施完善，机械化水平为全省第一位等多方优势合力下形成的良好产出效应；黄河三角洲高效生态区化肥投入拉动种植业增加值增长为 9.09 万元/万吨，位居全省最后，仅略低于西部经济隆起带，农业劳动力拉动种植业增加值增长为 1.28 万元/万人，居全省第一位，其高效生态农业的发展定位，大力推进清洁生产，突破了制约产业转型升级的关键技术，促进了化肥贡献率与农业劳动力贡献率有了显著的增强；省会城市经济圈化肥投入拉动种植业增加值增长为 15.96 万元/万吨，远大于其余区域，居全省第一位，农业劳动力拉动种植业增加值增长为 1.27 万元/万人，仅略低于黄河三角洲高效生态区居第二位。首先，这源于其特殊的政治区位优势，政府扶持力度大。再次，区域内科研实力强,加上其种植业发达形成了良好的合力,助推其化肥贡献率与农业劳动力贡献率提升显著;西部经济隆起带化肥投入拉动种植业增加值增长为9.14万元/万吨,居全省第三位,农业劳动力拉动种植业增加值增长为1.03万元/万人,位居全省最后,这主要是因为该区域农业基础相对薄弱,农业科技创新的基础较差,导致农业科技装备水平和农业劳动生产率偏低。

第五节　本章小结

本章首先对山东省农业发展现状进行了系统的梳理与总结,接着介绍了山东省种植业的发展现状,分析了其农作物产量、农业人口、地类面积等的变化趋势与原因,系统地总结了研究区间内种植业整体发展现状。接下来分析了山东省种植业区域现状,可知菏泽市小麦与棉花的产量最大,而花生主产区集中在半岛蓝色经济区的城市,如烟台、青岛等,蔬菜产量最大的为潍坊,这与其区域内有全国蔬菜质量标准中心密切相关。小麦与玉米是山东省最主要的粮食作物,从山东省分区来看,产量大小顺序排名依次为:西部经济隆起带>黄河三角洲高效生态区>半岛蓝色经济区>省会城市经济圈。从种植业生产资源禀赋来看,西部经济隆起带农作物播种面积、耕地面积、复种指数、农业人口就平均数和总数而言,都列各区域第一位,说明了该区域种植业占据山东省重要地位。

其次,分析了山东省种植业生产资料投入使用情况,可知化肥的投入量与单位面积投入强度最大,接着分析了山东省各区域生产资料投入使用情况,投入量最大的为潍坊市,而单位面积投入强度最大的为威海市,从分区来看,西部经济隆起带化肥、农药、农膜投入量均为省内最高,而黄河三角洲高效生态区化肥、农药以及农膜的投入量与单位面积投入强度均低于全省平均水平,其中化肥与农膜的单位面积投入强度仅为354.55千克/公顷和13.86千克/公顷，这与该区域农业发展定位于走"生态高效"的发展之路密切相关。

最后，由山东省种植业投入产出效率情况可知，生产资料的投入所创造的种植业增加值呈现显著的增长发展趋势，接着以空间为轴分析了区域种植业投入产出效率情况，菏泽市生产资料投入拉动种植业增加值增长最低。从分区来看，省会城市经济圈生产资料投入拉动种植业增加值增长较高。本章对山东省种植业发展现状进行全面的梳理与分析，从而深入地掌握了其发展趋势与特点，为接下来的研究打下了坚实的基础。

第四章 山东省种植业碳排放/碳汇测算与特征分析

第一节 种植业碳排放测算

在对山东省种植业碳排放进行测算前,需要特别说明三点:第一,由于本书选取的数据期间较长,且纵深到了山东省具体城市,受数据采集限制,有些地市部分数据无法获得,故个别年份缺失的数据为推算而出;第二,为了更加准确测算碳排放,种植业生产灌溉所释放碳排放量,采用实际灌溉面积核算;第三,为了保证数据的一致性,山东省整体数据由各市具体数据相加而得,由于个别城市缺失年份数据由推算而得,且四舍五入后将会产生微小变化,故总数据有可能与全省统计数据有略微差别。

一 数据来源与测算方法

种植业碳排放主要来源渠道:首先,化肥、农药以及农膜生产和使用中释放的二氧化碳;其次,使用机械作业消耗农用柴油释放的二氧化碳;再次,种植业翻耕造成有机碳流失所释放的二氧化碳;最后,种植业在生产过程中使用电能进行灌溉,消耗的化石燃料所释放的二氧化碳。

2000—2018 年山东省各经济区域的农药、农膜、化肥及农用柴油灌溉等具体使用投入量是根据历年《中国统计年鉴》《山东省统计年鉴》以及各市统计年鉴整理获得，具体数据见第三章。

目前权威性较高的测算方法为 IPCC 发布的碳排放系数法，本书将运用该计算方法，测算山东省种植业碳排放量。种植业碳排放估算公式如下：

$$C = \sum Ci = \sum (Ti \times Qi) \quad (4-1)$$

其中，C 表示种植业的总碳排放量；Ci 表示第 i 种碳源的碳排放量；Ti 表示第 i 种碳源的排放量；Qi 表示第 i 种碳源的碳排放系数。

表 4 – 1 碳排放系数

碳源	碳排放系数
农药	4.9341kg（C）·kg^{-1}
农膜	5.18kg（C）·kg^{-1}
化肥	0.8956kg（C）·kg^{-1}
农业灌溉	266.48kg（C）·hm^{-2}
农业翻耕	312.6kg（C）·hm^{-2}
农用柴油	0.5927kg（C）·kg^{-1}

注：该数据来源于 IPCC 发布的碳排放系数（IPCC，2006）。

二 种植业碳排放时序演变特征分析

根据《中国统计年鉴》《山东省统计年鉴》整理得到种植业生产资料投入数据，运用种植业碳排放估算公式，测算了 2000—2018 年山东省种植业化肥、农药、农膜等碳源排放量，具体数据见表 4 – 2。

（一）种植业碳排放及强度演变分析

山东省种植业碳排放总量由 2000 年的 1119.56 万吨上升到 2018 年的 1146.39 万吨，上升幅度约为 2.40%，年均增幅约为 0.26%，在农作物产量大幅增加的同时，碳排放总量呈现出下降

表 4－2　　　2000—2018 年山东省种植业碳排放量与强度

单位：万吨，千克/万元

年份	化肥	农药	农膜	农用柴油	灌溉	翻耕	碳排放总量	强度
2000	379.01	69.23	116.61	93.13	112.93	348.65	1119.56	758.59
2001	383.87	71.54	133.49	95.70	113.73	341.98	1140.32	749.03
2002	388.61	80.79	151.35	100.22	110.98	335.64	1167.59	764.39
2003	387.48	84.30	158.34	102.06	105.83	327.35	1165.36	740.10
2004	403.88	75.94	169.47	99.35	105.81	328.77	1183.21	656.46
2005	418.81	76.78	171.79	111.09	106.82	349.83	1235.12	615.19
2006	438.68	84.53	177.95	114.07	110.06	357.45	1282.74	586.79
2007	448.11	81.77	176.74	114.85	110.86	356.45	1288.77	539.84
2008	426.60	85.59	166.41	108.26	111.93	359.16	1257.94	440.74
2009	423.49	83.41	162.57	106.22	112.88	365.22	1253.79	410.90
2010	425.70	81.38	167.30	110.61	114.36	367.02	1266.37	357.68
2011	424.20	81.27	164.89	109.79	115.33	369.69	1265.16	339.77
2012	426.54	79.91	164.75	106.43	117.32	355.53	1250.48	317.92
2013	423.31	78.15	165.10	103.51	120.41	345.66	1236.14	276.80
2014	419.21	77.15	158.08	99.73	121.38	342.15	1217.69	257.51
2015	415.11	74.51	156.22	98.28	123.91	337.41	1205.43	243.32
2016	408.81	73.34	154.35	96.32	125.14	328.18	1186.14	229.61
2017	394.03	69.41	148.72	93.50	127.62	347.23	1180.50	268.10
2018	376.46	64.09	143.45	87.42	128.05	346.92	1146.39	245.05

注：种植业碳排放强度＝种植业碳排放量/种植业产值。

的发展趋势，证明了山东省的减排工作取得了一定的成效。结合图 4－1 可知，碳排放总量的发展可分为三个阶段：

第一阶段（2000—2007 年）为持续上升阶段，2007 年碳排放总量达到峰值为 1288.77 万吨，相比于 2000 年上升了约 15.11%，结合图 4－2 可知，2007 年以前，碳排放总量均呈现正向增长趋势，该阶段种植业获得了良好的发展机遇，政府加大了对"三农"投入，优化调整农业结构，发展产业化经营，农业综合生产能力得到了进一步提高，2006年全省粮食总产量达到4048.80万吨，增加了131.4万吨，连续4年实现丰收，但是一连串喜人的增长数据背后，带来了农业生产资料投入量的激增，由此引发了碳排放总量的持续增加。

第二阶段（2008—2011年）为缓慢下降阶段，种植业碳排放总量由2008年开始结束增长，下降到了1257.94万吨，降幅约为2.39%，结合图4-1可知，2008年开始碳排放总量呈现出负向发展趋势，这主要是因为农业的温室气体排放，在2007年以前没有得到足够重视，故碳排放量一直持续增加，2007年IPCC公布农业温室气体上升为第二大来源以后，农业温室气体排放开始受到重点关注，这更加促使了政府去关注农业低碳发展问题，在2007年碳排放总量达到顶点后，开始在2008年下降。

第三阶段（2012—2018年）为持续下降阶段，相比于峰值时，2018年降幅达到了11.05%，结合图4-1可知，该阶段，碳排放总量呈现出持续负向增长趋势，这主要获益于山东省"十二五"时期开展了绿色发展生产模式，该发展模式要求，加大节能减排和环境保护力度，强化生态保护，并提出了确保完成国家下达的节能减排约束性指标，即单位生产总值能耗和碳排放大幅下降，主要污染物排放总量显著减少的具体要求。加上山东省积极响应国家"化肥农药零增长计划"，多重合力下，山东省碳排放总量呈现出持续稳定的下降趋势。

由表4-2可知，种植业碳排放强度由2000年的758.59千克/万元下降到2018年的245.05千克/万元，下降幅度达到了约67.70%，年均降幅达到了约6.12%，种植水平与机械化程度的提高，生产效率得到了显著提升，随着农产品品质的提升与附加值的增高，种植业经济获得了长足的发展，每万元增加值所付出碳排放量的代价有了显著的减少。从发展阶段来看：

第一阶段（2000—2003年）为平稳发展阶段，该阶段碳排放总

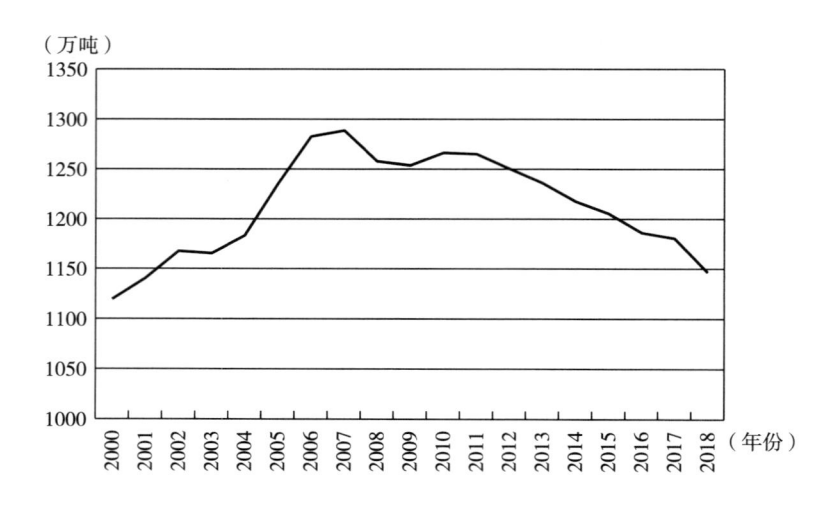

图 4-1　2000—2018 年山东省种植业碳排放总量

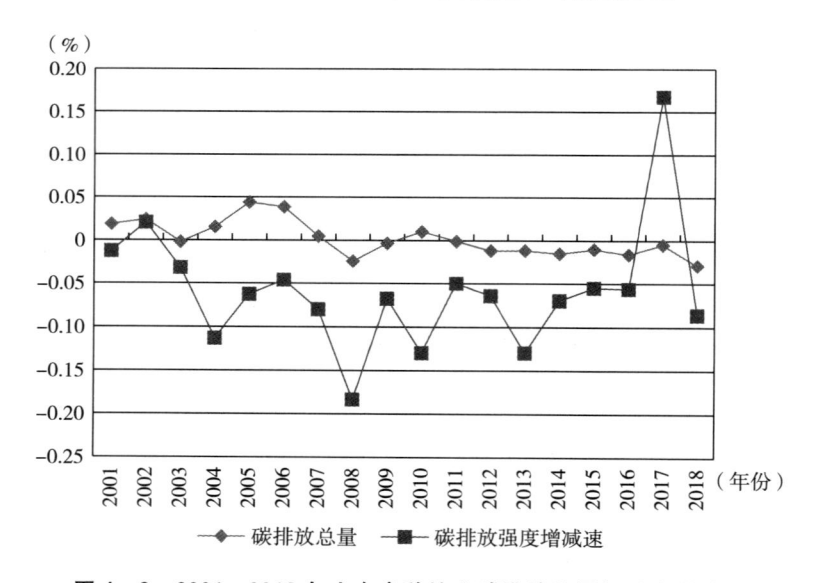

图 4-2　2001—2018 年山东省种植业碳排放总量与强度增减速

量虽持续增加，但是种植业产值也在稳步增长，故碳排放强度呈现出了平稳的发展趋势，结合图 4-2 可知，该阶段碳排放强度增速在正负之间徘徊但起伏不大。

第二阶段（2004—2007 年）为小幅下降阶段，该阶段碳排放总量虽呈现出持续增长，但是同时段，山东省政府加强了对"三农"的投入力度，在"十五"时期全省农业综合生产能力显著提高，2005年农业增加值达到1900亿元，比2000年增长约25%，故该阶段种植业碳排放强度呈现出下降的发展趋势。

第三阶段（2008—2018年）为大幅下降阶段，该阶段种植业碳排放强度呈现出了显著下降趋势，结合图4-2可知，在2008年碳排放强度出现了最大降幅，同比下降了约18.36%，首先2007年IPCC公布数据显示农业温室气体已经上升为第二大温室气体来源，农业碳排放受到了普遍的重视，故2008年开始，种植业碳排放量开始下降，再者随着农业连续6年丰收，种植业产值有了大幅度上升，促使了种植业碳排放强度呈现大幅度下降。由图4-2可知，2017年碳排放强度增速在碳排放总量下降的情况下却呈现出正向的发展趋势，这主要是由于山东省在稳定粮食播种面积前提下，根据经济发展的实际需要调整了种植结构，种植业产值有了小幅度下降所致。

（二）种植业碳排放结构演变分析

由表4-2可知，化肥碳源排放量由2000年的379.01万吨上升到2018年的376.46万吨，下降幅度约为6.77%，年均降幅约为0.17%，化肥碳排放源一直是山东省最主要的碳排放来源，其占碳排放总量比例在研究区间内均超过33.00%。其发展阶段可分为两个阶段，第一阶段（2000—2007年）为持续上升阶段，该阶段化肥碳源排放量呈现出持续上升的发展趋势，其增速亦呈现正向的发展趋势，并于2007年达到峰值，碳排放量为448.11万吨，比重达到约34.77%，这主要是由于种植业的生产大量依赖化肥，加上化肥价格便宜且国家对化肥有相应的补贴措施，故化肥碳源排放量大幅增加；第二阶段（2008—2018年）为波动下降阶段，化肥碳源排放量在2010年与2012年经历小幅波动后，增速呈现出持续负向发展态势，这得益于农业污染受到重视，相关环保政策如"化肥农药零增长计划"开始实施；翻耕碳源排放量由2000年的348.65万吨，下降到 2018 年的 346.92 万吨，其碳排放总量比重在研究区间内一直为第二大碳排放来源，且占比仅略低于化肥碳源，是山东省碳排放主要来源。

结合图 4-1 可知，其呈现出波浪形的发展趋势，其发展阶段可分为两个阶段，第一阶段（2000—2011 年），为波浪上升阶段，该阶段翻耕碳源排放量呈现出徘徊上升趋势，虽个别年份碳排放量有所下降，但平均增速达到了约 0.56%。第二阶段（2012—2018 年），为持续下降阶段，平均降幅达到了约 0.98%，这源于种植业生产效率的提高与种植业结构的调整，农作物播种面积有所下降；农膜碳源排放量由 2000 年的 116.61 万吨上升到 2018 年的 143.45 万吨，相比于基年提高了约 23.02%，年均增幅也达到了约 1.61%，该碳源为山东省第三大排放来源，在研究区间内其占碳排放总量的比例年均达到了约 13.06%。其发展阶段可分为以下两个阶段，第一阶段（2000—2006 年）为持续上升阶段，该阶段农膜碳源排放量增速呈现出正向发展趋势，于 2006 年达到峰值，相比于基年上升了约 34.47%。第二阶段（2007—2018 年）为持续下降阶段，该阶段碳排放量增速呈现出负向发展趋势，末期碳排放量虽然高于基期，但从发展趋势来看，未来碳排放量有望持续下降；农用柴油碳源排放量由 2000 年的 93.13 万吨变动到 2018 年的 87.42 万吨，在机械化程度大大提高的情况下，碳排放量并未呈现出大幅增长，这很大程度上得益于实施了"山东省新旧动能转换现代高效农业专项规划"。

农用柴油碳源排放量在 2005—2007 年由于高速增长其碳排放量一跃成为山东省第四大碳排放来源，但其余年份均为第五大碳排放来源。其发展阶段可分为以下两个阶段，第一阶段（2000—2007 年）为上升阶段，该发展阶段农用柴油碳源排放量增速呈现出持续正向发展趋势，2007 年达到峰值时相比于基期上升了约 18.91%。第二阶段（2008—2018 年）为持续下降阶段，该发展阶段年均降幅达到了约 2.01%，从趋势来看未来将可能继续呈现出下降的发展态势；灌溉碳源排放量由 2000 年的 112.93 万吨上升到 2018 年的

128.05万吨，上升了约13.39%，年均增幅达到了约0.72%。除2005—2007年为第五大碳排放来源，灌溉碳源均为山东省第四大碳排放来源。

该碳源发展阶段可分为以下两个阶段，第一阶段（2000—2004年）为持续下降阶段，该发展阶段灌溉碳源排放量增速呈现出负向发展趋势，并于2004年达到了最低峰值。第二阶段（2005—2018年）为持续上升阶段，该阶段灌溉碳源排放量增速呈现出持续的正向发展趋势，并于末期达到了峰值；农药碳源排放量2000年为69.23万吨，2018年为64.09万吨，基本保持平衡。农药碳源排放量在本书研究区间内占山东省碳排放总量比例最小。该碳源发展趋势可分为两个阶段，第一阶段（2000—2008年）为波动上升阶段，该发展阶段农药碳源排放量增速呈现出波动上升正向发展趋势，于2008年达到峰值，相比于基期上升了约24.21%。第二阶段（2009—2018年）为持续下降阶段，该阶段碳排放增速呈现出持续稳定的负向发展趋势，首先这源于农业碳排放的污染开始引起了社会重点关注，其次山东省实行了"化肥农药零增长计划"也是农药碳源得以持续降低的主要原因。

三 种植业碳排放区域比较分析

山东省各区域种植业具有鲜明的发展特点，为了分析不同区域种植业碳排放特征，本书测算山东省17个地级市2000—2018年的种植业碳排放量、碳排放强度与碳排放源占比，并以此为依据分析其碳排放特征。受篇幅限制，本书将与第三章一致，以2017年为例开展分析研究，具体见表4-3、表4-4。

从碳排放总量来看，潍坊市碳排放量为省内最高，达到了143.90万吨，依次为菏泽市131.46万吨、临沂市107.21万吨、聊城市101.70万吨、济宁市96.76万吨，最小的为莱芜市9.26万吨，潍坊市碳排放量达到了其约15.54倍，这与其农作物播种面积大小有直接的影响关系。从分区来看，山东省平均碳排放量约为69.44万吨，半岛蓝色经济区平均碳排放量约为75.26万吨，高于全省平

表4-3　　2017年山东省各地区的种植业碳排放源结构

单位：万吨，千克/万元

城市	化肥	农药	农膜	农用柴油	灌溉	翻耕	碳排放总量	强度
青岛	24.92	2.94	9.33	10.88	7.47	21.05	76.57	254.96
日照	9.35	1.88	3.41	12.70	2.06	7.11	36.51	341.37
潍坊	44.41	6.49	39.79	8.19	13.01	32.01	143.90	302.32
威海	9.40	3.97	1.78	15.10	2.67	6.35	39.27	456.53
烟台	34.59	9.52	5.37	10.40	5.72	14.42	80.02	213.94
滨州	19.48	3.78	2.80	1.85	9.36	21.43	58.72	306.86
东营	9.12	2.12	2.67	1.93	4.78	8.13	28.74	300.96
济南	18.76	1.43	6.53	2.75	6.58	17.68	53.73	181.05
莱芜	3.55	0.55	1.27	0.58	0.92	2.39	9.26	140.51
泰安	17.38	3.23	5.23	3.01	6.24	16.56	51.65	186.21
淄博	8.00	2.31	3.78	1.12	3.38	7.92	26.51	158.35
德州	29.36	5.13	8.51	3.47	13.35	37.42	97.25	319.51
菏泽	44.10	5.58	12.34	4.99	15.90	48.54	131.46	431.90
济宁	35.42	7.10	6.00	5.94	12.18	30.12	96.76	204.32
聊城	36.32	4.13	12.34	4.32	12.82	31.77	101.70	304.40
临沂	31.73	7.16	23.40	5.36	7.81	31.75	107.21	284.80
枣庄	18.12	2.06	4.15	0.91	3.37	12.60	41.23	238.71

注：种植业碳排放强度=种植业碳排放总量/种植业产值。

均值，该区域内有三个城市超过平均碳排放量，这主要是由于该区域为省内第二大农作物播种区，且是省内花生最大的种植区域，农业生产资料投入较大，故平均碳排放量略高于全省平均值；黄河三角洲高效生态区平均碳排放量约为43.73万吨，仅为全省平均碳排放量的约62.98%，区域内各市碳排放量均低于平均值，这与其"高效生态农业"的发展定位密切相关；省会城市经济圈平均碳排放量约为35.29万吨，这一数值为全省最低，区域内各市碳排放量均低于全省平均值，一方面该区域农作物平均播种面积为全省最低，农业生产资料投入较少；另一方面与该区域"都市农业""休闲农业"的发展定位有紧密联系；西部经济隆起带平均碳排放量约为 95.94 万吨，远高于全省平均碳排放量，区域内除枣庄外各市碳排放量均超过平均水平，这主要是由于该区域农作物播种面积从总量与平均值均居全省第一位，且是省内最大的农作物生产地，高产出的同时带来农用生产资料的高投入。

表 4 – 4   2017 年山东省区域各碳源占比   单位:%

城市	化肥	农药	农膜	农用柴油	灌溉	翻耕
青岛	32.54	3.84	12.18	14.20	9.75	27.48
日照	25.62	5.15	9.33	34.80	5.63	19.47
潍坊	30.86	4.51	27.65	5.69	9.04	22.24
威海	23.93	10.12	4.54	38.46	6.79	16.16
烟台	43.23	11.90	6.72	13.00	7.15	18.02
滨州	33.18	6.45	4.78	3.15	15.95	36.49
东营	31.73	7.39	9.28	6.70	16.62	28.28
济南	34.91	2.66	12.16	5.11	12.25	32.90
莱芜	38.33	5.99	13.67	6.25	9.96	25.80
泰安	33.64	6.26	10.12	5.83	12.08	32.06
淄博	30.18	8.71	14.27	4.21	12.75	29.86
德州	30.19	5.28	8.75	3.57	13.73	38.48
菏泽	33.55	4.24	9.39	3.80	12.09	36.93
济宁	36.60	7.34	6.20	6.14	12.59	31.13
聊城	35.72	4.06	12.14	4.24	12.60	31.24
临沂	29.60	6.68	21.82	5.00	7.29	29.61
枣庄	43.96	5.01	10.08	2.21	8.18	30.56

资料来源：笔者根据《中国统计年鉴》《山东省统计年鉴》资料整理。

（一）种植业碳排放量及强度区域比较分析

种植业碳排放强度可以很好地衡量种植业单位增加值的碳排放量，种植业生产技术进步和经济增长等都是碳排放强度下降的重要因素，通过对各区域碳排放强度的分析研究，能够准确地把握与分析各区域种植业发展实情。

由表4-3可知，省内各市碳排放强度具有明显的差异性，最高的威海市达到了456.53千克/万元，最小的为莱芜市140.51千克/万元。从山东省分区来看，平均碳排放强度大小依次为半岛蓝色经济区＞西部经济隆起带＞黄河三角洲高效生态区＞省会城市经济圈。半岛蓝色经济区碳排放强度高达313.83千克/万元，高于全省平均值272.16千克/万元，这与区域内有碳排放强度最大的威海市有直接联系。结合种植业布局与区域特点，可将碳排放强度分为"高、中、低"三个区域，高碳排放强度区域为超过300千克/万元地区，其中包含除省会城市经济圈外的其余三个分区，具体城市有威海、菏泽、日照、德州、滨州、聊城、潍坊、东营，其中受限于种植业结构影响，威海市高产值经济作物如烟叶、棉花等几乎未种植，种植业产值较低，导致碳排放强度较大。黄河三角洲地区城市种植业增加值为全省最低，故造成了区域内城市碳排放强度较高。中碳排放强度区域为超过200千克/万元地区，包含临沂、青岛、枣庄、烟台、济宁五座城市，其中仅有临沂市碳排放强度达到284.8千克/万元，略高于全省平均碳排放强度。低碳排放强度区域为小于200千克/万元地区，包含了省会城市经济圈内所有城市，该区域种植业基础较好，经济发展较快，政治区位优势显著，农业发展定位于"都市农业""休闲农业"，碳排放较少，故该区域碳排放强度最低。

（二）种植业碳排放结构区域比较分析

山东省区域差别较大，自然资源禀赋的差异导致种植业生产方式不同，同时，各区域根据实际情况如下：经济发展水平，对外开放程度等因素制定出了不同的种植业发展道路，进而形成了各具特点的碳排放源结构。由表4-4可知，化肥碳源排放量占比最高的为枣庄约43.96%，其次为烟台约43.23%，最小的为威海约23.93%。农药占比最高的为烟台约11.90%，最小的为济南约2.66%。农膜碳源排放量占比最高的为潍坊约27.65%，最小的为滨州约4.78%。农用柴油碳源排放量占比最高的为威海约38.46%，最小的为枣庄约2.21%。灌溉碳源排放量占比最高的为东营约16.62%。翻耕碳源排放量占比最高的为德州约38.48%，最小的威海为16.16%。

从山东省分区来看，半岛蓝色经济区除传统生产资料化肥碳源排放量占比较高外，其农用柴油碳源排放量占比为全省最高，这主要与其种植业经济发展好，机械化程度高密切相关，同时其农膜碳源排放量占比也为全省最高，主要是因为该区域为省内重要花生产地，农膜投入量较大；黄河三角洲高效生态区灌溉碳源排放量占比为全省最高，这与其"高效农业"发展定位相关，在种植业生产过程中，高效率灌溉生产方式的运用，助推其高效生产方式运行，这同时也带来了灌溉碳源排放量的增长；省会城市经济圈农膜碳源排放量占比为全省第一，灌溉碳源排放量占比为全省第二，一是因为其种植业基础好，灌溉设置完善；二是其农业定位于发展设施农业（蔬菜、花卉苗木、果业等），需要投入大量农膜进行生产；西部经济隆起带翻耕碳源排放量占比为全省第一，这主要是因为其农作物播种面积为全省最大，同时，由于该区域经济发展水平相对较低，其种植业生产采取传统方式较多，故其化肥碳源排放量占比也为全省最高。

第二节 种植业碳排放边际减排成本测度

为了能够更加合理地构建种植业减排政策体系，对于碳排放治理成本的研究显得尤为重要，吴贤荣（2014）通过运用"影子价格"测算了我国31个省份的农业碳源边际减排成本，并在此基础上分析比较了各区域低碳绩效水平的差异，由此提出了相对应的减排对策。同样，田云（2019）也在研究中引入了"影子价格"对我国30个省份2005—2016年碳排放边际减排成本进行了测算，并在此基础上进行区域差异比较,由此提出了减排对策。故本部分将在对山东省种植业碳排放测算的基础上,首先运用随机前沿分析法测算山东省种植业碳排放边际减排成本,接着对省内区域差异进行比较分析,以期更好地为推动种植业低碳发展提供参考依据。

目前,多数学者通过"影子价格"来衡量边际减排成本,即在某一特定投入前提下,单位农业碳排放变化量所引起的农业总产值变化量,该变化量即为每减少一单位的农业碳排放所削减的农业经济产出值,即为所需要研究的种植业碳排放边际减排成本。

随机前沿分析可以对效率值和"影子价格"进行测算,该分析法必须给定生产函数、成本函数或距离函数等具体的函数形式。杨皓然(2017)在研究生态效率时提到方向距离函数在测算效率的同时能对经济增长等期望产出和碳排放等非期望产出进行区分。这与本书的研究目的一致,即期望产出:种植业产值增加,而非期望产出:种植业生产所产生的碳排放,因此本书选取方向性距离生产函数作为前沿分析的基础函数。需要说明的是,在已有研究中,随机前沿分析为参数估计,估计得到的效率值相对比较稳定,另外,通过随机前沿分析法求得参数进行测算边际成本比线性规划测算法操作性更强。下面将对理论方法做具体介绍。

一 理论方法

依据环境生产技术思想,在衡量种植业生产过程时,除了考虑增加期望产出如种植业经济产值外,也需要尽可能地减少如碳排放等非期望产出。假设在生产过程中投入的要素为 x,有 N 种,期望产出为 y,有 M 种,非期望产出为 z,有 J 种,令 $I(y, z)$ 为投入集合,$O(x)$ 为产出集合,则将环境生产技术集合定义为:

$$T = \{(y, z) \in O(x), x \in I(y, z)\} \quad (4-2)$$

王思斯(2012)在研究中指出,非期望产出 z 具有弱可处置性,说明需要减少非期望产出将以牺牲期望产出为代价才能够实现,同时,期望产出 y 与非期望产出 z 具有"零结合"性,说明两者同时存在,产出期望产出时必然引起非期望产出。

Wang K. (2019) 通过研究证明,方向距离函数能够对效率与生产力进行有效评价,并且可以综合处理多投入多产出问题,同时,其能够准确做到区分期望产出和非期望产出,特别是其在增加期望产出的同时能够限制非期望产出和投入。将 $g = (g_y - g_z)$ 设定为方向向量,故可将方向性距离函数表示为:

$$D_z(x, y, z, g) = \max\{\gamma : (y + \gamma g_y, z - \gamma g_z) \in O(x)\} \quad (4-3)$$

其中,g_y 表示期望产出在方向上的最大扩张,而 $-g_z$ 则表示最大缩减,$\max\gamma$ 则表示实现期望产出与减少非期望产出的最大可能。并且,因方向性距离函数具有转换特性,可将其转换形式表示为:

$$D_z(x, y + \beta g_y, z - \beta g_z, g) = D_z(x, y, z; g) - \beta \quad (4-4)$$

该式左右两边相等,说明扩增 βg_y 单位的期望产出 y 同时减少 βg_z 单位非期望产出,等价于方向性距离函数值减去 β。

随机前沿分析方法充分考虑了随机因素对生存率与效率的影响,并且反映了投入组合与最大产出之间的关系,同时,其利用计量回归模型可以进行效率问题及影子价格分析。随机前沿分析方法的一般形式如下所示:

$$D_{it} = f(X_{it}) \exp(v_{it} - u_{it}) \quad (4-5)$$

其中,y 为产出项,x 为投入项,i 为第 i 个决策单元,t 为时间,$v_{it} - u_{it}$ 为复合误差结构,$f(x_{it})$ 为前沿产出。其中,v 为随机误差项,而 u 则为需要估计的无效率部分。但是在回归模型中因变量不能为 0,故随机前沿模型建立在方向性距离函数的模型可表示为:

$$-\beta = D_z(x, y + \beta g_y, z - \beta g_z, g) + v - u \quad (4-6)$$

对上述模型进行回归估计,就可以得到无效率效应 u 的估计值,同时,通过运用方向性距离函数进行求导则可得到"影子价格"即为种植业碳排放边际减排成本。

二 模型构建

(一) 变量选取与数据说明

在种植业生产过程中,除了会获得期望产出外,不可避免地将带来如碳排放等非期望产出。传统的生产函数主要考虑了生产总值等期望产出以及资本、劳动等投入要素,却忽略了类似碳排放等非期望产出的负外部性。下面将对期望产出和非期望产出以及投入要素变量的量化进行说明。传统的生产都是以产出为目的,种植业生产则是为了获得更大的种植业经济产出,因此本书选用山东省各市的种植业产值作为种植业碳排放效率和影子价格度量模型的期望产出变量;在种植业生产过程中,除了得到期望产出外,将不可避免地带来非期望产出如碳排放,因此本书选用了第四章测算出的2000—2018 年山东省种植业碳排放的数据作为非期望产出变量;投入要素变量,本书选取了山东省农林财政支出、农业人口、土地播种面积以及化肥使用量。为了避免可能存在的异方差性,分别对各变量进行了自然对数处理。具体数据,参见第三章与本章测算与公布的数据。

(二) 模型设定

1. 碳排放效率测度

本书选取最为广泛的超对数函数作为随机前沿分析的具体函数形式,根据前面选取的投入变量、期望产出和非期望产出变量,其中,y、c 分别表示期望产出种植业产值和非期望产出碳排放,k,l,s,f 为投入要素变量农林财政支出、农业劳动人口、总播种面积以及化肥使用量,g 为方向向量,i 为山东省各地级市,t 为样本期间 2000—2018 年。取方向向量 g =(1,-1),根据前面的理论介绍,可得方向距离产出函数的随机前沿分析模型为 $-\beta = D_z(x, y+\beta g_y, z-\beta g_z, g) + v - u$,将投入变量 x、非期望产出 u 以及期望产出 y 代入,然后以碳 c 为因变量,则可以得到:

$$-c = D_0(k, l, s, f, y+c, 0; 1, -1) + v - u \quad (4-7)$$

其中,$D_0(k, l, s, f, y+c, 0; 1, -1)$ 可以由式(4-7)得到,具体公式如下所示:

$$D_0(k_{it}, l_{it}, s_{it}, f_{it}, y_{it}, c_{it}; g) = \alpha_0 + \alpha_k k_{it} + \alpha_l l_{it} + \alpha_s s_{it} + \alpha_f f_{it} + \alpha_y(y_{it}+c_{it}) + \alpha_c \times 0 + \alpha_{kl} k_{it} l_{it} + \alpha_{ks} k_{it} s_{it} + \alpha_{kf} k_{it} f_{it} + \alpha_{ky} k_{it}(y_{it}+c_{it}) +$$

$\alpha_{kc}k_{it} \times 0 + \alpha_{ls}l_{it}s_{it} + \alpha_{lf}l_{it}f_{it} + \alpha_{ly}l_{it}(y_{it} + c_{it}) + \alpha_{lc}l_{it} \times 0 + \alpha_{sf}s_{it}f_{it} + \alpha_{sy}s_{it}(y_{it} + c_{it}) + \alpha_{sc}s_{it} \times 0 + \alpha_{fy}f_{it}(y_{it} + c_{it}) + \alpha_{fc}f_{it}c_{it} + \alpha_{yc}(y_{it} + c_{it}) \times 0 + \frac{1}{2}\alpha_{kk}(k_{it})^2 + \frac{1}{2}\alpha_{ll}(l_{it})^2 + \frac{1}{2}\alpha_{ss}(s_{it})^2 + \frac{1}{2}\alpha_{ff}(f_{it})^2 + \frac{1}{2}\alpha_{yy}(y_{it} + c_{it})^2 + \frac{1}{2}\alpha_{cc}(0)^2$
(4-8)

简化后可得如下表达式：

$D_0(k_{it}, l_{it}, s_{it}, f_{it}, y_{it}, c_{it}; g) = \alpha_0 + \alpha_k k_{it} + \alpha_l l_{it} + \alpha_s s_{it} + \alpha_f f_{it} + \alpha_y(y_{it} + c_{it}) + \alpha_{kl}k_{it}l_{it} + \alpha_{ks}k_{it}s_{it} + \alpha_{kf}k_{it}f_{it} + \alpha_{ky}k_{it}(y_{it} + c_{it}) + \alpha_{ls}l_{it}s_{it} + \alpha_{lf}l_{it}f_{it} + \alpha_{ly}l_{it}(y_{it} + c_{it}) + \alpha_{sf}s_{it}f_{it} + \alpha_{sy}s_{it}(y_{it} + c_{it}) + \alpha_{fy}f_{it}(y_{it} + c_{it}) + \alpha_{fc}f_{it}c_{it} + \frac{1}{2}\alpha_{kk}(k_{it})^2 + \frac{1}{2}\alpha_{ll}(l_{it})^2 + \frac{1}{2}\alpha_{ss}(s_{it})^2 + \frac{1}{2}\alpha_{ff}(f_{it})^2 + \frac{1}{2}\alpha_{yy}(y_{it} + c_{it})^2$
(4-9)

将式（4-9）代入式（4-7），则可得到式（4-10）所示的随机前沿分析实证模型以及式（4-11）所示的参数换算式，然后运用最大似然估计法可估计出各变量的系数值，并估算出碳排放效率，以及"影子价格"即种植业碳排放边际减排成本。

$-c_{it} = \alpha_0 + \alpha_k k_{it} + \alpha_l l_{it} + \alpha_s s_{it} + \alpha_f f_{it} + \alpha_y(y_{it} + c_{it}) + \alpha_{kl}k_{it}l_{it} + \alpha_{ks}k_{it}s_{it} + \alpha_{kf}k_{it}f_{it} + \alpha_{ky}k_{it}(y_{it} + c_{it}) + \alpha_{ls}l_{it}s_{it} + \alpha_{lf}l_{it}f_{it} + \alpha_{ly}l_{it}(y_{it} + c_{it}) + \alpha_{sf}s_{it}f_{it} + \alpha_{sy}s_{it}(y_{it} + c_{it}) + \alpha_{fy}f_{it}(y_{it} + c_{it}) + \alpha_{fc}f_{it}c_{it} + \frac{1}{2}\alpha_{kk}(k_{it})^2 + \frac{1}{2}\alpha_{ll}(l_{it})^2 + \frac{1}{2}\alpha_{ss}(s_{it})^2 + \frac{1}{2}\alpha_{ff}(f_{it})^2 + \frac{1}{2}\alpha_{yy}(y_{it} + c_{it})^2 + v_{it} - u_{it}$ (4-10)

$\alpha_y - \alpha_c = -1, \quad \alpha_{ky} = \alpha_{kc}, \quad \alpha_{ly} = \alpha_{lc}, \quad \alpha_{sy} = \alpha_{sc}, \quad \alpha_{fy} = \alpha_{fc}, \quad \alpha_{yy} = \alpha_{yc} = \alpha_{cc}$
(4-11)

其中，v_{it}为随机干扰项，$u_{it} = D_0(k_{it}, l_{it}, s_{it}, f_{it}, y_{it}, c_{it}; g)$为无效率项。

2. 碳排放边际减排成本测度

方向距离函数体现了人为控制期望产出或者减少非期望产出而对其进行管制，实现在增加期望产出的同时降低非期望产出最优情况,比一般的 Shephard 距离函数更能反映出碳排放"影子价格"的真实价值。因此,本书采用方向性距离函数形式来估计碳排放的"影子价格",故估算碳排放"影子价格"的公式可以写成:

$$mc_{it} = -p_{it} \frac{\frac{\partial D_0(k_{it}, l_{it}, s_{it}, f_{it}, y_{it}, c_{it}; 1, -1)}{\partial c_{it}}}{\frac{\partial D_0(k_{it}, l_{it}, s_{it}, f_{it}, y_{it}, c_{it}; 1, -1)}{\partial y_{it}}} \quad (4-12)$$

其中,mc_{it} 为碳排放边际减排成本,p_{it} 为期望产出价格,即额外降低 1 单位种植业碳排放所需损失的市场价值(边际变动量),就是碳减排需要付出边际减排成本。

三 种植业碳排放边际减排成本结果分析

(一)参数估计结果分析

本书运用随机前沿分析的最大似然估计法对式(4-10)进行估计,得到各变量的参数估计值整理如表 4-5 所示。

表 4-5　　　　方向距离函数的最大似然估计

变量	参数	系数	标准误	z - 统计量	P 值	[95% 置信区间]
k	α_k	2.744	0.377	7.270***	0.000	[2.004, 3.484]
l	α_l	6.571	1.425	4.610***	0.000	[3.778, 9.364]
s	α_s	-6.516	1.847	-3.530***	0.000	[-10.136, -2.896]
f	α_f	14.291	0.098	2.400**	0.016	[0.043, 0.426]
y1	α_y	-0.913	0.864	-10.560***	0.000	[-10.825, -7.436]
c	α_c	0.087				
kl	α_{kl}	0.035	0.031	1.150	0.249	[-0.025, 0.095]
ks	α_{ks}	-0.195	0.040	-4.840***	0.000	[-0.273, -0.116]
kf	α_{kf}	0.313	0.050	6.270***	0.000	[0.215, 0.410]
ky	α_{ky}	-0.081	0.039	-2.110**	0.035	[-0.157, -0.006]
kc	α_{kc}	-0.081				
ls	α_{ls}	-0.611	0.158	-3.870***	0.000	[-0.920, -0.302]
lf	α_{lf}	0.251	0.135	1.860*	0.063	[-0.014, 0.517]
ly	α_{ly}	-0.116	0.087	-1.340	0.181	[-0.287, 0.054]

续表

变量	参数	系数	标准误	z-统计量	P值	[95%置信区间]
lc	α_{lc}	-0.116				
sf	α_{sf}	-0.335	0.153	-2.180**	0.029	[-0.635, -0.034]
sy	α_{sy}	0.348	0.117	2.970***	0.003	[0.118, 0.577]
sc	α_{sc}	0.348				
fy	α_{fy}	-1.227	0.155	-7.930***	0.000	[-1.530, -0.924]
fc	α_{fc}	-1.227				
k2	α_{kk}	0.007	0.007	0.980	0.327	[-0.007, 0.020]
l2	α_{ll}	0.227	0.054	4.250***	0.000	[0.122, 0.332]
s2	α_{ss}	0.247	0.113	2.200**	0.028	[0.027, 0.468]
f2	α_{ff}	1.144	0.086	13.350***	0.000	[0.976, 1.312]
y2	α_{yy}	0.270	0.063	4.280***	0.000	[0.146, 0.394]
yc	α_{yc}	0.270				
c2	α_{cc}	0.270				
常数项		8.820	9.770	0.900	0.367	[-10.328, 27.968]
最大似然值		490.5115				

注：***、**、*分别表示在1%、5%、10%显著性水平下显著。

由表4-5可知，其正负号代表了各变量与样本点到前沿面距离之间的关系，系数符号为正则说明该变量越大，离前沿面的距离越远，即系数为正说明该变量与碳排放效率是负相关的；反之，若系数为负则说明该变量与碳排放效率是正相关的。种植业产值系数为负，说明种植业产值越高，越有效率。碳含量越高，说明碳排放效率越低，因此碳系数估计量为正。农林财政支出和农业劳动人口如果投入得当，可以减少碳排放，从而提高碳排放效率，因此K、L的估计系数预期为负，在本书中，K、L的估计系数均在0.05的显著性水平下显著为正，说明并不是农林财政支出和劳动投入越多，碳排放效率就会越高。化肥使用量的系数估计量为负，说明化肥使用带来农业产值增加的正向效应大于化肥使用促进碳排放提高的负向效应。土地播种面积提高，则碳排放效率会提高，因此，土地播种面积的估计系数为负。

（二）种植业碳排放效率分析

为了比较山东省种植业碳排放效率的地区差异，本书将测算得到的碳排放无效率值按年度和区域进行描述性统计分析，结果整理如表4-6所示。

表4-6　　2000—2018年山东省种植业碳排放效率分析

年份	截面长度	均值	标准差	最小值	最大值
2000	19	0.183	0.108	0.01	0.374
2001	19	0.187	0.111	0.01	0.383
2002	19	0.192	0.114	0.01	0.393
2003	19	0.197	0.117	0.01	0.403
2004	19	0.202	0.12	0.011	0.413
2005	19	0.207	0.123	0.011	0.423
2006	19	0.212	0.126	0.011	0.434
2007	19	0.218	0.129	0.012	0.445
2008	19	0.223	0.132	0.012	0.456
2009	19	0.229	0.136	0.012	0.468
2010	19	0.234	0.139	0.012	0.479
2011	19	0.24	0.143	0.013	0.492
2012	19	0.246	0.146	0.013	0.504
2013	19	0.253	0.15	0.013	0.517
2014	19	0.259	0.154	0.014	0.53
2015	19	0.266	0.158	0.014	0.543
2016	19	0.272	0.162	0.014	0.557
2017	19	0.279	0.166	0.015	0.571
2018	19	0.281	0.167	0.015	0.585

由表4-6可知，山东省2000—2018年的种植业碳排放无效率系数均值呈现波动上升的趋势，从最大值和最小值来看，山东省各

地级市碳排放无效率均值水平具有较大的差异，因此有必要进行区域差异分析比较。下面对山东省2000—2018年的碳排放效率水平进行分析，具体结果如表4－7所示。

表4－7　　　　　　山东省碳排放效率区域差异分析

城市	时间跨度	均值	标准差	最小值	最大值
滨州市	19	0.347	0.046	0.279	0.426
东营市	19	0.394	0.052	0.316	0.484
德州市	19	0.184	0.024	0.148	0.226
菏泽市	19	0.172	0.023	0.138	0.211
济宁市	19	0.213	0.028	0.171	0.261
济南市	19	0.345	0.046	0.277	0.423
聊城市	19	0.178	0.024	0.142	0.218
莱芜市	19	0.466	0.062	0.374	0.571
临沂市	19	0.095	0.013	0.076	0.116
青岛市	19	0.182	0.024	0.146	0.224
日照市	19	0.142	0.019	0.114	0.174
泰安市	19	0.316	0.042	0.253	0.387
潍坊市	19	0.012	0.002	0.01	0.015
威海市	19	0.027	0.004	0.021	0.033
烟台市	19	0.131	0.017	0.105	0.161
淄博市	19	0.237	0.031	0.19	0.29
枣庄市	19	0.43	0.057	0.345	0.528

由表4－7可知，山东省各地级市碳排放效率均值差异较大，而从最大值与最小值来看，各地级市也有较大差异，表明地区间碳排放效率存在明显差异。其中，莱芜市碳排放无效率系数相对最大，说明该城市碳排放效率离前沿面相对较远，碳排放效率相对较低，这主要是因为莱芜种植业经济发展水平在全省较为落后所致，但是，其减排潜力则相对较大。滨州市、东营市、济南市、泰安市碳排放无效率系数均在0.3以上。淄博市、济宁市、青岛市、德州市、

聊城市、菏泽市碳排放无效率系数均在0.17以上，其余各城市的碳排放无效率系数比较低，系数在0.15以下，其中碳排放无效率值最低的城市为威海市，说明威海碳排放效率相对最高，这主要得益于威海是全国首批整建制国家现代农业示范区之一，在产业布局与种植技术上具备优势。由此可看出，山东省区域种植业碳排放效率呈现显著差异。根据山东省区域划分，下面对2000—2018年山东省区域种植业碳排放无效率系数进行趋势分析，结果如图4-3所示。

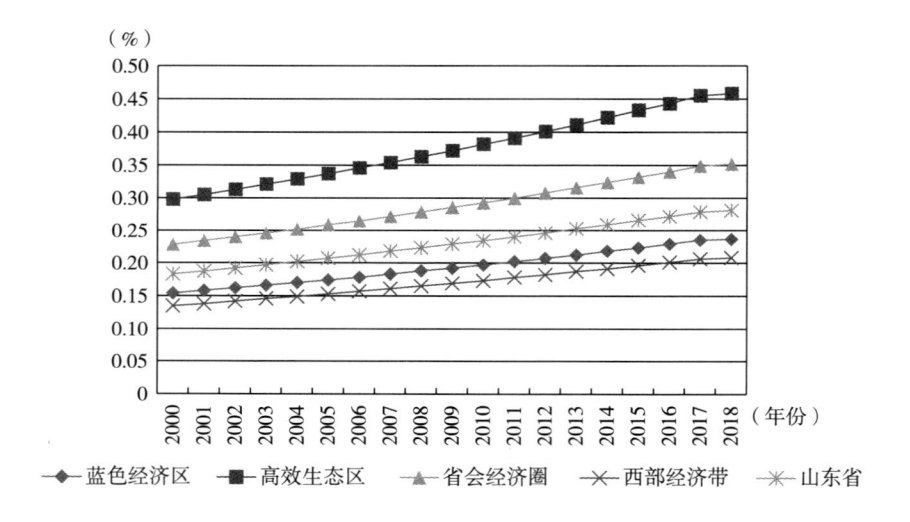

图4-3　2000—2018年山东省及区域碳排放无效率系数趋势变化

由图4-3可知，2000—2018年各区的碳排放无效率系数均呈现上升的趋势，这主要得益于经济水平的发展与种植技术的进步，种植业在生产过程中，无效率碳排放量在逐渐减少。从区域来看，黄河三角洲高效生态区和省会城市经济圈的无效率系数相对较大，而半岛蓝色经济区和西部经济隆起带碳排放无效率系数相对最低，似乎碳排放效率相对最高，这与半岛蓝色经济区和西部经济隆起带碳排放水平较高的实际情况相悖，这是因为，碳排放向量是根据各区的投入产出数据估计出前沿面曲线来进行测度的，因此，在时间层面上,如果某些地区的碳排放效率有了较大的提高,而其余地区保持不变,则效率值提升的区域会推动前沿曲线的扩张,使其他区域距离前沿面更远,即效率较低。根据测算结果可知,半岛蓝色经济区中的潍坊市和威海市无效率系数相对最低,碳排放效率相对最高,而西部经济隆起带中的临沂市、菏泽市碳排放效率相对较低,因此,当半岛蓝色经济区和西部经济隆起带在碳排放效率上有了较大提高,推动了前沿曲线的扩张,高效生态区和省会城市经济圈离前沿面的距离会越远。

(三)碳排放影子价格测算与分析

通过碳排放效率的测量,运用最大似然估计对方向距离函数的参数进行了估计,故根据式(4-12)和式(4-10)的参数估计结果,可以得到2000—2018年山东省种植业碳排放"影子价格",即额外减少碳排放所付出的机会成本,因此,"影子价格"越高,碳排放边际减排成本越高。故首先对山东省碳排放"影子价格"进行描述性分析,如表4-8所示。

表4-8　　　　山东省碳排放"影子价格"描述性分析

年份	截面长度	均值	标准差	最小值	最大值
2000	19	8.62	4.937	3.695	21.369
2001	19	8.327	4.654	3.582	20.977
2002	19	7.587	4.246	3.487	20.226
2003	19	7.252	4.296	3.282	21.356
2004	19	6.857	4.67	3.124	23.213
2005	19	6.566	3.891	3.064	19.313
2006	19	6.202	3.56	2.906	17.536
2007	19	5.619	3.231	2.644	15.59
2008	19	5.914	3.581	2.371	16.806
2009	19	5.862	3.435	2.552	15.676

续表

年份	截面长度	均值	标准差	最小值	最大值
2010	19	5.857	3.463	2.527	14.68
2011	19	5.785	3.379	2.534	14.373
2012	19	5.481	3.278	2.437	14.543
2013	19	5.503	3.194	2.27	14.162
2014	19	5.386	2.939	2.094	13.075
2015	19	5.34	2.94	2.049	13.423
2016	19	5.438	2.924	1.965	12.837
2017	19	5.799	2.932	2.054	12.377
2018	19	5.665	2.925	2.047	12.342

2000—2018年山东省碳排放"影子价格"呈现波动下降的趋势，说明碳排放边际减排成本呈现下降趋势，这得益于种植结构的日趋合理与生产技术的进步，碳减排所付出的经济成本呈现出下降趋势。从标准差来看，大部分年份的标准差大于3，说明碳排放边际减排成本呈现一定的波动。下面对山东省区域碳排放"影子价格"进行分析，结果如表4-9所示。

表4-9　　　　　山东省区域排放源"影子价格"　　　单位：元/吨

城市	截面长度	均值	标准差	最小值	最大值
滨州市	19	5.666	0.59	4.687	6.962
东营市	19	8.85	1.781	7.325	13.006
德州市	19	4.698	0.816	3.61	5.975
菏泽市	19	3.851	0.988	2.891	6.177
济宁市	19	3.235	0.483	2.482	4.084
济南市	19	5.867	0.811	4.947	7.435
聊城市	19	4.545	1.34	3.227	6.853
莱芜市	19	16.752	3.468	12.377	23.213
临沂市	19	3.847	0.627	3.132	5.361
青岛市	19	4.439	0.39	3.93	5.352

续表

年份	截面长度	均值	标准差	最小值	最大值
日照市	19	7.866	1.023	6.357	10.046
泰安市	19	6.305	1.198	5.175	9.467
潍坊市	19	2.988	0.361	2.634	3.712
威海市	19	10.686	2.576	8.344	18.328
烟台市	19	2.973	0.987	1.965	5.096
淄博市	19	9.603	1.233	7.658	12.899
枣庄市	19	4.925	1.33	3.634	7.493

山东省种植业区域碳排放"影子价格"呈现较大的差异，莱芜市碳排放边际减排相对最高，其减排成本达到了 16.75 元/吨，表明该地区碳减排成本较高，减排难度较大，这主要是该城市位于省会城市经济圈，一方面，该区域大力发展休闲农业、观光农业等低碳排放农业，其种植业发展产业间依存度较强；另一方面，其碳排放效率较低，在种植业生产过程中无效率碳排放量较大，故实施低碳减排政策，将付出较高的经济代价。而烟台市碳排放边际减排成本相对较低，在 3 元/吨以内，说明其减排潜力较大，这主要是因为烟台市最主要的碳排放来源为化肥，其化肥单位面积投入强度为全省最大，而化肥价格相对较低，减少化肥使用所付出经济成本也相对较低。

由表 4-10 可知，山东省碳减排成本从 2000 年的 8.62 元/吨下降到了 2018 年的 5.54 元/吨，降幅达到了约 35.73%，表明其碳减排所需要付出的经济成本在下降，减排工作开展的难度有了明显的降低。从分区来看，种植业碳减排成本大小顺序为省会城市经济圈＞黄河三角洲高效生态区＞半岛蓝色经济区＞西部经济隆起带。结合图 4-4 可知，省会城市经济圈碳减排成本呈现出大幅下降趋势，由 2000 年的 10.38 元/吨下降到了 2018 年的 6.50 元/吨，降幅约 37.38%，但是，由于该区域重点发展都市农业、休闲农业与观

表 4 – 10　　2000—2018 年山东省及各区域种植业碳减排成本　　单位：元/吨

年份	山东省	蓝色经济区	高效生态区	省会经济圈	西部经济带
2000	8.62	9.56	9.83	10.38	5.61
2001	8.33	9.18	9.86	10.14	5.24
2002	7.59	8.12	8.72	9.40	5.04
2003	7.25	7.29	8.04	9.54	5.06
2004	6.86	6.67	7.32	9.92	4.45
2005	6.57	6.58	7.40	8.96	4.30
2006	6.20	6.31	7.10	8.19	4.13
2007	5.62	5.81	6.34	7.40	3.68
2008	5.91	6.19	6.78	7.86	3.68
2009	5.86	6.28	6.71	7.41	3.78
2010	5.86	6.64	6.84	7.13	3.51
2011	5.79	6.56	6.98	7.01	3.40
2012	5.48	6.15	6.35	7.00	3.12
2013	5.50	6.10	6.56	6.86	3.28
2014	5.39	5.94	6.21	6.61	3.41
2015	5.34	5.78	6.09	6.68	3.44
2016	5.44	6.02	6.17	6.51	3.59
2017	5.80	6.32	6.52	6.61	3.90
2018	5.54	6.01	6.15	6.50	3.61

光农业，其产业发展层次高，产业融合度较强，并且该发展形式经济产出较高，而碳排放量相对全省较低，故提高了碳减排成本，造成了减排难度相对最大；黄河三角洲高效生态区碳减排成本下降趋势虽有波动，但整体呈现出持续下降的发展态势，其由 2000 年的 9.83 元/吨下降到了 2018 年的 6.15 元/吨，降幅达到了约 37.44%，该区域碳减排成本位于全省第二，且高于全省平均值，这主要是因为，一方面该区域农业发展定位于"高效"，其生产要素投入较少，碳排放量也相对较少；另一方面，在已有的"高效"生产模式下如果再进行升级改造，则必将付出较大的经济代价；半岛蓝色经济区

碳减排成本呈现出波动下降的发展趋势，其从2000年的9.56元/吨下降到2018年的6.01元/吨，降幅达到了约37.13%，但是其减排成本仍高于全省平均水平，首先因为该区域经济较发达，种植业生产水平高，进行碳减排技术升级将不可避免地付出较高的经济代价；其次，该区域为全省经济作物花生主产区，同时，全国最大蔬菜生产区也位于该区域内，其该两类作物经济价值高于农作物，多重合力下致使该区域种植业碳排放边际减排成本较高；西部经济隆起带碳排放减排成本呈现下降的发展趋势，但幅度小于其他区域，同时，该区域是仅有的碳减排成本低于全省平均水平的地区，其由2000年的5.61元/吨下降到了2018年的3.61元/吨，降幅为约35.65%，这主要是因为该区域为山东省主要的种植区域，其播种面积与粮食产量均位居第一，这也造成了该区域碳排放量最大，但是其粮食作物单位价值不高，故该区域碳排放减排成本较低，这也说明了该区域具有较大的减排空间。

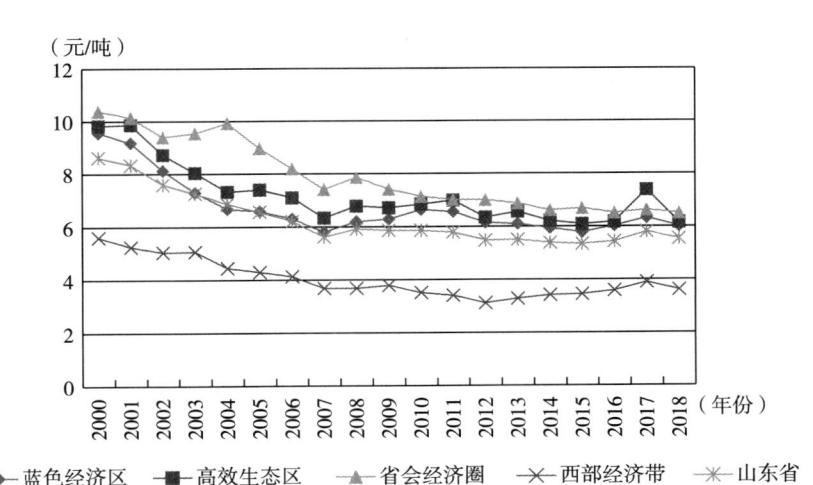

图4-4　2000—2018年山东省及各区域减排成本趋势变化

（四）种植业碳排放减排成本演变规律分析

上文已经对山东省区域碳排放减排成本进行了分析，为了能够更深层次分析种植业在碳排放减排过程中经济成本的付出是否存在无效率现象,运用碳排放"影子价格"能够最直接反映政策减排效果的特点。

本书采用高斯核函数分析法对山东省种植业碳减排成本的分布动态演变趋势进行估计,其表达式为:

$$K(MC) = \frac{1}{2\pi} \exp\left(-\frac{MC^2}{2}\right) \quad (4-13)$$

其中,n 为独立分布的样本点;K(·)表示核函数;x 为独立同分布的观察值;x_i 为均值;h 为一个平滑参数,决定了 Kernel 密度估计的精准度和曲线的平滑度。核密度函数估计为非参数估计法,本质就是一种"平滑"(Smooth)的手段,"核"是一个函数,用来提供权重。同时,核密度函数在拟合时不需要具体的函数形式,最终以图像的形式呈现出对比结果来考察随机变量的自然拓展特征。

为了便于研究,本书选取 2000 年、2012 年、2017 年三个代表年份对山东省种植业碳排放"影子价格"的动态分布进行模拟。核密度函数曲线如图 4-5 所示。

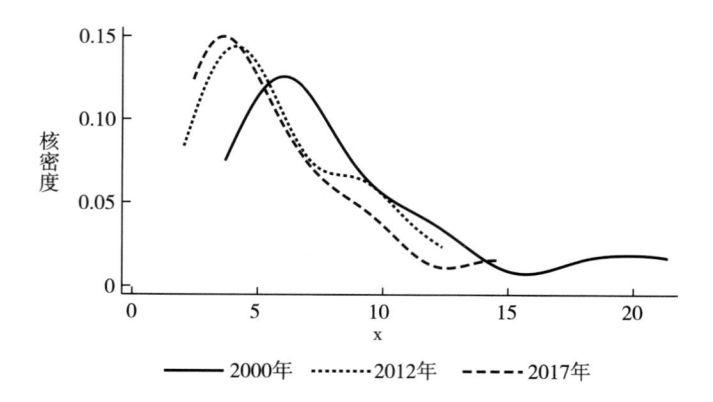

图 4-5　山东省种植业碳排放"影子价格"核密度函数曲线

由图 4-5 可知,从整体发展趋势来看,密度函数曲线中心呈现明显的从右向左的偏移，波峰更为陡峭，峰值上升幅度较大，而变化区间呈现逐步缩小的发展趋势，同时，波峰数量无明显变化均为一个，这表明不同年份碳排放边际减排成本聚拢程度不同。并且由变化发展趋势可知，种植业碳排放"影子价格"的核密度曲线越来越陡峭，曲线聚拢程度逐渐上升，说明山东省碳排放边际减排成本分布随时间变化而越来越集中，随着变化区间逐渐缩小，种植业碳排放边际减排经济成本无效率部分正在逐渐减少。从具体年份来看，2000 年时种植业碳排放"影子价格"分布相对比较分散，峰值较低，在 6.58 处达到峰值，说明每减少一吨碳排放，会损失市场价值为 6.58 元种植业产值的期望产出。2017 年时，核密度函数曲线表明种植业碳排放"影子价格"分布呈现更为集中的趋势，在 3.37 处达到峰值，这说明在减排过程中经济成本付出无效率部分有了明显的减少，其每减少一吨碳排放所需要付出的经济成本降到了 3.37 元，表明山东省种植业减排难度在逐渐下降。

第三节　种植业碳汇的测算

种植业在生产过程中释放出了大量的二氧化碳，但是其本身也是一个巨大的碳库，因为耕地本身具有固碳作用，同时，农作物也具有吸收二氧化碳的作用。由第三章可知，山东省耕地面积呈现稳步的增长趋势，并且其主要农作物产量也呈现出稳步增长的态势，可以预见的是，山东省种植业固碳与吸碳的能力将会进一步持续加强，其增汇能力有很大的潜力。

种植业是一个巨大的碳汇库。第一，其播种的农作物可以起到吸收二氧化碳的作用，所以产量的高低，特别是单位面积产量的高低很大程度上决定了农作物吸收二氧化碳的多少；第二，种植业用于种植农作物的耕地，本身就是一个巨大的碳库，耕地可以起到固碳的作用，所以对耕地的数量和质量进行保护，一方面可以保证国家农业生产安全，另一方面也是对环境的一种巨大保护。

一 数据来源与测算方法

本书将采用谢鸿宇等（2018）关于农业碳汇测算方法测算山东省种植业碳汇量。计算公式如下：

$$C_1 = \sum iC_gB_w = \sum iC_gG_e(1 - w_i)/A_i \qquad (4-14)$$

$$C_2 = T \times S \qquad (4-15)$$

$$C_t = C_1 + C_2 \qquad (4-16)$$

其中，C_t 为农地全年碳吸收量；C_1 为农作物全年碳吸收量；C_2 为耕地全年固碳量；i 为农作物品种；C_g 为农作物碳吸收率；B_w 为农作物总生物量；G_e 为农作物经济产量；w_i 为农作物含水量；A_i 为农作物进行光合作用合成干物质所需要的碳量，即经济系数；T 为耕地面积；S 为土壤固碳指数。

表4-11 种植业农作物含水量、经济系数与碳吸收率

农作物	含水量（%）	经济系数	碳吸收率
小麦	12	0.40	0.485
稻谷	12	0.45	0.414
玉米	13	0.40	0.471
谷子	12	0.42	0.450
高粱	12	0.35	0.450
薯类	70	0.70	0.423
棉花	8	0.10	0.450
花生	10	0.43	0.450
油菜籽	10	0.25	0.450
烟叶	85	0.55	0.450
蔬菜	90	0.60	0.450

资料来源：李克让（2008）等研究成果。

根据山东省农作物实际种植情况，本书关于种植业碳汇的测算，选取了小麦、玉米、蔬菜、花生等主要种植业的农作物作为研究对

象测算山东省种植业农作物碳汇。农作物碳汇与耕地碳汇测算的数据来源于《中国统计年鉴》与《山东省统计年鉴》数据整理而得，其中耕地土壤固碳指数采用韩冰等（2008）的研究成果，耕地固碳指数为 892.07kg（hm2）$^{-1}$y^{-1}。

二 种植业碳汇时序演变特征分析

根据对《中国统计年鉴》与《山东省统计年鉴》资料的整理，运用上文提到的式（4-15）、式（4-16）、式（4-17）以及耕地固碳指数，计算得到了 2000—2018 年山东省种植业碳汇量，具体数据见表 4-12。

（一）种植业碳汇、密度与强度演变分析

由表 4-12 可知，碳汇总量由 2000 年的 5446.46 万吨上升到 2018 年的 7095.17 万吨，上升幅度达到了约 30.27%，年均增幅为约 1.74%。由图 4-7 可知，密度与碳汇量增速发展趋势几乎重合，故将以碳汇总量为代表展开分析，结合图 4-6 可知，碳汇总量发展趋势可分为以下三个阶段，第一阶段（2000—2003 年）为缓慢下降阶段，结合图 4-6 可知，该阶段碳汇总量增速呈现出负向发展趋势，这主要由于该发展阶段我国刚加入 WTO，作为全国最大农产品出口省份，为了适应新政策与新国际贸易环境带来的影响与冲击，其种植业生产必将经历调整与升级，故该阶段碳汇总量呈现出下降的发展趋势；第二阶段（2004—2011 年）为持续上升阶段，并于 2011 年达到峰值 7705.21 万吨，相比基年上升了约 41.47%，一方面，由于种植业生产升级转型磨合逐渐完成，加上新市场的打开，农产品需求的增加直接带动了产量的上升；另一方面，由图 4-7 可知，密度增速在该发展阶段呈现出持续正向发展趋势，单位面积产量提高，也大大促进了碳汇总量的提升；第三阶段（2012—2018 年）为波动上升阶段，该阶段碳汇总量出现小幅波动下降后开始上升，结合图 4-7 可知，该阶段其发展增速有三年出现了负增长发展趋势，山东省该阶段在稳定粮食播种面积前提下，主动调整种植结构，是其碳汇总量与密度下降的主要原因。以蔬菜、玉米为例，蔬菜

◇ 种植业低碳绩效评价与减排政策研究

表4-12　2000—2018年山东省种植业碳汇总量、密度与强度

单位：万吨，吨/公顷，吨/万元

年份	小麦	稻谷	玉米	谷子	高粱	薯类	棉花	花生	油菜籽	烟叶	蔬菜	耕地	碳汇总量	密度	强度
2000	2005.08	106.21	1515.38	18.44	10.65	58.14	259.87	329.79	7.77	1.44	544.26	589.43	5446.46	4.89	3.69
2001	1796.51	102.14	1604.89	16.22	9.09	55.45	361.42	347.62	9.21	1.04	566.73	585.26	5455.56	4.84	3.58
2002	1652.20	88.55	1402.93	12.25	6.96	43.49	324.88	314.44	9.24	1.07	625.15	621.36	5102.54	4.62	3.34
2003	1614.58	59.00	1400.13	12.11	7.23	45.72	396.06	334.96	7.31	1.17	654.70	610.67	5143.65	4.73	3.27
2004	1666.45	81.32	1651.90	10.86	5.66	40.76	505.00	344.06	6.35	1.01	666.28	607.63	5587.27	5.25	3.10
2005	2199.76	79.40	1835.65	35.77	5.54	36.86	444.02	338.97	4.83	0.93	576.12	605.26	6163.10	5.74	3.07
2006	2451.01	86.54	2007.14	8.75	5.63	34.59	475.56	334.37	4.30	1.05	623.20	597.87	6630.01	6.17	3.03
2007	2423.18	90.58	2123.30	8.69	4.15	33.36	482.06	344.67	4.09	1.08	615.91	597.32	6728.39	6.27	2.82
2008	2588.77	91.41	2231.68	7.08	3.39	28.67	513.20	352.94	3.83	1.21	599.05	670.01	7091.25	6.59	2.48
2009	2739.20	90.12	2510.03	6.35	2.25	27.04	461.30	329.23	4.43	1.44	586.09	657.85	7415.33	6.88	2.43
2010	2800.69	88.28	2587.83	6.15	1.90	23.95	400.69	328.36	3.91	0.85	590.19	673.28	7506.08	6.94	2.12
2011	2848.35	84.16	2709.22	6.18	1.75	23.42	415.67	328.79	3.52	1.08	594.35	688.71	7705.21	7.09	2.07
2012	2702.62	67.68	2636.99	4.49	1.46	21.03	355.89	328.38	3.37	1.27	594.84	681.16	7399.18	6.81	1.88
2013	2603.57	69.66	2373.11	3.50	1.46	17.03	276.99	325.58	3.92	1.38	612.72	680.94	6969.86	6.35	1.56
2014	2658.08	70.22	2487.19	4.80	3.05	17.45	299.88	312.03	3.97	0.87	624.45	679.82	7161.82	6.49	1.51
2015	2693.11	65.22	2415.21	5.43	1.66	16.62	253.62	300.83	3.96	0.77	629.62	678.95	7064.99	6.41	1.43
2016	2626.15	59.64	2323.75	6.65	2.06	16.53	195.11	302.86	3.72	0.81	622.61	687.68	6847.59	6.24	1.33
2017	2662.28	72.98	2727.18	9.58	1.23	14.77	85.70	295.30	3.44	0.70	610.03	686.67	7169.86	6.45	1.63
2018	2637.29	79.82	2670.84	11.08	1.19	15.27	96.83	288.84	3.52	0.57	614.40	675.52	7095.17	6.41	1.52

注：密度（单位面积碳汇量）＝总碳汇量/农作物播种面积。强度＝总碳汇量/种植业产值。

资料来源：笔者根据《中国统计年鉴》《山东省统计年鉴》资料测算。

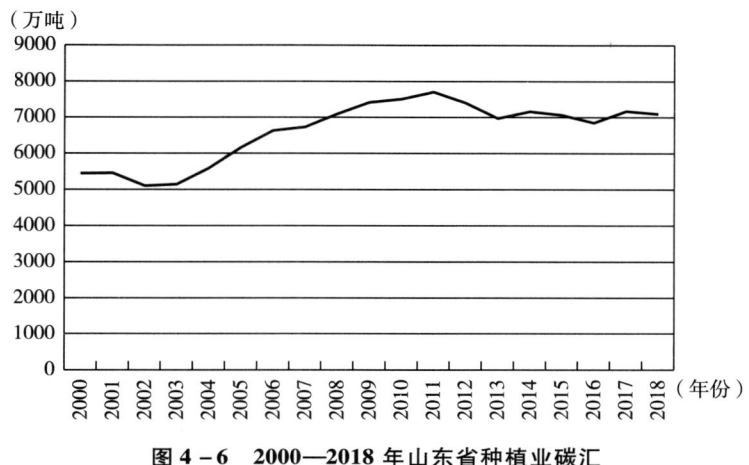

图 4-6　2000—2018 年山东省种植业碳汇

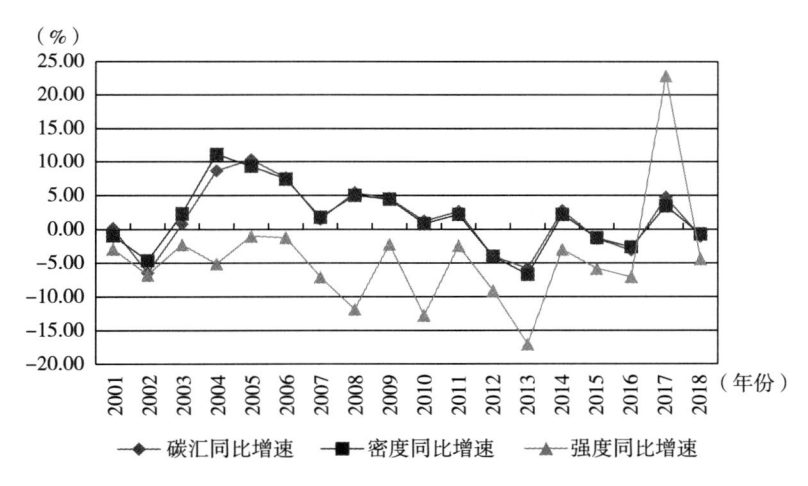

图 4-7　2001—2018 年山东省种植业碳汇、密度与强度同比增速变化

增加了播种面积，但因其碳吸收率较低对碳汇总量促进作用较弱，碳吸收率较高的如玉米播种面积却在减少，故造成了碳汇密度下降。

由图 4-6 可知，除 2017 年外，山东省碳汇强度呈现出持续负向的发展趋势，一方面，这得益于科技的进步，生产水平的提高，农作物总产量与单位面积产量有了显著的提高；另一方面，产量的提高带来了种植业经济水平的持续上升,在合力下碳汇强度有了持续下降。但在 2017 年,山东省进行了全省的种植业结构调整,首先,碳吸收率较高的玉米播种面积比上年减少约 1.5%,这不利于碳汇总量大幅度上升;其次,经济作物棉花由于受经济效益下降影响,其播种面积减少约 37.5%,这直接造成了种植业增加值的下降,故碳汇强度在 2017 年有了小幅度上升。

(二) 种植业碳汇结构演变分析

由于农作物在产量与吸收二氧化碳的能力方面有较大差异,故本书将选取对碳汇总量有直接影响的 7 种农作物与耕地碳汇展开分析比较,研究其对碳汇总量贡献变化特征。就碳汇量而言,小麦、玉米与蔬菜碳汇量有良好的上升趋势,这得益于技术的进步,单位面积产量有了较大的提升,耕地碳汇量也呈现出稳步的上升趋势,这主要是因为山东省执行了严格的耕地保护政策,耕地数量在稳中上升。就碳汇结构而言,作为全国粮食大省,小麦与玉米是山东省最主要的粮食作物,其占比一直位居前两位,在研究区间内,小麦碳汇量年平均占比率高达约 35.80%,玉米年均占比也达到约 32.15%,这充分体现了小麦与玉米在山东省种植业中的重要地位。

从发展阶段来看,小麦碳汇量发展可分为以下两个阶段,第一阶段(2000—2004 年)为缓慢下降阶段,该阶段碳汇量呈现下降的发展趋势,其占总碳汇的比重也随之下降。第二阶段(2005—2018 年)为稳步上升阶段,随着生产技术的提高,单位面积产量有了大幅度提升,其碳汇量与占比呈现出了稳步上升的发展趋势;玉米碳汇量可分为三个发展阶段,第一阶段(2000—2003 年)为持续下降阶段,该阶段玉米碳汇量呈现出缓慢下降的发展趋势,其占比也有所下降。第二阶段(2004—2011 年)为持续上升阶段,并于 2011 年碳汇量达到峰值,其占比也随之上升,生产技术的提高,单位面积产量的大幅增加成就该阶段的快速发展。第三阶段(2012—2018 年)波动发展阶段,该发展阶段由于受种植业结构调整的影响,其播种面积有所减少,故碳汇量有所回落,但在 2017 年单位播种面积进一步提高，故一跃超过小麦碳汇，成为占比最高的碳汇来源；棉花碳汇量从发展趋势来看，可分为两个阶段，第一阶段（2000—2008年）为波动上升阶段，作为我国重要的棉花生产区域，棉花产量在该阶段大幅度上升，其占比也随之加重。第二阶段（2009—2018年）为持续下降阶段，随着国际棉花行业的竞争冲击，其经济效益呈现出了显著的下降，种植业结构调整，其播种面积大幅度减少，造成了棉花碳汇量与占比的显著下降；蔬菜碳汇量呈现"M"形发展趋势，蔬菜的单位面积产量与总产量呈现出稳步上升的发展趋势，但受其碳吸收率偏低的影响，其碳汇量增幅远小于其他农作物，故造成了其占比呈现出波浪形下降的发展趋势；耕地碳汇量由2000年的589.43万吨上升到2018年的675.52万吨，上升幅度达到了约14.61%，从发展趋势来看，耕地碳汇量在波动中稳步上升，一方面山东省执行了严格的耕地保护政策，确保了耕地数量不再减少；另一方面通过土地整理等有效手段，耕地数量有了明显增加，受限于耕地本身的特质，其数量提升有较大的局限性，其增幅慢于其他农作物，故占比有所下降。

表4-13　　2000—2018年山东省主要农作物碳汇占比　　单位：%

年份	小麦	稻谷	玉米	薯类	棉花	花生	蔬菜	耕地
2000	36.81	1.95	27.82	1.07	4.77	6.06	9.99	10.82
2001	32.93	1.87	29.42	1.02	6.62	6.37	10.39	10.73
2002	32.38	1.74	27.49	0.85	6.37	6.16	12.25	12.18
2003	31.39	1.15	27.22	0.89	7.70	6.51	12.73	11.87
2004	29.83	1.46	29.57	0.73	9.04	6.16	11.92	10.88
2005	35.69	1.29	29.78	0.60	7.20	5.50	9.35	9.82
2006	36.97	1.31	30.27	0.52	7.17	5.04	9.40	9.02
2007	36.01	1.35	31.56	0.50	7.16	5.12	9.15	8.88
2008	36.51	1.29	31.47	0.40	7.24	4.98	8.45	9.45
2009	36.94	1.22	33.85	0.36	6.22	4.44	7.90	8.87
2010	37.31	1.18	34.48	0.32	5.34	4.37	7.86	8.97

续表

年份	小麦	稻谷	玉米	薯类	棉花	花生	蔬菜	耕地
2011	36.97	1.09	35.16	0.30	5.39	4.27	7.71	8.94
2012	36.53	0.91	35.64	0.28	4.81	4.44	8.04	9.21
2013	37.35	1.00	34.05	0.24	3.97	4.67	8.79	9.77
2014	37.11	0.98	34.73	0.24	4.19	4.36	8.72	9.49
2015	38.12	0.92	34.19	0.24	3.59	4.26	8.91	9.61
2016	38.35	0.87	33.94	0.24	2.85	4.42	9.09	10.04
2017	37.13	1.02	38.04	0.21	1.20	4.12	8.51	9.58
2018	35.80	1.12	32.15	0.22	1.36	4.07	8.66	9.52

资料来源：笔者根据《中国统计年鉴》《山东省统计年鉴》资料整理。

三　种植业碳汇区域比较分析

山东省各区域种植业具有鲜明的发展特点，所种植的农作物也具有明显的差异，本书测算山东省17个地级市2000—2018年的种植业碳汇量、碳汇密度、强度以及碳汇结构，并以此为依据分析其碳汇特征。受篇幅限制，仅列示部分农作物碳汇数据，同时与前文一致将以2017年为样本开始分析研究，具体数据见表4-14、表4-15。

表4-14　2017年山东省区域农作物碳汇总量、密度与强度

单位：万吨，吨/公顷

城市	小麦	稻谷	玉米	谷子	高粱	薯类	棉花	花生	蔬菜	耕地	总碳汇量	密度
青岛	134.88	0.06	171.11	0.11	0.01	0.41	0.17	36.14	47.08	46.15	436.12	6.48
日照	35.81	1.74	46.64	0.68	0.02	1.18	0.15	23.88	7.84	21.21	139.25	6.13
潍坊	217.66	0.00	232.58	2.15	0.17	0.66	4.22	19.70	92.90	70.79	640.71	6.26
威海	19.26	0.00	42.72	0.00	0.00	0.62	0.00	19.96	6.95	17.47	106.99	5.27
烟台	70.56	0.25	104.72	0.34	0.03	1.08	0.03	39.73	15.39	39.71	271.85	5.89

续表

城市	小麦	稻谷	玉米	谷子	高粱	薯类	棉花	花生	蔬菜	耕地	总碳汇量	密度
滨州	179.42	0.22	213.83	0.02	0.32	0.07	12.54	1.04	14.00	41.50	462.99	6.76
东营	58.81	9.42	63.12	0.03	0.27	0.03	11.02	0.37	5.18	20.36	168.61	6.49
济南	132.08	1.10	124.21	2.80	0.12	0.78	0.84	3.11	44.37	31.81	341.56	6.04
莱芜	3.75	0.00	20.16	0.15	0.02	0.37	0.40	2.27	9.67	6.49	43.30	5.67
泰安	125.91	0.17	130.91	0.40	0.05	0.68	1.54	20.85	46.30	32.46	359.40	6.79
淄博	71.65	0.25	79.18	0.59		0.21	0.49	1.45	11.92	18.57	184.33	7.28
德州	392.91	0.00	382.73	0.15	0.00	0.14	6.55	1.08	45.30	57.41	886.27	7.40
菏泽	404.70	3.24	381.96	0.28		0.43	28.13	18.59	60.25	73.90	973.28	6.27
济宁	235.53	27.59	195.24	0.33	0.05	1.99	15.07	15.19	51.57	53.86	596.50	6.19
聊城	297.43	0.06	278.75	0.24		0.18	2.41	4.07	59.34	50.37	693.05	6.82
临沂	188.88	27.61	173.86	1.13	0.11	5.08	1.42	80.75	54.51	83.54	617.39	6.08
枣庄	93.04	1.27	85.46	0.18	0.02	0.87	0.70	7.54	37.46	21.05	248.25	6.16

注：密度（单位面积碳汇量）= 总碳汇量/农作物播种面积。
资料来源：笔者根据《中国统计年鉴（2018）》《山东省统计年鉴（2018）》资料的测算。

表 4–15　　　　2017 年山东省区域农作物碳汇占比　　　　单位:%

城市	小麦	稻谷	玉米	谷子	高粱	薯类	棉花	花生	蔬菜	耕地
青岛	30.93	0.01	39.24	0.03	0.00	0.09	0.04	8.29	10.80	10.58
日照	25.72	1.25	33.50	0.49	0.01	0.84	0.11	17.15	5.63	15.23
潍坊	33.97	0.00	36.30	0.34	0.03	0.10	0.66	3.01	14.50	11.05
威海	18.00	0.00	39.93	0.00	0.00	0.58	0.00	18.66	6.50	16.33
烟台	25.96	0.09	38.52	0.13	0.01	0.40	0.01	14.62	5.66	14.61
滨州	38.75	0.05	46.18	0.00	0.07	0.02	2.71	0.22	3.02	8.96
东营	34.88	5.58	37.44	0.02	0.16	0.02	6.54	0.22	3.07	12.08
济南	38.67	0.32	36.36	0.82	0.04	0.23	0.25%	0.91	12.99	9.31
莱芜	8.66	0.00	46.55	0.34	0.05	0.86	0.92	5.23	22.32	14.99
泰安	35.03	0.05	36.42	0.11	0.02	0.19	0.43	5.80	12.88	9.03
淄博	38.87	0.14	42.95	0.32	0.01	0.11	0.27	0.79	6.47	10.07

续表

城市	小麦	稻谷	玉米	谷子	高粱	薯类	棉花	花生	蔬菜	耕地
德州	44.33	0.00	43.18	0.02	0.00	0.02	0.74	0.12	5.11	6.48
菏泽	41.58	0.33	39.24	0.03	0.00	0.04	2.89	1.91	6.19	7.59
济宁	39.48	4.63	32.73	0.06	0.01	0.33	2.53	2.55	8.65	9.03
聊城	42.92	0.01	40.22	0.03	0.00	0.03	0.35	0.59	8.56	7.27
临沂	30.59	4.47	28.16	0.18	0.02	0.82	0.23	13.08	8.83	13.53
枣庄	37.48	0.51	34.43	0.07	0.01	0.35	0.28	3.04	15.09	8.48

资料来源：笔者根据《中国统计年鉴（2018）》《山东省统计年鉴（2018）》资料整理。

（一）种植业区域碳汇与密度演变分析

结合表4-14与图4-8可知，碳汇量前三位分别为菏泽市973.28万吨、德州市886.27万吨、聊城市693.05万吨，最少的为莱芜市43.30万吨，第一的菏泽市碳汇量达到了其约22.48倍，主要是农作物播种面积与产量的巨大差异所致。从分区来看，西部经济隆起带碳汇总量达到了4014.74万吨，占全省碳汇量约55.99%，区域内各市平均碳汇量为669.12万吨，是唯一超过全省平均碳汇量421.76万吨的区域，这主要是由于该区域是全省最大的粮棉油生产区域，且耕地面积最大，所以该区域碳汇量大于其他三个区域；半岛蓝色经济区平均碳汇量为318.98万吨，为全省第二位，主要是因为全国最大的蔬菜生产基地潍坊坐落于该区域，且该区域是全省重要的油料作物生产区；黄河三角洲高效生态区平均碳汇量为315.80万吨，略低于半岛蓝色经济区，因为该区域定位发展"高效农业"，是全省重要的粮食生产区；省会城市经济圈平均碳汇量为232.15万吨，是全省最少的区域，主要因为该区域重点发展"休闲农业"，故农作物播种面积与产量较少，造成了碳汇量少于其他区域。

种植业碳汇密度能够衡量在相同播种面积内，创造出碳汇量的大小。结合图4-8可知，碳汇密度最高的为德州7.4吨/公顷，最低的为威海5.27吨/公顷。结合全省平均种植业碳汇密度6.35吨/

公顷,可将山东省碳汇密度进行分区,高碳汇密度区为超过 6.35 吨/公顷地区,包含了德州、淄博、聊城、泰安、滨州、东营、青岛。碳汇高密度成因可分为以下几种,首先,高单位面积产量成就了其高密度碳汇,例如,德州、淄博、聊城等。再次,经济水平发达,高效率种植技术也是高碳汇密度形成的重要原因。如东营、青岛;中碳汇密度区为 6.10—6.34 吨/公顷地区,包含了菏泽、潍坊、济宁、枣庄、日照。该地区碳汇密度略低于全省平均水平,这主要与种植结构密切相关。又如,潍坊农作物产量较大,但其主要农作物蔬菜吸收二氧化碳能力较弱,造成碳汇密度略低于其他区域;低碳汇密度区为小于 6.09 吨/公顷地区,包含了临沂、济南、烟台、莱芜、威海。该区域碳汇密度明显低于全省平均水平,一方面,因为该区域种植水平较低,单位面积产量低于全省水平,如威海 2017 年粮食单位产量仅有 5189 千克/公顷,为全省最低;另一方面,受限于农业发展定位,如济南市定位发展"休闲农业""都市农业",其高碳吸收量作物种植较少,多重合力下,该区域碳汇密度较低。

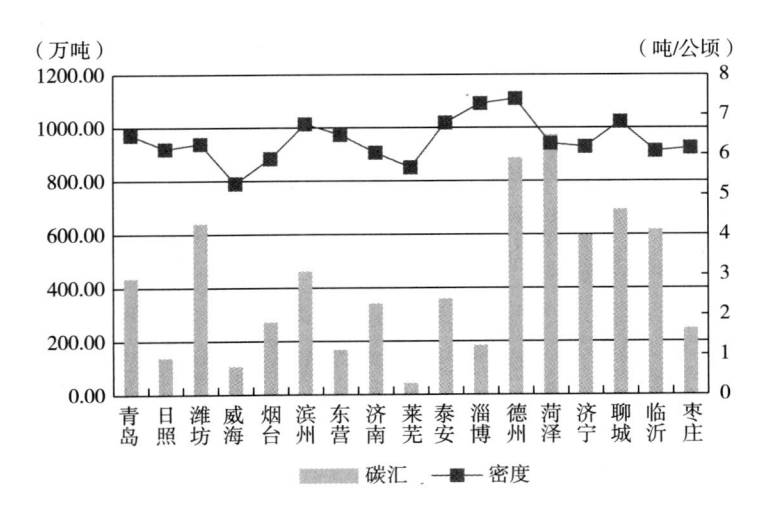

图 4-8 山东省区域种植业碳汇量与密度

(二) 种植业碳汇结构区域比较分析

由表 4-15 可知，小麦与玉米是各市碳汇量占比最高的两类碳汇来源，这与山东省为该两种作物的主产地密切相关。小麦占碳汇比重最高的为德州市约 44.33%，最低的为莱芜市约 8.66%。玉米占碳汇比重最高的为莱芜市约 46.55%，最低的为临沂市约 28.16%。由于该两类农作物共同占比在各市均超过 50%，故以该两类作物占比度进行区域分类讨论。高度占比区为小麦玉米碳汇共同占比超过 80% 地区，包含了德州、滨州、聊城、淄博、菏泽 5 市，主要为来自西部经济隆起带的城市，该高占比区主要农作物为小麦与玉米等高碳吸收粮食作物，其经济类作物如烟叶、蔬菜类作物种植比例较低；中度占比区为小麦玉米碳汇共同占比超过 70% 地区，包含了济南、东营、济宁、枣庄、泰安、潍坊、青岛 7 市，该区域除主要种植小麦与玉米外，蔬菜与耕地固碳是其重要碳汇来源；低度占比区为小麦玉米碳汇共同占比小于 70% 地区，包含了烟台、日照、临沂、威海、莱芜 5 市，主要为来自半岛蓝色经济区的城市，以烟台、威海、日照为例，该区域除主要种植小麦与玉米外，作为主要的油料作物花生生产地，其花生碳汇占据了较大的比重。

第四节 种植业碳汇空间集聚特征分析

种植业有着碳源与碳汇的双重属性，其碳汇属性对缓解温室效应有至关重要的影响作用，为了能够更加合理地构建种植业减排政策体系，对于其碳汇集聚特征的研究显得尤为重要，而空间基尼系数正好满足了种植业碳汇集聚特征的分析，其中田云 (2015) 在研究中基于碳汇的角度，运用空间基尼系数对我国农业碳排放的公平性问题进行了深入的分析研究。曹志宏 (2018) 则运用空间基尼系数系统分析了河南省农业碳汇的空间集聚特征，并对其形成原因展开了深入的分析。故本部分将在对碳汇进行测算的基础上，运用空间基尼系数对碳汇的空间集聚特征进行分析，以期更好地为推动种植业低碳发展提供决策参考依据。

一 研究方法

本书以山东省种植业碳排放为参考因子，利用空间基尼系数分析山东省种植业碳汇的空间集聚特征。本书根据山东省地级市划分，将山东省碳汇分为17组，每组对应一个城市，将每个城市作为一个评价单元，拟合洛伦兹曲线，该曲线为不同单元碳汇实际分配曲线。45度对角线为绝对公平线，从而构建碳汇地区差异评价模型。

空间基尼系数即为绝对公平性线与洛伦兹曲线围成的面积。基尼系数越小说明碳汇分布越公平；反之基尼系数越大，说明山东省种植业碳汇分布越不公平。根据国际惯例，基尼系数小于0.2，说明分布高度均匀，介于0.2和0.3之间，说明分布相对公平；介于0.3和0.4之间说明分布比较合理；介于0.4和0.5之间说明分布差异较大；高于0.5说明分布严重不均匀。一般而言，0.4为分布差距的"警戒线"。基尼系数的测算公式如下：

$$\text{基尼系数} = 1 - \sum_{i=1}^{n}(x_i - x_{i-1})(y_i + y_{i-1}) \qquad (4-17)$$

本书构建了2000—2018年山东省各市碳汇均值随区域碳排放变化的洛伦兹曲线，因此，x_i表示各市碳排放累计百分比，y_i表示碳汇累计百分比。当$i=1$时，x_{i-1}，y_{i-1}均为0。

运用Stata15.1软件，可以得到2000—2018年山东省各市碳汇均值随区域碳排放变化的洛伦兹曲线，如图4-9所示。

二 结果分析

根据前面计算公式可得山东省各市碳汇均值与辖区碳排放的基尼系数为0.242，根据国际惯例，基尼系数介于0.2与0.3之间，说明2000—2018年山东省各市碳汇均值分布相对公平，即山东省各地级市碳汇占全省总碳汇的比与各地级市碳排放占全省总碳排放比近似相等。但是从洛伦兹曲线来看，单位碳排放的碳汇比例仍然呈现出一定的差异，且呈现空间集聚的特征。济南市、济宁市、淄博市、日照市、临沂市、枣庄市、聊城市和滨州市碳排放累计占全省的30%，而这八大城市的碳汇累计占比不到10%。上述城市50%来自西部经济隆起带，证明了碳排放高值出现在西部经济隆起带，这与该区域技术与经济水平为山东省较落后地区且种植业生产资料投入较大有直接关系。而潍坊市、青岛市、菏泽市碳排放累计百分比为15%左右，而碳汇累计百分比达到35%左右，三大城市中有两大城市来自半岛蓝色经济区，这源于该区域经济发展较强，种植业水平较为发达。因此可以得出结论，即使基尼系数表明山东省碳汇分布相对均匀，但是仍然可以看出，山东省碳汇存在较为明显的空间集聚特征。

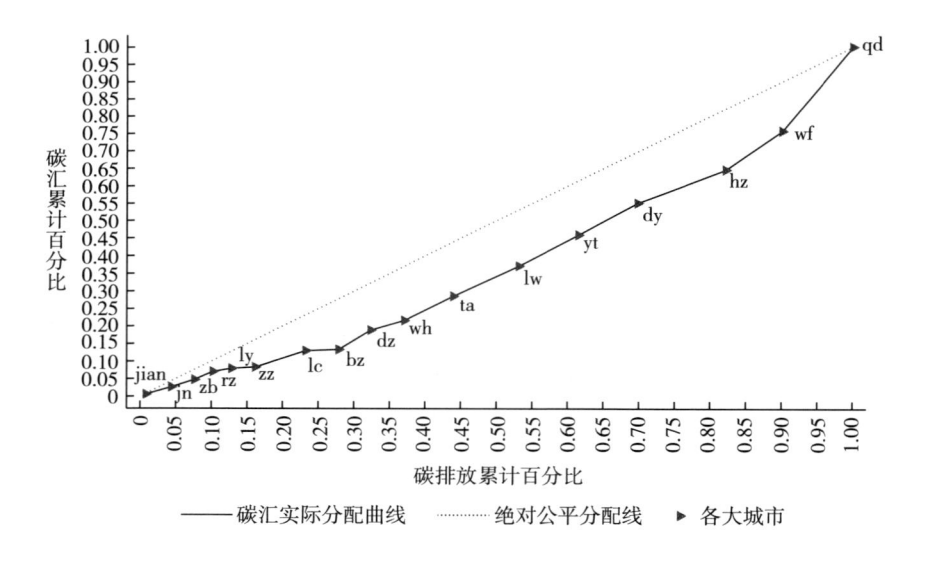

图4-9　山东省种植业碳汇洛伦兹曲线

第五节　本章小结

本章首先对山东省种植业碳排放量与碳排放强度进行了测算，并分析了其总量、强度以及碳排放结构的发展变化趋势与成因，由碳排放结构分析可知，化肥为山东省最主要的碳排放来源。其次，对山东省区域碳排放进行了比较分析，由结果可知，碳排放量最高的城市为潍坊市，最低的为莱芜市，从区域来看省会城市圈平均碳排放量最低，而平均碳排放强度大小依次为半岛蓝色经济区＞西部经济隆起带＞黄河三角洲高效生态区＞省会城市经济圈。由区域碳排放结构分析可知，各区碳排放主要来源有明显的区别。为了能够更好地构建山东省种植业低碳发展减排政策体系，接着运用随机前沿分析法对山东省种植业碳排放效率进行度量，在此基础上测算山东省种植业碳排放边际减排成本，同时，对省内区域差异进行比较分析，并运用核密度函数对山东省种植业碳排放边际减排成本动态趋势变化进行分析。结果表明，种植业碳排放边际减排成本大小顺序依次为省会城市经济圈＞黄河三角洲高效生态区＞半岛蓝色经济区＞西部经济隆起带，而该排序也是山东省种植业碳排放减排难度的大小排序，最后通过核密度分析可知，随着时间的推移，减排过程中经济成本付出无效率部分有了明显的减少，其每减少1吨碳排放所需要付出的经济成本呈现下降的发展趋势，这说明山东省种植业减排难度在逐渐下降。

另外，对山东省种植业碳汇量、碳汇密度与碳汇强度等进行了测算，并分析了其总量、密度、强度以及碳汇结构的发展变化趋势与成因，由碳汇结构可知，小麦与玉米是山东省最重要的碳汇来源。接着对山东省区域碳汇进行了比较分析，碳汇量最高的为菏泽市，最低的为莱芜市。碳汇密度最高的为德州，最低的为威海。从区域来看，平均碳汇量最少的省会城市经济圈。由区域碳汇结构分析可知,各区域碳汇主要来源差别显著。最后,进行了种植业碳汇空间集聚特征分析,得出了结论,虽然各市碳汇均值分布相对公平,但是山东省碳汇存在较为明显的空间集聚特征。通过本章的系统的研究,一方面,有利于把握山东省种植业碳排放与碳汇的发展规律与空间差异;另一方面,为下文更加科学地制定减排政策提供了翔实的成本数据支撑。

第五章

山东省种植业低碳绩效测度与评价

第一节　种植业低碳绩效测度研究方法

传统的农业生产效率侧重研究农业生产要素的投入产出效率，而农业生产率也是衡量农业低碳绩效水平的关键指标，本书借鉴了吴贤荣（2014）与陈儒（2017）的研究方法，将环境因素、种植业边际减排成本等因素纳入测算体系中，通过构建含有期望产出与非期望产出的农业低碳指标评价体系，测算了农业低碳相关效率值进而对农业低碳绩效水平进行评价与分析。

需要说明的是农业低碳绩效能从多角度、全方位分析与研究农业的低碳发展程度与效率水平，且能够直接反映种植业经济与低碳发展水平之间的关系，同时，客观地评价种植业低碳发展情况，从而合理地提出种植业低碳绩效的提升方向。故本章将借鉴已有的农业低碳绩效测算方法，结合前文对山东省种植业现状综合分析的基础上，通过引入相关实证研究方法，对山东省种植业低碳绩效的研究由理论向实证过渡。具体而言，本书选取了2000—2018年山东省17个地级市的数据，综合考虑碳排放、碳汇以及碳减排成本等低碳环境因素，在准确界定种植业投入与产出变量的基础上，运用 DEA – Malmquist 模型对山东省种植业低碳绩效水平进行测度与分析，并对其动态变化趋势与空间差异展开分析比较，直接反映了山东省种植业低碳绩效的增长原动力，了解与掌握了其发展规律，从而为促进山东省种植业低碳绩效的提升指明了方向。

一 研究方法

当前，关于农业低碳绩效测算的方法主要包括随机前沿分析法和数据包络分析，而该两种方法都是对于投入与产出变量的分析。相比而言，数据包络分析（DEA – Malmquist）优势在于该方法无须提前设定生产函数和相关参数，避免了因为模型设定不合理带来的影响。王鑫磊（2019）在研究中指出，DEA – Malmquist 模型能够分析包含多个时间点观测值的面板数据对技术效率的影响效应，并且可以进行技术进步水平的测定。

本章将运用 DEA – Malmquist 模型对山东省种植业低碳绩效进行测度与评价。步骤如下：首先，将对种植业低碳绩效测算中所需的投入与产出变量进行界定；其次，将对种植业低碳绩效水平进行测算与分解研究；再次，为了更好地掌握绩效指数与分解指数的时空差异与影响效应，将进行动态趋势变化分析与区域差异比较；最后，根据研究结果得出本章结论。

二 模型设定

Malmquist 指数可分解为技术效率变化（EC）和技术变化（TC）：

$$M(x^{t+1}, y^{t+1}, x^t, y^t) = \frac{D^{t+1}(x^{t+1}, y^{t+1})}{D^t(x^t, y^t)} \sqrt{\frac{D^t(x^t, y^t)}{D^{t+1}(x^t, y^t)} \frac{D^t(x^{t+1}, y^{t+1})}{D^{t+1}(x^{t+1}, y^{t+1})}}$$
$$= EC \times TC \qquad (5-1)$$

其中，M 表示计算几何平均值作为被测算决策单元 Malmquist 指数，t 表示时期，(x^t, y^t) 与 (x^{t+1}, y^{t+1}) 是决策单元在 t 和 t+1 时期内投入产出的变量，D^t 与 D^{t+1} 分别表示 t 和 t+1 时期为参考前沿的距离函数，EC 表示为技术效率，TC 表示为技术变化。需要说明的是，M>1 表示生产率的提高，M<1 表示生产率下降，当 M=1 则表示生产率没有变化（刘凤梅，2016；岳立，2017；Hu Y，2017）。

在规模收益 VRS 的可变条件影响，技术效率变化（EC）可拆分为纯技术效率（PEC）变化与规模效率（SEC），表达如下（鲁涛，2010；肖红波，2012；姚增福，2016）。

$$EC = \frac{D^{t+1}(x^{t+1}, y^{t+1})}{D^{t}(x^{t}, y^{t})}$$

$$= \frac{D_v^{t+1}(x^{t+1}, y^{t+1})}{D_v^{t}(x^{t}, y^{t})} \left[\frac{D_v^{t}(x^{t}, y^{t})}{D_c^{t}(x^{t}, y^{t})} \times \frac{D_c^{t+1}(x^{t+1}, y^{t+1})}{D_v^{t+1}(x^{t+1}, y^{t+1})} \right]$$

$$= PEC \times SEC \tag{5-2}$$

其中，$D_v^t(x^t, y^t)$ 表示规模可变的距离函数，$D_c^t(x^t, y^t)$ 表示规模不变的距离函数。所以，可将 Malmquist 指数表达为：

$$M(x^{t+1}, y^{t+1}, x^t, y^t) = PEC \times SEC \times TC = PEC \times SEC \times PTC \times STC \tag{5-3}$$

第二节　变量选取及数据处理

一　种植业投入变量

（1）化肥投入。化肥是种植业非常重要的生产资料，能够有效提高农作物产量与质量，但是过度和不合理的使用将对种植业生产带来负面影响，而且，在山东省碳排放来源中，化肥占比最重，故本书将选用山东省化肥折纯量为种植业投入变量。

（2）农药投入。农药是种植业生产主要生产资料之一，它的投入使用能够有效抑制病虫害的产生，对种植业有显著的积极影响，但是它也会带来大量的碳排放与环境污染。本书将选用山东省农药使用量为种植业投入变量。

（3）农膜投入。农膜是种植业重要的生产资料，它能够起到很好的保温、保湿作用，另外对杂草的生长也有很强的抑制作用，但是不合理的处理方式，也会给环境带来很大的污染。本书将选用山东省农膜使用量为种植业投入变量。

（4）农用柴油投入。农用柴油为农机的使用提供了燃料与动力，是保证种植业机械化水平的重要生产资料，对于种植业生产效率的提高有着显著的影响，本书将选用山东省农用柴油使用量为种植业投入变量。

（5）灌溉投入。灌溉是种植业生产的必要条件，为种植业生产提供水源，在种植业生产过程中起关键作用，故本书将选用山东省种植业灌溉面积为种植业投入变量。

（6）耕地投入。耕地是种植业生产的载体，很大程度上决定了农作物的产量与质量，故本书将选用山东省耕地面积为种植业投入变量。

（7）农业劳动力投入。农业劳动力是种植业生产最重要的元素，是进行种植业生产的原动力，故本书将选用山东省农业劳动力数量为种植业投入变量。

（8）种植业碳排放减排成本。碳排放减排成本能够很好地衡量低碳工作中的环境治理成本，减排成本越高，减排难度也会随之加大，故本书将选用山东省种植业碳排放边际减排成本为种植业投入变量。

二 种植业产出变量

（1）种植业经济产出：种植业生产希望能获得更多的经济产出，本书将选用种植业经济总产值为本书种植业期望产出变量。

（2）种植业碳汇产出：种植业生产期望的生态经济产出，本书将选用第四章测算出的山东省种植业碳汇为本书种植业期望产出变量。

（3）种植业碳排放产出：种植业生产必然会带来非期望的碳排放产出，本书将选用第四章测算出的山东省种植业碳排放量为种植业非期望产出变量。

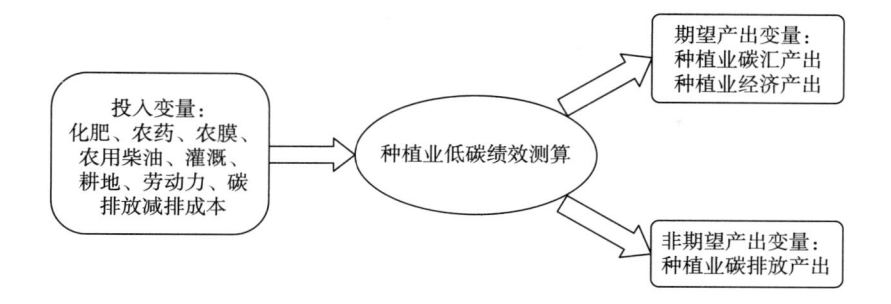

第五章　山东省种植业低碳绩效测度与评价

图 5-1　种植业低碳绩效测算流程

三　数据来源与描述性分析

本章种植业碳排放与种植业碳汇数据来自对第四章测算数据的引用，化肥投入量、农膜投入量、灌溉投入量以及耕地投入量等与前文公布与测算的数据一致，均来自对山东省相关统计年鉴的手工整理而得，需要说明的是，考虑到种植业碳排放边际成本对于低碳绩效的重要性，本书将种植业碳排放边际成本变量加入了投入变量中进行测算，以期使获得的数据更加科学与准确，该数据来自第四章对种植业碳排放边际减排成本测算结果引用。在进行测度之前，本书对投入产出变量进行了描述性统计分析，具体如表 5-1 所示。

表 5-1　投入产出变量描述性分析

投入产出变量	单位	均值	中值	最大值	最小值	标准差
经济产出	万元	1857056.00	1500195.00	5793951.00	157779.00	1242611.00
碳排放	万吨	71.36	58.50	165.31	9.24	37.47
碳汇	万吨	389.11	367.31	973.28	37.20	229.37
化肥使用量	吨	270047.40	233628	615107.00	35163.00	145759.20
农药施用量	吨	9242.98	8062.00	24653.00	1104.00	5271.36
农膜使用量	吨	17975.56	12194.00	82958.00	1755.00	16758.27
农用柴油投入	(吨，动力)	101885.30	75886.00	351677.00	9757.00	83613.66

续表

投入产出变量	单位	均值	中值	最大值	最小值	标准差
灌溉投入	千公顷	255.06	231.86	611.89	33.41	147.01
土地投入	公顷	426027.90	415590.00	938251.00	60424.00	227125.40
劳动力投入	万人	321.15	279.24	830.31	50.03	190.22
种植业减排边际成本	元/吨	6.26	5.28	23.21	1.96	3.69

  由表5-1投入产出变量描述性分析可知，山东省种植业经济产出，最大值与最小值之间差距较大，表明省内种植业经济发展存在一定的差距。种植业碳排放量最大值约为最小值的17.89倍，证明区域之间碳排放量存在较大差异，这也是均值明显高于最小值的原因所在。碳汇量最大值为973.28万吨，最小值仅为37.20万吨，均值为389.11万吨，三者相差较大，一方面，由于随着技术的进步，种植业单位产量有了显著的提升；另一方面，由于区域之间农作物种植品种与单位面积产量存在差异导致了差距的存在。化肥投入量最大值为615107.00吨，最小值为35163.00吨，相差了约16.49倍。农药投入量最大值为24653.00吨，最小值为1104.00吨，相差了约21.33倍，而其均值与中值数据较为接近。农膜投入量最大值为82958.00吨，最小值为1755.00吨，两者相差高达约46.27倍。农用柴油投入量最大值为351677吨，最小值为9757吨，表明从时间与空间上，省内机械化程度都存在一定的差距。灌溉投入量最大值为611.89千公顷，最小值为33.41千公顷，但是其中值与均值的数值较为接近。劳动力投入量最大值为830.31万人，最小值为50.03万人，相差了约15.60倍。种植业减排边际成本最大为23.21元/吨，最小值仅为1.96元/吨，表明省内区域之间种植业减排难易程度存在较大差异。

第三节　种植业低碳绩效测度与时空比较分析

本节将在构建 DEA – Malmquist 模型的基础上，对山东省 17 个地级市 2000—2018 年种植业低碳绩效水平进行测度。为了比较传统绩效与低碳绩效的区别，本书也测算了不包含碳排放、碳吸收与种植业碳减排成本的种植业传统绩效水平。文中首先用 DEA 方法测算出山东省各地区历年种植业的静态技术效率，然后运用 Malmquist 指数分解法进行规划求解，计算各分区的全要素生产率及其分解指数，并对最终的绩效指数与分解指数的动态特征以及时空差异进行了分析。

一　山东省种植业低碳绩效时序特征分析

由表 5 – 2 可知，受低碳约束的影响，2001—2018 年山东省种植业低碳绩效指数增长率比种植业传统绩效指数慢，年均增长速度为 3.00%；经过分解可以发现驱动种植业低碳绩效主要力量来源于前沿技术进步的变化年均增速为 3.00%，而纯技术改善（纯技术效率×规模效率）刚好处于随机前沿面，改善程度需要加强，同时也说明技术效率和规模效率存在一定的提升空间。整个样本期间内，种植业低碳绩效水平呈现一定的波动，增长的驱动力比较单一，因此要实现种植业的低碳发展，仅仅依赖于技术进步的提高还不够，还需要进一步改善技术效率，实现技术效率和技术进步的双重驱动。

通过对 Malmquist 指数和分解指数历年的变动的情况进行分析可知，种植业低碳绩效指数在 2001 年、2002 年和 2017 年年均小于 1，其中最低峰值出现在 2017 年，说明上述年份种植业低碳绩效呈现负增长，究其原因在于该年份技术进步未得到改善，指数均低于 1，特别是在 2017 年技术进步效率负增长达到了 3.8%，严重制约了山

表 5-2　　　　　　　山东省种植业低碳绩效动态特征

年份	种植业低碳绩效					种植业传统绩效				
	effch	techch	pech	sech	ML	effch	techch	pech	sech	ML
2001	1.001	0.982	1.000	1.001	0.983	0.994	1.004	0.995	0.999	0.998
2002	1.000	0.968	1.000	1.000	0.968	1.005	0.986	1.005	1.000	0.991
2003	1.000	1.032	1.000	1.000	1.032	0.996	1.054	0.992	1.004	1.050
2004	1.000	1.056	1.000	1.000	1.056	1.008	1.124	1.005	1.003	1.133
2005	1.000	1.054	1.000	1.000	1.054	0.992	1.104	1.001	0.990	1.094
2006	1.000	1.027	1.000	1.000	1.027	0.992	1.072	0.993	0.999	1.064
2007	1.000	1.074	1.000	1.000	1.074	0.988	1.155	0.999	0.989	1.140
2008	0.999	1.059	1.000	0.999	1.057	0.993	1.208	0.988	1.005	1.200
2009	1.000	1.048	0.999	1.001	1.048	1.009	1.077	1.009	0.999	1.086
2010	1.001	1.083	1.001	1.001	1.085	0.985	1.214	0.983	1.002	1.195
2011	0.998	1.024	0.998	1.000	1.022	0.994	1.063	0.999	0.994	1.056
2012	1.000	1.011	1.001	0.999	1.011	0.982	1.072	0.997	0.985	1.053
2013	1.000	1.054	1.000	1.000	1.054	1.020	1.150	1.006	1.013	1.172
2014	1.001	1.036	1.000	1.001	1.038	1.007	1.074	0.998	1.009	1.082
2015	1.000	1.026	1.000	1.000	1.026	1.022	1.057	1.020	1.003	1.081
2016	1.000	1.012	1.000	1.000	1.012	0.988	1.059	0.998	0.990	1.047
2017	1.000	0.962	1.000	1.000	0.962	0.986	0.873	0.990	0.996	0.860
2018	1.000	1.039	1.000	1.000	1.039	0.987	1.112	0.989	0.998	1.098
均值	1.000	1.030	1.000	1.000	1.030	0.997	1.078	0.998	0.999	1.075

注：effch 为综合技术效率变化指数；techch 为技术进步变化指数；pech 为纯技术效率变化指数；sech 为规模效率变化指数；ML 为 Malmquist 分解指数即绩效指数。

东省种植业的低碳发展，其余年份种植业低碳绩效均大于1，表明该发展阶段，山东省种植业低碳绩效水平呈现出上升的发展趋势，且2010年达到了约8.50%，说明2009—2010年山东省种植业低碳绩效水平上升幅度最大，这主要是由于同年技术进步指数也达到峰值，贡献率为8.30%。而种植业传统绩效指数同样也于2001年、2002年和2017年呈现负向发展趋势，这主要是由于上述年份，综合技术效率大幅恶化，导致了种植业传统绩效水平降低。结合图5-2可知，在整个研究区间，受限于低碳约束的影响，除2017年外，种植业传统绩效水平均高于种植业低碳绩效水平。综合技术效率在2008年和2011年分别为0.999和0.998，小于1，说明上述年份综合技术效率呈现一定程度的退化。在整个研究期间，只有3年技术进步效率小于1，其余年份都大于1，说明低碳约束下的技术进步效率在大多数年份中促进了种植业低碳绩效水平的改善，尤其是2010年，技术进步效率对种植业低碳绩效的贡献率为8.3%。技术效率（纯技术效率×规模效率）在2010年表现较好，贡献率为0.2%，而2008年和2009年表现较差。规模技术效率在2008年与2012年小于1，说明以上年份规模技术效率出现退化，一定程度上对种植业低碳绩效水平的提高起到了阻碍作用。

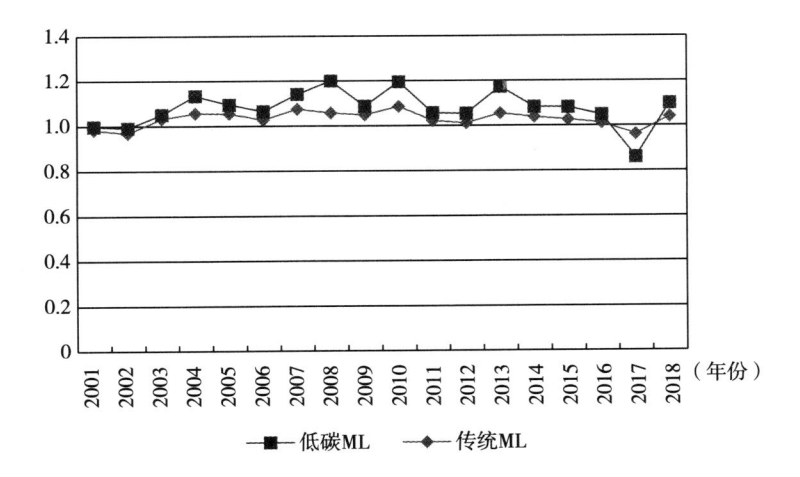

图5-2 2001—2018年山东省种植业低碳绩效水平与种植业传统绩效水平发展趋势比较

二 山东省种植业低碳绩效空间差异分析

本书将2001—2018年山东省各地级市以及半岛蓝色经济区、黄河三角洲高效生态区、省会城市经济圈与西部经济隆起带种植业低碳绩效指数与分解指数（综合技术效率指数、技术进步指数、纯技术效率指数、规模效率指数）的均值进行了测算，并对其进行了地区类型的划分，具体见表5-3。

表5-3　　山东省地级市及各区种植业低碳绩效
指数均值表及类型划分

城市/区域	种植业低碳绩效及分解					种植业传统绩效	类型
	effch	echch	pech	sech	ML指数	ML指数	
青岛	1.000	1.031	1.000	1.000	1.031	1.078	"高碳—上升"型
日照	1.000	1.003	1.000	1.000	1.003	1.073	"高碳—上升"型
潍坊	1.000	1.035	1.000	1.000	1.035	1.084	"高碳—上升"型
威海	1.000	0.995	1.000	1.000	0.995	1.035	"高碳—下降"型
烟台	1.000	1.044	1.000	1.000	1.044	1.079	"高碳—上升"型
滨州	1.000	1.031	1.000	1.000	1.031	1.078	"高碳—上升"型
东营	1.000	1.023	1.000	1.000	1.023	1.097	"高碳—上升"型
济南	1.000	1.045	1.000	1.000	1.045	1.075	"高碳—上升"型
莱芜	1.001	1.041	1.000	1.001	1.043	1.087	"高碳—上升"型
泰安	1.000	1.042	1.000	1.000	1.042	1.082	"高碳—上升"型
淄博	1.000	1.048	1.000	1.000	1.048	1.087	"高碳—上升"型
德州	1.000	1.028	1.000	1.000	1.028	1.071	"高碳—上升"型
菏泽	1.000	1.018	1.000	1.000	1.018	1.051	"高碳—上升"型
济宁	1.000	1.036	1.000	1.000	1.036	1.082	"高碳—上升"型
聊城	1.000	1.042	1.000	1.000	1.042	1.080	"高碳—上升"型
临沂	1.000	1.018	1.000	1.000	1.018	1.068	"高碳—上升"型
枣庄	1.000	1.026	1.000	1.000	1.026	1.065	"高碳—上升"型

续表

城市/区域	种植业低碳绩效及分解					种植业传统绩效	类型
	effch	echch	pech	sech	ML 指数	ML 指数	
蓝色经济区	1.000	1.022	1.000	1.000	1.022	1.070	"高碳—上升"型
高效生态区	1.000	1.027	1.000	1.000	1.027	1.088	"高碳—上升"型
省会经济圈	1.000	1.044	1.000	1.000	1.045	1.083	"高碳—上升"型
西部经济带	1.000	1.028	1.000	1.000	1.028	1.070	"高碳—上升"型

注：effch 为综合技术效率变化指数；techch 为技术进步变化指数；pech 为纯技术效率变化指数；sech 为规模效率变化指数；ML 为 Malmquist 分解指数即绩效指数。

由表 5-3 可知，山东省除了威海市种植业低碳绩效指数均值小于 1 外，其他 16 个地级市种植业低碳绩效指数均值均大于 1，占研究样本区域的约 94.12%，说明研究区域内的样本除了威海市外，种植业低碳绩效指数均得到了显著改善，而威海市主要由于技术进步效率的恶化，造成了种植业低碳绩效水平未得到改善。种植业传统绩效指数在各地级市与各区均大于 1，表明在研究区间内种植业传统绩效得到了持续的改善。受限于低碳约束的影响，山东省各地级市以及各区种植业低碳绩效水平均明显低于种植业传统绩效水平。

从分区来看，种植业低碳绩效水平排序依次为：省会城市经济圈＞西部经济隆起带＞黄河三角洲高效生态区＞半岛蓝色经济区，山东省四大区域种植业低碳绩效指数均值均大于 1，说明山东省种植业低碳绩效指数呈现明显的增长趋势，在研究区间内四大区域种植业低碳绩效水平均得到了持续改善，其中省会城市经济圈平均增速相对最高，达到了 4.50%，高于山东省的平均水平 3.00%，这主要得益于技术进步效率的推动，最低的区域为半岛蓝色经济区，其增速仅为 2.20%，低于全省平均 0.8 个百分点，而与半岛蓝色经济区一致，黄河三角洲高效生态区与西部经济隆起带种植业绩效低碳水平均低于全省平均值。由分解指数可知，山东省各区种植业低碳绩效指数增长主要驱动力均为技术进步效率指数，依靠的驱动源泉较为单一，所以，种植业低碳绩效水平提高，纯技术效率与规模效率将有较大的上升空间。

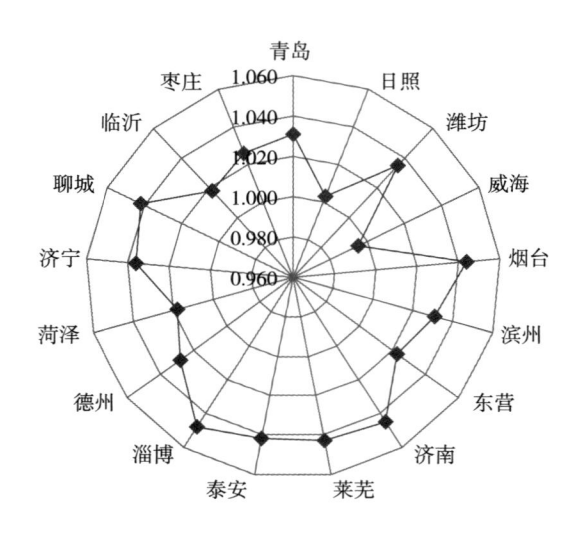

图 5-3　2001—2018 年山东省地级市与各区低碳 ML 绩效指数雷达图

由表 5-3 不难看出，山东省各地级市之间种植业低碳绩效指数呈现明显的差异，为了直观观测 2001—2018 年山东省各地区种植业低碳绩效指数均值的分布情况，本节绘制了雷达图进行辅助分析。结合图 5-3 可知，样本期间内种植业低碳绩效指数前三位分别为淄博市 1.048、济南市 1.045 以及烟台市 1.044，种植业低碳绩效指数后三位为菏泽 1.018 与临沂 1.018 并列倒数第三、日照 1.003 以及威海 0.995，第一位与最后一位相差了 5.30%。图 5-4 将山东省 17 个地级市的种植业低碳绩效指数分布在四个层级，最外层级绩效指数相对最高，最内层级相对最低，同一层级绩效低碳指数差异较小，不同层级之间低碳绩效指数差异较大。具体来看，淄博市、济南市、烟台市、莱芜市、泰安市以及聊城市均分布在最外层级，说明该地区种植业低碳绩效指数相对较高，绩效水平得到持续改善的效果较好，威海市处于最内层级，且种植业低碳绩效指数小于1，说明研究期间内种植业低碳绩效水平未得到改善。位于次内层级的城市为日照市、菏泽市、临沂市；次外层级的城市为济宁市、潍坊市、青岛市、滨州市、东营市、德州市、枣庄市。

三 种植业低碳绩效与传统绩效比较分析

综合前文的分析可知，种植业低碳绩效指数与农业传统绩效指数无论从驱动力以及时空发展均存在较大差异，为了能够分析其差异存在原因，更加准确地测度种植业绩效水平，下面进一步对种植业传统绩效指数和种植业低碳绩效指数的差异进行深入分析，为此本节结合前文的分析，将进一步分析2001—2018年山东省种植业绩效指数以及主要驱动力技术进步效率指数。

由前文分析可知，传统种植业未考虑碳排放、碳吸收与种植业碳排放减排成本因素的低碳约束，2001—2018年山东省种植业传统绩效指数的均值为1.078，分解指数中综合技术效率指数均值为0.997，技术进步效率指数均值为1.078，纯技术效率指数均值为0.998，规模效率指数均值为0.999；而低碳约束下的山东省种植业低碳绩效指数均值为1.03，综合技术效率指数均值为1，技术进步效率指数均值为1.03，纯技术效率和规模效率指数均值均为1。上述结果表明，样本期间内，忽视碳排放、碳吸收与种植业碳排放减排成本因素会高估种植业绩效水平，结合表5-2可知，种植业低碳绩效指数普遍低于种植业传统绩效指数，且主要表现为技术进步效率指数的高估。从分解指数看，未考虑低碳环境因素低估了种植业绩效指数的综合技术效率、纯技术效率以及规模效率。

从地区类型划分来看，本书根据种植业低碳绩效指数和前沿面绩效指数1的大小关系，将种植业绩效水平划分为"上升区"和"下降区"，同时，结合前文对种植业低碳绩效指数和种植业传统绩效指数的对比分析结果，从而确定种植业生产绩效的"低碳型"和"高碳型"地区。结合表5-3可知，山东省17个地区均为"高碳型"地区，这些地区种植业低碳绩效指数低于种植业传统绩效指数，其中只有威海市种植业低碳绩效小于1，故为绩效"下降区"，说明山东省虽然属于"高碳型"区域，但是纵向来看，长期内种植业低碳绩效指数改善势头较好。

第四节　本章小结

本章首先对种植业低碳绩效的投入变量进行了界定，选择了化肥投入量、农膜投入量、灌溉投入量以及种植业边际减排成本等作为投入变量，接着对产出变量进行了界定，选择了种植业经济产出、种植业碳排放以及碳汇为产出变量，构建模型进行了山东省种植业低碳绩效水平的测度。由结果可知，受低碳约束的影响，2001—2018年山东省种植业低碳绩效指数增长率比种植业传统绩效指数慢，年均增长速度为3.00%；经过分解可以发现驱动种植业低碳绩效主要力量来源于前沿技术进步的变化，年均增速为3.00%，而纯技术改善（纯技术效率×规模效率）刚好处于随机前沿面，改善程度需要加强，同时也说明技术效率和规模效率存在一定的提升空间。整个样本期间内，种植业低碳绩效水平呈现一定的波动，增长的驱动力比较单一，因此要实现种植业低碳发展，仅仅依赖于技术进步的提高还不够，还需要进一步改善技术效率，实现技术效率和技术进步的双重驱动。

从各地级市城市来看，山东省除了威海市种植业低碳绩效指数小于1外，其他16个地级市种植业低碳绩效指数均大于1，占研究样本区域的94.12%，前三位分别为淄博市1.048、济南市1.045以及烟台市1.044，后三位为菏泽1.018与临沂1.018并列倒数第三、日照1.003以及威海的0.995，第一位与最后一位相差了5.30%。从分区来看，山东省四大区域种植业低碳绩效指数均大于1，说明山东省种植业低碳绩效指数呈现明显的增长趋势，在研究区间内四大区域种植业低碳绩效水平均得到了持续改善,其中省会城市经济圈平均增速相对最高,达到了 4.50%。而由种植业低碳绩效水平与种植业传统绩效水平比较分析可知,种植业低碳绩效指数普遍低于种植业传统绩效指数,且主要表现为技术进步效率指数的高估。从分解指数看,未考虑低碳环境因素低估了种植业绩效指数的综合技术效率、纯技术效率以及规模效率。从分区来看,山东省四大区域种植业低碳绩效指数均大于 1,说明山东省种植业低碳绩效指数呈现明显的增长趋势,在研究区间内四大区域种植业低碳绩效水平均得到了持续改善,其中省会城市经济圈平均增速相对最高,达到了 4.50%。

第六章 山东省种植业低碳绩效的空间效应与影响因素分析

第一节 种植业低碳绩效的空间效应检验

由前文分析研究可知，山东省种植业低碳绩效水平存在明显的时间与空间差异，但是对于山东省17个地级市之间的空间相关性却没有进行有效的研究，为了能够准确找出区域之间种植业低碳绩效水平差异原因，促进山东省种植业低碳绩效水平提高，本章将对影响山东省种植业低碳绩效水平的因素展开分析研究。空间计量经济学主要用于研究截面或面板数据回归模型中空间相互作用和空间结构的问题，也是计量经济学的一个重要分支。空间数据就是在原来的截面或者面板数据上加上横截面单位的位置信息，因此在做研究时，除了考虑数据的时间和地区因素还应兼顾截面间的空间依赖性即空间效应（王雨飞，2016；张俊等，2019；姚晔等，2018）。现有的研究文献中，较少考虑空间的相互作用，因此并不能较好地描述客观事实。但也有少数学者，利用空间模型对区域低碳影响因素展开了卓有成效的研究，如佟昕（2015）利用空间计量经济模型从全国以及东部、中部、西部的分区角度进行低碳影响因素研究。陈德湖（2012）运用空间面板计量经济模型对30个省份碳排放与经济增长的关系进行系统而深入的研究。程叶青等（2013）首先对我国30个省份的碳排放强度进行了测算，在此基础上采用空间自相关分析方法和空间面板计量模型，分析研究了我国省级尺度碳排放强度的时空格局特征及其主要影响因素。故本章将从两部分进行山东省种植业低碳绩效的空间效应与影响因素研究：第一部分对山东省区域种植业低碳绩效的空间相关性进行检验，运用全局的莫兰指数检验、吉尔里指数 C（Geary's C）检验以及 Getis – Ord 指数检验对全域空间自相关进行检验，并对局域空间自相关性的时空跃迁路径进行刻画和分析；第二部分，运用空间面板数据模型从经济因素、制度因素、规模因素以及技术因素出发分析种植业低碳绩效的空间效应。

一　空间效应理论

朱平芳（2011）在研究中指出，空间计量经济学研究的是截面或者面板数据个体之间空间的相互作用差异，即空间效应，它克服了传统计量模型的缺陷，即假定个体在空间上具有独立和同质性。张征宇（2011）研究指出，空间效应主要表现为空间相关性和空间异质性，由于在研究截面数据或面板数据，传统计量模型往往会考虑个体的异质性问题即异方差性，因此在空间计量经济学中主要研究个体空间相关性。孙久文（2014）、师博（2019）在研究中提及了空间相关性即空间依赖性，是指变量之间在空间的自相关性，它比时间和个体间的相关要复杂得多，需要以空间滞后因子的形式将空间相关性运用于传统的计量研究中。现有的空间计量研究中的空间滞后因子主要有三种，分别为被解释变量空间自相关、解释变量空间自相关、随机干扰项空间自相关（马丽梅等，2016；张丽君等，2019；曾岚婷，2019）。

二　空间自相关检验理论

周建（2016）在研究中指出，空间效应检验包括事前检验和事后检验。事前检验即在进行空间计量模型之前，检验空间效应是否存在以及如何存在；事后检验则在建立空间计量模型之后，检验空间效应问题是否有效解决。空间自相关可理解为位置相近的区域具有相似的变量取值。若高值与高值聚集在一起，低值与低值聚集在一起，则说明存在正的空间自相关；若高值与低值集聚在一起，则说明存在负的空间自相关；若高值与低值完全随机分布，则说明不存在空间自相关。汪晓燕等（2017）在研究中指出，空间自相关检验分为全域空间自相关检验和局域空间自相关检验。

全域空间自相关检验包括"莫兰指数 I"检验、"吉尔里指数 C"检验、"Getis – Ord 指数 G"检验。局域空间自相关检验主要采用局部"莫兰指数 I"检验，局域 G 指数和局域 Moran's I 散点图。本书采用"莫兰指数 I"、吉尔里指数以及 Getis – Ord 指数的空间自相关系数进行全域空间自相关检验；运用 Moran's I 散点图进行局域空间自相关性检验，虽然大多数文献采用 LISA 集聚图对局域空间自相关进行检验，但是 Moran's I 散点图可以直观探测不同象限不同单元的跃迁路径（Zhang K，2015；王立平，2016）。

（一）全域空间自相关检验

Tillé Y（2018）在研究中指出，现有文献有一系列度量空间自相关的方法，其中最为流行的是"莫兰指数 I"，本书将其设定如公式（6-1）所示：

$$I = \frac{\sum_{i=1}^{n}\sum_{j=1}^{n}w_{ij}(x_i-\bar{x})(x_j-\bar{x})}{S^2\sum_{i=1}^{n}\sum_{j=1}^{n}w_{ij}} \tag{6-1}$$

其中，$S^2 = \dfrac{\sum_{i=1}^{n}(x_i-\bar{x})^2}{n}$ 为样本方差，w_{ij} 为二进制邻近空间权重矩阵的元素（i 和 j 用来度量区域 i 与区域 j 的距离），用邻近矩阵和距离矩阵，用于定义空间对象的相互邻近关系。其中，根据相邻距离设定权重：

$$w_{ij} = \begin{cases} 1 & \text{当区域 i 和区域 j 相邻} \\ 0 & \text{当区域 i 和区域 j 不相邻} \end{cases} \quad (6-2)$$

其中，i = 1，2，…，n，j = 1，2，…，m。

严雅雪（2017）在研究中提及全域检验还可以用"吉尔里指数 C"（Geary's C）检验，"吉尔里指数 C"也称为"吉尔里相邻比率"：

$$C = \frac{(n-1)\sum_{i=1}^{n}\sum_{j=1}^{n}w_{ij}(x_i - x_j)^2}{2\left(\sum_{i=1}^{n}\sum_{j=1}^{n}w_{ij}\right)\left[\sum_{i=1}^{n}(x_i - \bar{x})^2\right]} \quad (6-3)$$

与"莫兰指数 I"不同的是"吉尔里指数 C"的核心成分为 $(x_i - x_j)^2$。"吉尔里指数 C"的取值为 0—2，大于 1 表示存在负的自相关，等于 1 表示不存在空间自相关，小于 1 表示存在正的自相关。"吉尔里指数 C"与"莫兰指数 I"呈现反向变动，且局域检验中前者更为敏感。可以证明标准化的"吉尔里指数 C"服从渐近正态分布，因此可以采用正态分布的临界值进行检验。

前面提到的两个全域空间自相关检验均存在一个缺陷，即无法分别"热点"和"冷点区域"。热点区就是高值与高值聚集的区域；冷点区域为低值与低值聚集的区域（Simon Clinet，2019）。于是 Getis 和 Ord 提出了"Getis - Ord 指数 G"：

$$G = \frac{\sum_{i=1}^{n}\sum_{j=1}^{n}w_{ij}x_i x_j}{\sum_{i=1}^{n}\sum_{j\neq i}^{n}x_i x_j} \quad (6-4)$$

其中，对于任意的 i 均有 $x_i > 0$；w_{ij} 为所有元素均为 0 或 1 的非标准化对称空间矩阵，显然高值与高值聚集则 G 值较大，若低值聚集一起则 G 值较小。

（二）局域空间自相关性检验

生延超（2018）在研究中指出，当检验证明存在全域空间自相关时，需要进一步用局域空间关联指标和 Moran 散点图证明可能存在显著的局域空间相关效应。局域空间关联指标主要有"莫兰指数 I"和局域 G 指数。"莫兰指数 I"的散点图将各个区域的种植业低碳绩效分为四个象限：第一象限区域为高值与高值相邻（H-H）；第二象限为低值与高值近邻（L-H）；第三象限为低值与低值相邻（L-L）；第四象限为高值与低值相邻（H-L）。当观察值均有分布在各象限时则认为不存在空间自相关。当考察某区域 i 是否为热点或冷点，则可以使用"局部 Getis-Ord 指数 G"：

$$G_i = \frac{\sum_{j \neq i}^{n} w_{ij} x_j}{\sum_{j \neq i} x_j} \quad (6-5)$$

运用 Moran's I 散点图进行局域空间自相关性检验可直观探测不同象限不同单元的跃迁路径。

第二节　区域种植业低碳绩效空间效应检验

与前文研究一致，本章的数据仍然选取的是山东省 17 个地级市 2000—2018 年的数据，接着运用 Stata15.1 软件对山东省种植业低碳绩效进行全域空间自相关性检验和局域空间自相关性检验。本书的空间权重矩阵采用的是相邻距离矩阵，即区域相邻设为 1，否则设为 0，因此得到一个主对角线为 0 的对称的 0—1 矩阵。

一　全域空间自相关性检验

在现有的文献中，基本上采用全域 Moran's I 检验，但是该检验存在较大的局限性，因此本书为了得到更加客观的结论，采用"吉尔里指数 C"和"Getis-Ord 指数 G"共同检验（Zhang K，2015）。检验结果整理如表 6-1、表 6-2、表 6-3 所示。

表 6–1　　　　　　　　全域 Moran's I 检验

变量	I	E（I）	sd（I）	z	p – value*
ML	0.270	-0.063	0.159	2.089	0.018

注：检验采用双尾检验。

表 6–2　　　　　　　　全域 Geary's C 检验

变量	c	E（c）	sd（c）	z	p – value*
lnty	0.624	1.000	0.202	-1.862	0.031

注：检验均采用双尾检验。

表 6–3　　　　　　　　全域 Getis & Ord's G 检验

变量	G	E（G）	sd（G）	z	p – value*
lnty	0.184	0.184	0.001	-0.204	0.419

由全域空间自相关性检验可知，Moran's I 检验的 P 值为 0.018 小于 0.05，故应拒绝原假设，说明种植业低碳绩效存在全域空间效应。"吉尔里指数 C"检验的 P 值也小于 0.05，故应拒绝不存在空间自相关的假设。"Getis – Ord 指数 G"检验的 P 值均大于 0.05，这可能是由于山东省部分地区的增长存在正相关（溢出效应），另一部分地区存在负相关（回流效应），两者相互抵消后，未检测出热点或冷点区域。综合以上的三个全域检验可知，山东省种植业低碳绩效存在全域空间效应。

二　局域空间自相关性检验

全局空间自相关性检验可以从整体上反映山东省 17 个地级市种植业低碳绩效的空间集聚关系，下面进一步对区域内部的空间分布关系减少检验，先通过 2001 年和 2018 年 Moran's I 散点图分析山东省种植业低碳绩效指数的分布特征。

◇ 种植业低碳绩效评价与减排政策研究

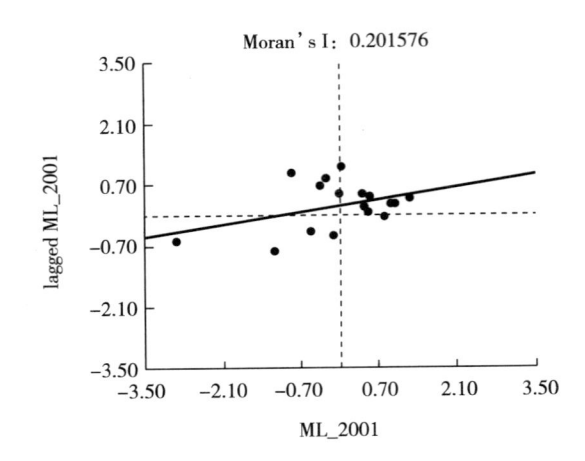

图 6 – 1　2001 年山东省种植业低碳绩效指数的 Moran's I 散点图

由 2001 年山东省种植业低碳绩效指数的 Moran's I 散点图可知，横轴为单位低碳绩效水平，纵轴为空间权重矩阵加权后的单位低碳绩效指数。Moran's I 散点图描述的是低碳绩效指数与空间滞后向量间的相互关系，共分为了四个象限：第一个象限揭示的是种植业低碳绩效高的区域相互集聚（H – H），位于第一象限共有 9 个城市，分别为青岛市、东营市、济宁市、淄博市、枣庄市、日照市、莱芜市、泰安市、临沂市；第二个象限揭示的是种植业低碳绩效指数低区域被低碳绩效指数高区域围绕即（L – H），位于第二象限的只有烟台市；第三象限为种植业低碳绩效指数低的区域相互集聚关系（L – L），位于第三象限的城市有 4 个，分别为德州市、聊城市、滨州市、济南市；第四象限揭示的是种植业低碳绩效指数高区域被种植业低碳绩效指数低区域围绕，位于第四象限的城市为菏泽市、潍坊市、威海市。大部分城市位于第一、第三象限，说明存在明显的空间效应。

由 2018 年山东省种植业低碳绩效指数的散点图可知，位于第一、第三象限的累计为 14 个，分布在第二、第四象限的区域分别为 0 和 3，存在城市的跃迁，具体来看，位于第一象限的城市分别为泰安、淄博、济宁、莱芜、菏泽、济南、滨州、德州；位于第三象限

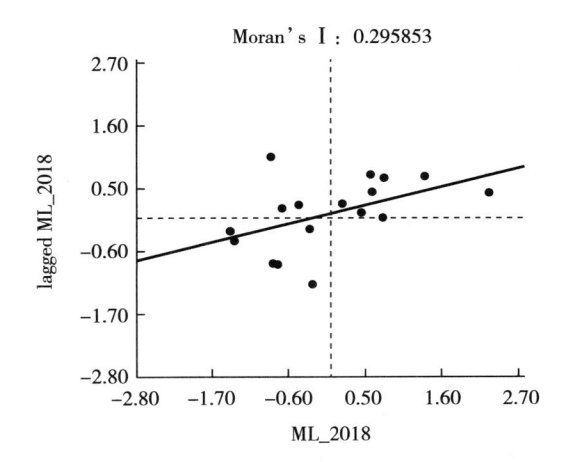

图 6-2　2018 年山东省种植业低碳绩效指数的 Moran's I 散点图

的城市分别为临沂、烟台、青岛、日照、潍坊、威海；位于第四象限的城市分别为枣庄、东营、聊城。

Moran's I 散点图并不能突出局域空间相关的显著性水平。因此，本书借助 Deoda 软件绘制 2001—2018 年山东省种植业低碳绩效的 LISA 集聚图对其局部空间差异进行检验。限于篇幅，本书对 LISA 图在此不进行公布。

通过笔者观察 LISA 集聚图，得知 2001 年山东省种植业低碳绩效通过 0.05 显著性水平检验的有 5 个，属于"高—高"集聚类型的有 3 个城市，分别为临沂市、泰安市、枣庄市，这些区域在空间上形成明显的连片分布格局，表现出本市的种植业低碳绩效指数较高，同时被周围高绩效地区包围；属于"低—低"区域的为德州市，即德州市种植业低碳绩效较低，同时被周围低碳绩效指数低的城市围绕；属于"低—高"区域的为潍坊市，即潍坊市种植业低碳绩效较低，但是被周围低碳绩效指数高的城市包围；2018 年种植业低碳绩效通过 0.05 显著性水平检验的有 4 个，属于"高—高"集聚类型的有 2 个，分别为济南市、滨州市；属于"低—低"和"低—高"集聚类型的分别为烟台市、聊城市。相比较下，2001—

2018年山东省省会城市经济圈仍然表现出种植业低碳绩效向高水平集聚，半岛蓝色经济区和西部经济隆起带表现为"低—低"或"低—高"集聚。

综合对山东省种植业低碳绩效的全局和局域空间自相关性检验，发现山东省种植业低碳绩效水平存在明显的空间集聚特征，地区间的种植业低碳绩效存在空间关联，因此有必要进一步研究山东省种植业低碳绩效的空间效应。

第三节 山东省种植业低碳绩效的空间计量经济学模型

一 空间计量经济学模型理论介绍

在前面的检验中，已经证实了山东省种植业低碳绩效存在空间效应，王立平（2018）在研究中指出，如采用传统的计量方法会影响估计结果的准确性，因此需要采用空间计量经济学模型对种植业低碳绩效的空间效应进行研究。空间计量经济学模型主要分为两种类型：空间滞后模型（SLM）和空间误差模型（SEM）。还有一种建模方式是假设区域i的被解释变量y依赖于其近邻区域的自变量，这种模型为空间杜宾模型（SDM）（姜磊，2016）。

空间线性模型的一般表达式可以写成：

$$Y = \rho W^1 y + X\beta + \varepsilon$$
$$\varepsilon = \lambda W^2 \varepsilon + \mu \quad \mu \sim N(0, \sigma^2 I) \qquad (6-6)$$

其中，Y表示被解释变量种植业低碳绩效LNMY，X表示n×k的外生变量矩阵，本书中指经济因素变量（LNFZ，LNCK）、规模因素变量（LNJJGM，LNRK）、制度因素（LNCZ）、技术因素（LNGG，LNJS），ρ表示空间自回归系数，λ表示n×1的空间误差系数，W^1、W^2表示n×n的空间权重矩阵。μ为正态分布的随机误差向量。当$\rho=0$时，则模型为空间误差模型；当$\lambda=0$时，则模型为空间自回归模型即空间滞后模型。空间滞后模型（SLM）主要研究经济单元 i 的经济行为受邻近经济单元 j 经济行为的溢出效应影响（胡曙虹等，2016；赵小雨等，2018）。空间滞后模型可以写成：

$$Y = \rho Wy + X\beta + \mu$$
$$\mu \sim N(0, \sigma^2 I) \tag{6-7}$$

其中，W 为空间权重矩阵，Wy 为空间滞后因变量，ρ 为空间回归系数，反映样本观察值的空间依赖作用，即相邻区域的观察值 Wy 对本区观察值 y 的影响方向和程度，显示因变量在某一区域是否有传染效应即溢出效应。空间误差模型（SEM）表示随机扰动项存在空间依赖性（王家庭，2018）。当区域间的相互作用由于所处的相对位置不同存在差异的时候，则建立空间误差模型。空间误差模型的理论模型为：

$$Y = X\beta + \varepsilon$$
$$\varepsilon = \lambda W\varepsilon + \mu$$
$$\mu \sim N(0, \sigma^2 I) \tag{6-8}$$

其中，参数 λ 为 $n \times 1$ 的截面因变量向量的空间误差系数，表示随机扰动项间的空间依赖作用，度量邻近区域对因变量误差的冲击对本区域观察值的影响程度。β 表示解释变量对被解释变量的影响。当区域 i 的被解释变量 y 依赖于其相邻区域的自变量，则可以构建空间杜宾模型（SDM），其表达式为：

$$Y = WX\delta + X\beta + \mu$$
$$\mu \sim N(0, \sigma^2 I) \tag{6-9}$$

其中，$WX\delta$ 表示来自邻近区域自变量的影响，而 δ 为相应的系数向量。此模型不存在内生性可以直接使用 OLS 估计，将空间杜宾模型与空间自回归模型相结合，可得：

$$Y = \rho Wy + X\beta + WX\delta + \mu$$
$$\mu \sim N(0, \sigma^2 I) \tag{6-10}$$

此时模型则存在内生性，但是自变量与 WX 可能存在多重共线性。

二 数据来源与处理

（一）数据来源

在前人研究的基础上，本书基于扩展的 STIRPAT 模型从经济、制度、技术、规模四个因素对山东省种植业低碳绩效指数的空间溢出效应进行研究。本章中，种植业低碳绩效指数数据采用第五章的测算结果，影响因素中所需的种植业产值、出口总产值、播种面积、有效灌溉面积、农业人口数，以及财政支出等数据均来自对《山东省统计年鉴》与《中国统计年鉴》公布数据整理而得，由于研究纵深到具体城市，个别年份的部分数据有所缺失，通过结合前后年份的数据测算而得，由此补充进核算数据库。受限于篇幅原因，与前文一致将选择2017年部分原始数据公布，具体见表6-4。

表6-4　2017年山东省种植业低碳绩效影响因素数据

城市	农林牧渔业总产值（万元）	农业人口（万人）	有效灌溉面积（千公顷）
青岛	6978980.00	254.84	329.62
日照	2961249.00	120.60	112.50
潍坊	9532028.00	374.99	530.53
威海	4992134.00	94.77	126.20
烟台	9125205.00	257.63	247.08
滨州	4580169.00	161.85	378.89
东营	2741654.00	69.49	189.91
济南	5050817.00	215.76	256.58
莱芜	1005197.00	51.49	37.40
泰安	5232963.00	222.25	245.93
淄博	2586093.00	140.03	127.13
德州	6708245.00	257.51	503.80
菏泽	5004934.00	445.10	631.22
济宁	8978194.00	359.16	473.93
聊城	5678325.00	301.15	480.94
临沂	6498240.00	450.00	355.43
枣庄	2870542.00	167.32	163.97

资料来源：笔者根据《中国统计年鉴》《山东省统计年鉴》资料整理。

(二) 变量选取与描述性统计分析

方福前（2010）通过构建模型在对我国农业生产率变化进行了全面分析的基础上，从技术进步、财政支农与农业占比等影响因素出发，分析研究了以上因素对于农业低碳绩效的影响，发现其中技术进步因素对农业低碳绩效的促进作用最强。同样，王珏等（2010）也对我国农业生产率即低碳绩效水平进行了全面的测度与分析，并且选取了技术进步、工业化程度与对外贸易开放程度等因素研究了其对农业低碳绩效的影响效应。田云（2015）则在测算我国农业低碳生产效率的基础上，从农业经济发展水平、农业对外贸易、种植业占比等因素出发，研究了其对我国农业低碳绩效的影响作用。另外，通过借鉴尚杰（2019）对山东省种植业净碳汇影响因素研究的成果，本书将"有效灌溉水平因素"等直接作用于种植业生产的关键性因素引入实证研究中，以期能够更全面、更详细、更深入地对影响山东省种植业低碳绩效的关键因素进行研究，从而为其走低碳发展之路提供参考。

故本书将运用前文测算的山东省种植业低碳绩效数据，在综合考虑山东省种植业具体现状的前提下，结合已有研究基础上，基于扩展的 STIRPAT 模型从经济、制度、技术、规模 4 个方面共 7 个因素对山东省种植业低碳绩效的影响效应进行研究。经济因素本书主要选取了种植业经济发展水平、农产品出口贸易水平进行量化；制度因素本书采用地方财政对农业支持力度进行量化；技术因素本书采用有效灌溉面积水平和科研投入进行量化；规模因素本书选取了种植业发展规模和农业人口规模进行量化。

表 6-5　　　　　　种植业低碳绩效影响因素量化指标

一级指标	二级指标	字母
经济因素	种植业经济发展水平	FZ
	农产品出口贸易水平	CK
制度因素	地方财政支农力度	CZ

续表

一级指标	二级指标	字母
技术因素	有效灌溉面积水平	GG
	科研投入	JS
规模因素	种植业发展规模	JJGM
	农业人口规模	RK

影响因素变量选取：

1. 经济因素

种植业经济发展水平（FZ）。本书采用种植业人均产值即种植业产值比上农业人口数进行量化，其发展水平可以衡量种植业发展的状态、潜力等，故选用该指标进行研究。

农产品出口贸易水平（CK）。山东省自2001年起，农产品进出口贸易值已经连续18年稳居我国第一，其农产品出口经济良好的发展态势对进行资源的优化配置，促进经济效益的提高都具有较强的推进作用，故选取该指标进行研究。

2. 制度因素

地方财政支农力度（CZ）。指国家财政预算中用于农业的各种支出在总财政支出中的比重，必要的财政支持力度，可以促进种植业更好地走低碳发展之路，故选取该指标进行研究。

3. 技术因素

有效灌溉面积水平（GG）。是衡量种植业生产稳定程度的指标，其对种植业生产起着至关重要的作用，故选取该指标进行研究。

科研投入（JS）。技术水平决定了种植业生产效率、规模以及效益等，故选取国际上比较科技人力投入而制定的可比指标进行研究。

4. 规模因素

种植业发展规模（NY）。准确把握分析种植业占农业比例，分析其对种植业低碳绩效的影响效应,是合理利用土地、加快农业低碳发展的重要依据。

农业人口规模(RK)。农业人口是种植业得以生产与发展的原动力,对种植业低碳绩效水平高低有很大的影响,故选取该指标进行研究。

为了避免异方差性,以及减少数据差异过大对研究造成的影响,本书对各变量进行了自然对数处理。数据来源于《中国统计年鉴》《中国农业统计年鉴》《山东省统计年鉴》并进行相应的整理得到,具体的样本期间为2001—2018年,如表6-6所示。

表6-6　种植业低碳绩效影响因素描述性统计分析

	N	Mean	Median	Std.	min	max
ML	323	1.0315	1.029	0.0582	0.84	1.2
NYFZ	323	8.6483	8.6556	0.6378	7.3753	9.6831
YXGG	323	-0.788	-0.7872	0.1551	-1.0918	-0.2651
JSJB	323	8.824	8.8583	1.0254	5.2832	10.8809
CZZC	323	2.0416	2.1804	0.5951	-0.0451	4.9706
RKGM	323	3.9851	3.9711	0.3142	3.2151	4.8771
JJGM	323	3.9761	4.0558	0.2659	2.8468	4.2893
CKYCD	323	1.0675	0.96	1.0875	-0.8726	3.975

由表6-6可知,本书面板数据为平衡面板,各变量的标准差均小于3,说明各变量均未呈现明显的波动。

第四节　山东省种植业低碳绩效影响因素的实证分析

一　山东省种植业低碳绩效的计量经济学分析

本书在进行空间计量分析之前,先进行普通面板数据的分析,因此需要对模型的类型进行选择,然后通过F检验和豪斯曼检验对模型进行确定。常见的面板回归有三种类型，下面对各类型进行筛选（白仲林，2008；蒋诗泉等，2019）。F 统计量定义为：

$$F = \frac{(SSE_r - SSE_u)/(N-1)}{SSE_u/(NT-N-K)} \quad (6-11)$$

其中，SSE_r 表示约束模型，即混合估计模型的残差平方和，SSE_u 表示非约束模型，即个体固定效应回归模型的残差平方和，非约束模型比约束模型多了 $N-1$ 个被估参数。N 表示山东省 17 个地级市，T=19 表示选取了 19 年的数据，K 表示选取变量的个数（刁云霞等，2018；牛鸿蕾，2019；王凯等，2018）。运用 Stata15.1 软件得出普通面板回归的 Hausman 检验结果如表 6-7 所示。

表 6-7　　　　　　　普通面板回归的 Hausman 检验

	Coef.
Chi-square test value	16.98
P-value	0.0175

由豪斯曼检验可知，卡方统计量为 16.98，且对应的 p 值小于 0.0175，故应拒绝随机效应优于固定效应的原假设，说明应选择固定效应模型。

下面对种植业低碳绩效的空间溢出效应进行检验，本书先对种植业低碳绩效指数进行最小二乘估计，然后对模型进行空间效应诊断即分别进行 LM-lag、Robust LM-lag、LM-error 和 Robust LM-error 检验，用于判断模型的类型，诊断结果整理如表 6-8 所示。

表 6-8　　　　　　　　　空间模型检验

检验方法	统计量	p 值
空间滞后模型（LM-lag）	4.4234	0.0353
空间滞后模型（Robust LM-lag）	4.1240	0.0423
空间误差模型（LM-error）	3.0008	0.0832
空间误差模型（Robust LM-error）	2.6993	0.1249

由检验结果可知,空间滞后模型(LM-lag)和空间误差模型(LM-error)检验统计量对应的 p 值分别为 0.0352 和 0.0832,说明空间滞后模型和空间误差模型均显著,且 Robust LM-lag 通过了显著性检验,而 Robust LM-error 未通过显著性水平的检验。因此,本书选择空间滞后模型进行分析。

二 空间面板回归分析

在前面的 Hausman 检验中,固定效应优于随机效应,故本书进行固定效应的空间滞后和空间杜宾模型检验,为了便于比较本书将分别进行空间无固定、空间固定、时期固定,以及时空固定效应模型,结果最终整理至表6-9中。为了进一步检验种植业低碳绩效的空间溢出效应,本书进行了四种模式下的空间杜宾模型(SDM)参数估计。

表6-9 山东省种植业低碳绩效空间滞后模型(SLM)参数估计

变量	被解释变量:种植业低碳绩效(ML)			
	无固定效应	空间固定效应	时期固定效应	时空固定效应
NYFZ	0.0108*	0.0122***	0.0587***	0.1574***
	(0.0130)	(0.0167)	(0.0175)	(0.0339)
YXGG	0.0104	0.1228**	0.0270	0.0356
	(0.0234)	(0.0485)	(0.0241)	(0.0469)
JSJB	0.0052	0.0008*	-0.0015	0.0069
	(0.0059)	(0.0103)	(0.0051)	(0.0103)
CZZC	0.0112	0.0169**	0.0110*	0.0168**
	(0.0082)	(0.0093)	(0.0103)	(0.0110)
RKGM	-0.0180	-0.0298	-0.0080	0.0296
	(0.0259)	(0.0316)	(0.0191)	(0.0313)
JJGM	0.0543***	0.0483**	0.0416***	-0.0345
	(0.0111)	(0.0434)	(0.0159)	(0.0453)

续表

变量	被解释变量：种植业低碳绩效（ML）			
	无固定效应	空间固定效应	时期固定效应	时空固定效应
CKYCD	0.0034	0.0038	0.0021	0.0021*
	(0.0033)	(0.0139)	(0.0041)	(0.0122)
Cons	0.5707***			
	(0.2044)			
ρ	0.3355***	0.3326***	-0.0221	0.0006
	(0.0436)	(0.0560)	(0.0666)	(0.0664)
Log-likelihood	463.3053	527.3662	474.0161	516.6943
Obs	306	306	306	306
R^2	0.0636	0.0465	0.0214	0.0082

注：系数下面小括号为标准误差，ρ 和 λ 分别为空间滞后模型空间相关系数、空间误差模型空间相关系数。*** 表示 $p<0.01$，** 表示 $p<0.05$，* 表示 $p<0.1$。

由空间滞后模型的参数估计可知，空间固定效应模型下最大似然函数值较大，变量的整体显著性较好，因此本书重点分析空间固定模型。空间自相关系数 ρ 为 0.3226，且通过了 0.05 显著性水平的检验，说明山东省种植业低碳绩效存在空间依赖性，即山东省各区的种植业低碳绩效相互关联。在 0.05 的显著性水平下，种植业经济发展水平与低碳绩效指数呈现显著的正向关系，且种植业经济发展水平每提高 1%，种植业低碳绩效相对提高 0.0122%；有效灌溉面积在 0.05 的显著性水平下对种植业低碳绩效呈现显著的积极影响。科研投入在 0.1 的显著性水平下对种植业低碳绩效呈现显著的促进作用，但影响力度较弱。财政支农力度对种植业低碳绩效具有显著的积极影响，且财政支持力度每上升 1%，种植业低碳绩效相对提高 0.0169%。种植业发展规模在 0.05 的显著性水平下对种植业低碳绩效呈现显著的积极影响。而农业人口规模对种植业低碳绩效的影响不显著。

表 6-10　山东省种植业低碳绩效空间杜宾模型（SDM）参数估计

变量	被解释变量：种植业低碳绩效（ML）			
	无固定效应	空间固定效应	时期固定效应	时空固定效应
NYFZ	0.0577***	0.1426***	0.0536***	0.1536***
	(0.0194)	(0.0336)	(0.0179)	(0.0344)
YXGG	0.0452*	0.0467	0.0321	0.0251
	(0.0246)	(0.0501)	(0.0281)	(0.0472)
JSJB	-0.0015	0.0036*	-0.0022	0.0030
	(0.0056)	(0.0109)	(0.0059)	(0.0117)
CZZC	0.0174	0.0196*	0.0145	0.0193*
	(0.0124)	(0.0109)	(0.0105)	(0.0110)
RKGM	-0.0061	0.0250	-0.0088	0.0235
	(0.0156)	(0.0345)	(0.0194)	(0.0321)
JJGM	0.0353***	0.0002*	0.0403**	-0.0085
	(0.0112)	(0.0499)	(0.0173)	(0.0469)
CKYCD	0.0033	0.0128*	0.0037	0.0102*
	(0.0038)	(0.0140)	(0.0047)	(0.0132)
Cons	0.1010			
	(0.2065)			
ρ	0.3253***	0.3533***	-0.0035	0.0069
	(0.0422)	(0.0557)	(0.0683)	(0.0694)
WX：NYFZ	-0.0606**	-0.1616***	-0.0342	-0.0154
	(0.0255)	(0.0403)	(0.0400)	(0.0633)
WX：YXGG	0.0053	0.0547	0.0093	0.0238
	(0.0239)	(0.0807)	(0.0480)	(0.0929)
WX：JSJB	0.0148	0.0080**	0.0068**	0.0095*
	(0.0100)	(0.0164)	(0.0105)	(0.0211)
WX：CZZC	0.0031	-0.0000	0.0029	-0.0028
	(0.0168)	(0.0156)	(0.0208)	(0.0218)
WX：RKGM	0.0801***	-0.0122	0.0477	0.0204
	(0.0294)	(0.0616)	(0.0387)	(0.0646)

续表

变量	被解释变量：种植业低碳绩效（ML）			
	无固定效应	空间固定效应	时期固定效应	时空固定效应
WX：JJGM	-0.0059	0.0668	0.0198	-0.0598
	(0.0334)	(0.0749)	(0.0413)	(0.0971)
WX：CKYCD	0.0132*	0.0349	0.0126	0.0320
	(0.0077)	(0.0238)	(0.0099)	(0.0230)
Log-likelihood	484.6328	530.4015	519.8574	493.6234
Obs.	306	306	306	306
R-squared	0.1935	0.1136	0.1166	0.0100

注：系数下面小括号为标准误差，ρ 和 λ 分别为空间滞后模型空间相关系数、空间误差模型空间相关系数。***表示 $p<0.01$，**表示 $p<0.05$，*表示 $p<0.1$。

由空间杜宾模型的参数估计可知，综合比较下，空间固定模型相对最优，因此重点分析该列。在0.05的显著性水平下，种植业经济发展水平对种植业低碳绩效仍然呈现显著的积极影响。在0.1的显著性水平下，农产品出口贸易水平、种植业发展规模、科研投入、财政支农力度对种植业低碳绩效呈现显著的积极影响。其他因素对种植业低碳绩效的影响不显著。空间杜宾模型表明，山东省种植业低碳绩效除了受本市种植业经济发展水平和科研投入的影响，还受邻近区域的种植业经济发展水平和科研投入的影响。具体来看，WX：NYFZ 的系数为 -0.1616，且通过了显著性水平的检验，说明邻近区域的种植业经济发展水平对本市的种植业低碳绩效呈现显著的抑制作用；WX：JSJB 的系数为 0.0080，且通过了显著性检验，说明邻近区域的科研投入会刺激本市的种植业低碳绩效水平。与空间滞后模型研究结果一致，农业人口规模对种植业低碳绩效的影响不显著。

三 实证结论与分析

由空间滞后模型与空间杜宾模型检验可知，种植业经济发展水平因素显示出对种植业低碳绩效的促进作用，种植业经济水平的提高有助于种植业生产技术升级，提高其综合生产能力与产业水平化，随着高效低污染生产方式的施行，促进了种植业低碳绩效水平提高。

由空间杜宾检验可知，农产品出口贸易水平因素对种植业低碳绩效水平呈现出了显著促进作用，首先山东省是我国农产品最大的出口地，其积极推动对外经贸投资双向优化，实施优进优出战略，伴随种植生产技术的提高，农产品质量有了进一步优化，一方面可以促进种植业低碳生产，另一方面出口贸易水平持续增长的同时，会带动种植技术的优化升级，从而形成良性循环，促进种植业低碳绩效水平提高。

由空间滞后模型与空间杜宾模型检验可知，科研投入因素对种植业低碳绩效水平起着显著的推动作用，科技研发的投入能直接作用于种植业关键生产技术的攻关，山东省种植业调整与优化过程中一直充当着全国示范带头角色，种植业现代化水平高，科研投入一直持续稳定，加上区域内拥有众多高校与科研机构，科研实力强劲，在政府持续的科研投入的支持下，省内低碳生产技术有了显著的提升，在未来，加大对科研的投入力度，将有利于推动山东省种植业低碳绩效水平提高。

由空间滞后模型与空间杜宾模型检验可知，种植业发展规模对种植业低碳绩效水平有着强烈的促进作用，保持在合理的规模可以很好促进经济发展与低碳生产技术提高，然而需要注意的是，要合理控制种植业在农业中的比重。山东省在此方面一直根据具体情况，做出了相应的部署，如2017年山东省对农业供给侧结构性改革深入推进，在稳定粮食播种面积的情况下，主动调整种植结构，这也正是其种植业发展规模因素能够持续促进种植业低碳绩效水平增长的重要原因。

由空间滞后模型检验可知，有效灌溉水平因素对种植业低碳绩效水平有着显著的促进作用，作为最直接作用于种植业生产的影响因素，其水平高低直接决定了种植业生产的好坏，山东省种植业基础设施完善，机械化程度高，随着农田水利建设完成，节水农业和水肥一体化种植手段日趋成熟，大大提高了有效灌溉水平，这些措施不仅提高了单位面积产量，更保护了耕地，使土壤固碳水平也得到提升，故有效灌溉水平对种植业低碳绩效水平呈现出持续正向影响。

由空间滞后模型与空间杜宾模型检验可知，地方财政支农力度对种植业低碳绩效水平有着持续的正向推动作用。财政资金对于种植业生产的扶持，有利于种植业生产进行优化升级，同时，对于降低种植业生产成本增加其农产品的竞争力效果也尤为明显，故财政支农力度对种植业低碳绩效水平的提高呈现出持续的正向影响。

由空间滞后模型与空间杜宾模型检验可知，农业人口规模因素对种植业低碳绩效水平的影响不显著，该研究并不能表明现阶段山东省种植业低碳发展过程中存在"结构红利假说"，农业劳动力要素流动对于种植业低碳绩效的影响还需要进行深入研究后方可确定，所以把握好其影响规律，有针对性地制定科学合理的政策是下一步山东省种植业低碳减排工作的要点。

第五节　本章小结

本章运用空间计量经济学模型，对山东省种植业低碳绩效的空间影响效应进行了全面的分析，为山东省减排政策体系构建提供了参考。

首先以山东省 17 个地级市 2001—2018 年的面板数据进行了全域自相关性检验和局域自相关性检验。通过全域的 Moran's I 检验、"吉尔里指数 C"和"Getis – Ord 指数 G"检验，发现山东省种植业低碳绩效存在空间依赖性；局域 Moran's I 散点图表明，山东省种植业低碳绩效存在明显的空间聚集特征，对 2001 年和 2018 年 Moran's I 散点图进行了分析，发现大部分城市集聚在第一、第三象限，说明

第六章 山东省种植业低碳绩效的空间效应与影响因素分析

山东省种植业低碳绩效存在高碳排放区与高碳排放区集聚，低碳排放区与低碳排放区集聚的关系。

本书对山东省2001—2018年的面板数据进行了固定效应的空间滞后模型（SLM）和空间杜宾模型（SDM）的估计，估计结果表明，在空间固定效应模型下的空间滞后模型（SLM）和空间杜宾模型（SDM）均表明种植业经济发展水平对种植业低碳绩效具有显著的促进作用；种植业发展规模对种植业低碳绩效具有显著的积极影响，农业人口规模对种植业低碳绩效的影响不显著。财政支农力度对种植业低碳绩效具有显著的积极影响；空间滞后模型检验出有效灌溉面积水平对种植业低碳绩效呈现正向影响、科研投入在两个模型中对山东省种植业低碳绩效均具有促进作用。空间相关系数 ρ 显著不为零，说明山东省种植业低碳绩效存在显著的空间效应，种植业低碳绩效不仅受经济因素、规模因素、技术因素变量的影响，还与邻近市区的种植业低碳绩效具有较强的关联。空间杜宾模型表明，种植业低碳绩效存在空间溢出效应，即邻近区域的种植业经济发展水平和科研投入对本市的种植业低碳绩效具有显著的影响。运用空间计量经济学模型对山东省种植业低碳绩效的影响效应进行研究弥补了传统计量模型估计的不足，使实证结果更加符合客观事实。

第七章 低碳驱动与约束对山东省种植业低碳绩效的影响效应分析

第一节 低碳驱动与约束动态影响效应研究方法与变量选取

鉴于来自国际社会的减排压力与国内种植业发展的实际情况,开展种植业低碳的研究是顺应时代潮流所需的必然前进方向,而就种植业的低碳发展,国家也制定了相应的碳减排约束指标。同时,种植业低碳绩效评价是考虑低碳环境因素影响提出的,前文已经系统地分析了种植业低碳绩效的时序特征与空间差异,并就种植业低碳绩效水平与影响因素进行了系统的研究,但未考虑低碳驱动与约束对于种植业低碳绩效的影响,为了能够更加全面地分析种植业低碳绩效影响效应,提高种植业低碳绩效水平,促进山东省种植业更好地进行低碳发展,本章将进行低碳环境规制手段对种植业低碳绩效影响效应的研究。

低碳约束与低碳激励政策是低碳环境规制的不同手段形式,其中分为正式环境规制与非正式环境规制,正式的环境规制是指政策部门通过运用公权制定的用于保护环境的规范、标准与制度等,而

第七章
低碳驱动与约束对山东省种植业低碳绩效的影响效应分析

环保团体、社会公众、媒体等对环境问题提出的申诉、自发的抵制行为等属于非正式的环境规制，对于保护环境也起到了非常大的促进作用。就低碳约束目标而言，一方面，可能会增加种植业生产成本，限制种植业生产水平的提高从而降低绩效水平；另一方面，也有可能形成倒逼机制，促进种植业生产技术的提高进而提升低碳绩效水平；就低碳驱动手段而言，积极的影响会为种植业生产提供强劲的驱动力，但是也有可能使种植业生产形成依赖，抑制种植业低碳绩效的提升。具体而言，本书选取了2000—2018年山东省17个地级市的数据，运用PVAR模型直接探究了低碳驱动与约束对于种植业低碳绩效的影响变化规律以及影响程度，动态直观地掌握了其作用效果。

一 研究方法与模型设定

1. 研究方法

本书需要研究低碳驱动与约束对于种植业低碳绩效的影响，从现有的研究中，多数学者均采用VAR模型，因其能够通过脉冲响应函数分析和方差分解分析反映低碳驱动与约束对种植业低碳绩效变量的影响关系，但是由于本书研究的特殊性，还需综合考虑时间序列与截面因素即时间和地区的因素。而PVAR模型既能够弥补VAR模型的缺陷，在综合考虑时间和地区因素的前提下，更全面动态分析其影响效应，同时，又能够避免由于内生性的影响导致参数的估计失效。同时，冯烽（2017）在研究中指出，完善后的PVAR模型既能够弥补VAR模型的缺陷，使其既能综合考虑时间和地区的因素，又能够避免由于内生性的影响导致参数的估计失效，从而能够全面动态分析其影响效应。

故本书将运用PVAR模型综合考虑时间和地区因素，全面研究低碳驱动手段与低碳约束目标对山东省种植业低碳绩效的影响效应。步骤如下：首先，本书将使用一阶差分法去除面板数据的固定效应。其次，将采用系统GMM广义矩估计法对PVAR模型进行参数估计，对参数进行估计后，还需要对模型的稳定性进行检验，通过稳定性检验后,将运用脉冲响应函数分析各个标准差的正向冲击对内生变量当期值和未来值产生的影响过程,系统地了解分析低碳驱动手段与低碳约束目标对种植业低碳绩效产生的影响。最后通过方差分解分析,掌握各个标准差的冲击对系统变量影响的贡献度(Kahia M.,2016;Shu S.,2018)。

2. 模型设定

在前面我们讨论了 PVAR 模型可以综合考虑时间和地区因素,更加全面地进行低碳驱动手段与低碳约束目标对山东省种植业低碳绩效的动态影响效应研究(段显明,2012;钟凯扬,2016;黄宁,2015)。另外,PVAR 模型不要求具有明确的内生变量,并且不用满足内生变量不影响外生变量的假设,因此模型相对比较宽松(2017,Magazzino C.)。故 PVAR 模型表示为:

$$Y_{it} = \alpha_i + Y_t + \emptyset 1 \beta_{t-1} + \emptyset 2 Y_{it-2} + \cdots + \emptyset p Y_{it-P} + \varepsilon_{it} \quad (7-1)$$

其中,Y_{it} 是截面个体 i 在 t 时点的变量 $q \times 1$ 维向量,$\emptyset_1$,…,$\emptyset_p$ 是 $q \times q$ 的待估系数矩阵(q 为变量个数),α_i、β_t 分别为 $q \times 1$ 的个体效应向量和时间效应向量,Y_{it-P} 是 Y_{it} 的 p 阶滞后项,扰动项 ε_{it} 满足期望为 0,协方差矩阵为 Γ 的独立同分布变量,即 $\varepsilon_{it} \sim i.id(0, \Gamma)$,同时满足条件 $E(\varepsilon_{it}^q | \alpha_{it}^q, \beta_t^q, y_{it-2}^q, \cdots,) = 0$。在本书中,$Y_{it}$ 为内生变量种植业低碳绩效、低碳约束以及低碳驱动变量所构成的向量。

二 变量选取

低碳驱动手段与低碳约束目标属于环境规制的分支,胡颖梅等(2016)在研究中指出,低碳规制可分为带有激励性的机制与命令性的约束机制。同样,宋蕾(2012)在研究中也指出,我国关于低碳规制的实现,主要是通过经济激励手段与减排目标约束手段来进行。本书认为,低碳驱动与约束的目的主要是通过以低碳约束目标与低碳驱动手段来促进种植业低碳绩效提升,而不同的低碳驱动手段与低碳约束目标使用给种植业低碳绩效带来的影响将有所差别。

1. 核心被解释变量

本章核心被解释变量为种植业低碳绩效,该数据源于第五章对山东省种植业低碳绩效的测算数据。

2. 解释变量

本章主要研究的核心变量为低碳驱动手段与低碳约束目标。从实际情况出发,我国的低碳驱动手段主要是通过经济激励实现,在种植业生产过程中,政府为了促进种植业更好地生产,将会为种植业提供一定的经济支持,帮助种植业生产完善基础设施、进行技术革新与优化种植结构等,以此促进种植业低碳绩效的提升,故低碳驱动指标本书将选用财政支农力度作为变量进行研究。

低碳约束目标通常而言是政府为种植业生产设立的预期目标,在低碳约束条件下,种植业生产为了能够按期保质完成既定目标,会规范种植行为,促进种植业低碳绩效的提高。因为山东省政府为促进低碳发展对碳排放强度设立了具体的目标值,故本书选用的第一个低碳约束目标为种植业碳排放强度;前文已经叙述过,种植业的生产有着碳源与碳汇的双重属性,低碳约束一方面要求减少碳排放,另一方面碳汇的增加也成为低碳发展的关键突破口,故本书选用的第二个低碳约束指标为净碳汇效应变量。同时,基于前文的研究,种植业低碳绩效还受到经济因素、规模因素、技术进步因素的影响,因此本章将上述变量纳入对种植业低碳绩效的作用机制研究中。

本章中种植业低碳绩效数据采用前文的测算结果,低碳驱动手段与低碳约束目标的变量数据均来自对《山东省统计年鉴》与《中国统计年鉴》公布数据整理以及前文测算而得,由于研究纵深到具体城市,个别年份的部分数据有所缺失,通过结合前后年份的数据测算而得,由此补充进核算数据库。受限于篇幅原因,与前文一致将选择2017年部分数据公布,具体见表7-1。

表 7-1　　　　　　　　2017 年解释变量数据

城市	种植业碳排放强度（千克/万元）	净碳汇量（万吨）	财政支农力度（%）
青岛	254.96	359.55	5.41%
日照	341.37	120.60	10.28%
潍坊	302.32	374.99	9.68%
威海	456.53	94.77	12.73%
烟台	213.94	257.63	11.18%
滨州	306.86	161.85	12.10%
东营	300.96	69.49	9.80%
济南	181.05	215.76	5.89%
莱芜	140.51	51.49	8.65%
泰安	186.21	222.25	12.13%
淄博	158.35	140.03	7.90%
德州	319.51	257.51	12.66%
菏泽	431.90	445.10	13.48%
济宁	204.32	359.16	10.65%
聊城	304.40	301.15	13.85%
临沂	284.80	450.00	12.09%
枣庄	238.71	167.32	8.36%

资料来源：笔者根据《中国统计年鉴》《山东省统计年鉴》资料的整理与测算。

第二节　低碳驱动与约束影响效应实证检验

一　面板单位根检验

本书样本选取的是山东省 17 个地级市，2000—2018 年的平衡面板数据，为了避免"伪"回归现象，在进行分析之前需要对各变量进行面板单位根检验，本书采用 LLC 检验、PP 检验、ADF 检验法进行检验（李茜，2015；李涛，2019），检验结果整理如表 7-2 所示。

表7-2　山东省种植业低碳绩效与解释变量面板单位根检验

变量	LLC-检验		ADF-检验		PP-检验		平稳性
	统计量	P值	统计量	P值	统计量	P值	
ML	0.53680	0.7043	12.0134	0.9998	10.1738	1.0000	非平稳
DML	-20.4465	0.0000	280.742	0.0000	424.014	0.0000	平稳
PFQD	-3.30010	0.0005	16.1290	0.9960	9.83000	1.0000	非平稳
DPFQD	-4.94173	0.0000	57.9853	0.0063	140.016	0.0000	平稳
ZHXY	-18.5759	0.0000	36.0732	0.3718	29.6928	0.6788	非平稳
DZHXY	-28.7545	0.0000	86.5202	0.0000	143.437	0.0000	平稳
NYFZ	3.95261	0.9920	26.8170	0.8048	30.9240	0.6192	非平稳
DNYFZ	-5.02345	0.0000	59.3232	0.0046	119.558	0.0000	平稳
JJGM	0.71300	0.7621	37.8168	0.2992	26.5869	0.8137	非平稳
DJJGM	-9.55605	0.0000	118.151	0.0000	150.170	0.0000	平稳
CZZC	-4.97370	0.0000	31.7795	0.5769	17.8157	0.9899	非平稳
DCZZC	-7.94134	0.0000	114.619	0.0000	229.308	0.0000	平稳
YXGG	1.62899	0.9483	15.9349	0.9964	19.4945	0.9780	非平稳
DYXGG	-9.87258	0.0000	135.014	0.0000	237.602	0.0000	平稳
CKYCD	-2.50043	0.0062	50.6985	0.0327	35.0010	0.4204	非平稳
DCKYCD	-9.38102	0.0000	158.896	0.0000	205.071	0.0000	平稳
JSJB	2.78042	0.9973	40.5507	0.2038	152.210	0.0000	非平稳
DJSJB	-1.73279	0.0416	109.187	0.0000	883.614	0.0000	平稳
RKGM	0.49806	0.6908	10.3587	0.9997	10.5281	0.9986	非平稳
DRKGM	-6.14146	0.0000	71.8038	0.0002	155.913	0.0000	平稳

由面板单位根检验可知，山东省种植业低碳绩效指数（ML）LLC 检验、ADF 检验、PP 检验对应的 p 值均大于 0.05，故应接受存在单位根的原假设，说明种植业低碳绩效指数（ML）为非平稳序列，而一阶差分后的变量三个检验的 p 值均小于 0.05，故应拒绝原假设，说明种植业低碳绩效指数（ML）为一阶差分后平稳。同理可知，净碳汇效应、地方财政支农力度、碳排放强度、种植业经济发展水平、农产品出口贸易水平、种植业发展规模、农业人口规模、有效灌溉面积以及科研投入原序列非平稳，一阶差分后平稳，说明本章中各变量均为同阶平稳序列。

进行面板单位根检验后,下面采用 KAO 检验法进行面板协整检验,检验结果整理如表 7-3 所示。

表 7-3　山东省种植业低碳绩效与解释变量 KAO 协整检验

			t - Statistic	Prob.
ADF			-6.041439	0.0000
	Residual variance		0.004990	
	HAC variance		0.002696	

由 KAO 协整检验可知,检验的 P 值小于 0.05,故应拒绝不存在协整关系的原假设,说明低碳驱动与约束和种植业低碳绩效间存在协整关系。

二　滞后阶数确定

面板协整检验表明解释变量与种植业低碳绩效在长期内具有稳定的关系,故可以运用 PVAR 模型开展影响作用机制分析。进行分析之前需要对模型滞后阶数进行确定,阶数过大,会增加模型估计的参数降低自由度;阶数过小,又会降低估计结果的可靠性,因此对阶数的确定至关重要,本书采用根据 MBIC、MAIC 以及 MQIC 准则进行判断,由于本书变量个数较多,因此本书阶数不宜过长(胡联升,2019;舒扬,2019;Zheng S.,2017)。筛选结果整理如表 7-4 所示。

表 7-4　　　　　　　　滞后阶数选择

滞后期数	J - 统计量	J 统计量 p 值	MBIC	MAIC	MQIC
1	152.246	0.0707664	-548.2047	-103.754	-282.8756
2	72.59979	0.2156835	-277.6255	-55.40021	-144.961

由表 7-4 可知,J 统计量的 p 值均大于 0.05,说明工具变量的过度识别是有效的,根据 MBIC、MAIC 以及 MQIC 最小原则,最优滞后阶数为 1 阶,因此本书构建 PVAR(1)模型。

三 GMM 参数估计及稳定性检验

本书采用系统 GMM 广义矩估计法对 PVAR 模型进行参数估计，在估计之前需要消除个体固定效应和时间固定效应（马骏，2019）。因此，本书使用一阶差分法去除面板数据的固定效应，限于篇幅要求，本书仅披露了种植业低碳绩效方程、低碳驱动与约束的方程 GMM 估计结果，最终的估计结果整理如表 7-5 所示。

表 7-5　　　　　PVAR 模型的 GMM 参数估计

	（1） ML	（2） PFQD	（3） ZHXY	（4） CZZC
L. ML	-0.1226 ** (0.0492)	-0.2578 *** (0.0823)	-0.0565 (0.2828)	3.4689 *** (0.6014)
L. PFQD	-0.0936 ** (0.0798)	1.0632 *** (0.1430)	1.9397 *** (0.4841)	-8.3289 *** (1.0770)
L. ZHXY	0.0054 ** (0.0079)	0.0158 (0.0113)	0.0504 ** (0.0231)	-0.0141 (0.0656)
L. CZZC	0.0202 ** (0.0079)	-0.0330 ** (0.0139)	-0.0100 (0.0513)	-0.3716 *** (0.0768)
L. NYFZ	-0.1696 * (0.0904)	0.2586 * (0.1394)	2.5899 *** (0.5102)	-6.9469 *** (1.0227)
L. YXGG	-0.1028 * (0.0616)	0.4706 *** (0.0868)	4.9490 *** (0.6305)	-5.9501 *** (0.9071)
L. JSJB	0.0597 *** (0.0113)	-0.0442 ** (0.0197)	-0.2222 (0.1734)	0.7851 *** (0.1536)
L. RKGM	-0.0095 (0.0976)	0.2214 (0.1418)	3.6338 *** (0.6446)	-4.1375 *** (1.0741)
L. JJGM	-0.3421 *** (0.0606)	1.2097 *** (0.0993)	-1.7175 *** (0.5082)	-3.4129 *** (0.7274)
L. CKYCD	-0.0163 (0.0198)	0.1153 *** (0.0339)	-0.4984 ** (0.2191)	-0.6978 *** (0.2178)
Obs.	272	272	272	272

注：圆括号内为标准误差；L（·）表示变量的滞后一期。*、**、*** 表示在 10%、5%、1% 显著性水平下显著。

由 GMM 参数估计表可知，滞后一期的种植业低碳绩效在 0.05 的显著性水平下对自身呈现显著的负向影响，滞后一期的碳排放强度对当期种植业低碳绩效具有显著的抑制影响，说明上一年低碳减排有利于当年种植业低碳绩效的提升。滞后一期的净碳汇效应以及低碳驱动对当期的种植业低碳绩效具有显著的积极影响，说明上一年度的净碳汇效应和低碳驱动手段对当年的种植业低碳绩效具有显著的促进作用。同理也可以分析滞后一期的种植业经济发展水平、有效灌溉面积、科研投入、种植业发展规模以及农产品出口贸易水平对当期的种植业低碳绩效具有显著的影响。

进行了 PAVR 模型后还需要对模型的稳定性进行检验，只有稳定的模型参数估计才有意义，下面采用 AR 根图法进行检验，若所有根模的倒数均落在单位圆内，则说明模型是稳定的。由图 7-1 可知，所有根模均落在单位圆内，故说明模型是稳定的。

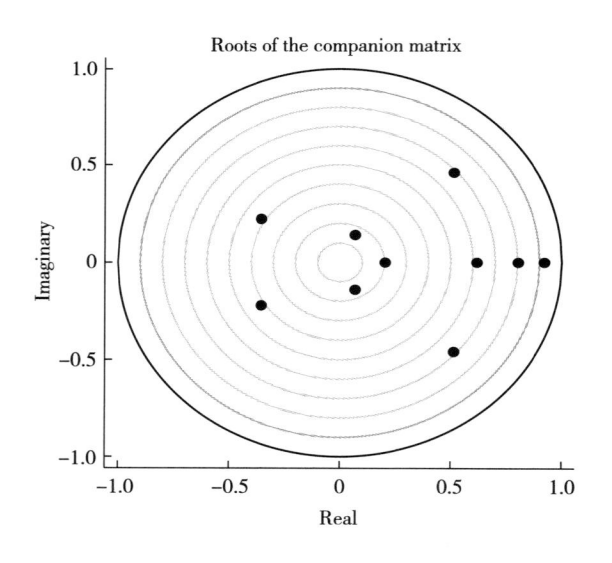

图 7-1 解释变量 AR 根

第三节 低碳驱动与约束影响效应实证分析

一 格兰杰因果关系研究

在 PVAR 模型的基础上,本书进一步进行格兰杰因果关系检验,从而确定低碳驱动与约束变量对种植业低碳绩效的作用机制,具体见表 7-6。

表 7-6　格兰杰因果关系检验

原假设	Chi2	p 值	结果
PFQD 不是 ML 的格兰杰成因	4.375	0.041	拒绝**
ML 不是 PFQD 的格兰杰成因	9.818	0.002	拒绝***
ZHXY 不是 ML 的格兰杰成因	5.468	0.020	拒绝**
ML 不是 ZHXY 的格兰杰成因	0.040	0.842	接受
CZZC 不是 ML 的格兰杰成因	6.546	0.011	拒绝**
ML 不是 CZZC 的格兰杰成因	33.268	0.000	拒绝***
NYFZ 不是 ML 的格兰杰成因	3.517	0.061	拒绝*
ML 不是 NYFZ 的格兰杰成因	25.282	0.000	拒绝***
YXGG 不是 ML 的格兰杰成因	2.783	0.095	拒绝*
ML 不是 YXGG 的格兰杰成因	66.951	0.000	拒绝**
JSJB 不是 ML 的格兰杰成因	27.842	0.000	拒绝***
ML 不是 JSJB 的格兰杰成因	14.348	0.000	拒绝***
RKGM 不是 ML 的格兰杰成因	0.009	0.923	接受
ML 不是 RKGM 的格兰杰成因	86.130	0.000	拒绝***
JJGM 不是 ML 的格兰杰成因	31.889	0.000	拒绝***
ML 不是 JJGM 的格兰杰成因	13.624	0.000	拒绝***
CKYCD 不是 ML 的格兰杰成因	0.678	0.410	接受
ML 不是 CKYCD 的格兰杰成因	7.775	0.005	拒绝***
CZZC 不是 NYFZ 的格兰杰成因	34.738	0.000	拒绝***
YXGG 不是 NYFZ 的格兰杰成因	7.187	0.007	拒绝***
RKGM 不是 NYFZ 的格兰杰成因	17.272	0.000	拒绝***
JJGM 不是 NYFZ 的格兰杰成因	15.139	0.000	拒绝***
CKYCD 不是 NYFZ 的格兰杰成因	3.800	0.051	拒绝*

续表

原假设	Chi2	p 值	结果
ZHXY 不是 YXGG 的格兰杰成因	3.139	0.076	拒绝*
CZZC 不是 YXGG 的格兰杰成因	4.403	0.036	拒绝**
PFQD 不是 JSJB 的格兰杰成因	15.139	0.000	拒绝***
CZZC 不是 JSJB 的格兰杰成因	3.955	0.047	拒绝**
PFQD 不是 RKGM 的格兰杰成因	15.505	0.000	拒绝***
ZHXY 不是 RKGM 的格兰杰成因	5.939	0.015	拒绝**
CZZC 不是 RKGM 的格兰杰成因	26.696	0.000	拒绝***
ZHXY 不是 JJGM 的格兰杰成因	3.728	0.054	拒绝*
PFQD 不是 CKYCD 的格兰杰成因	6.568	0.001	拒绝***
CZZC 不是 CKYCD 的格兰杰成因	3.013	0.083	拒绝*

注：***、**、*分别表示在1%、5%、10%的显著性水平下显著。

由表7-6格兰杰因果关系检验可知，在0.05的显著性水平下，种植业碳排放强度、净碳汇效应与地方财政支农力度均拒绝了是种植业低碳绩效的格兰杰成因原假设，说明低碳约束目标和低碳驱动手段的变动会引起种植业低碳绩效的变动。种植业经济发展水平、有效灌溉面积水平、科研投入、种植业发展规模也是引起山东省种植业低碳绩效变动的格兰杰成因。上述格兰杰因果关系检验表明低碳驱动与约束、经济因素、技术进步、规模因素均是引起山东省种植业低碳绩效变动的直接原因。下面进一步分析低碳驱动与约束对种植业低碳绩效的作用路径。

种植业碳排放强度除了会直接影响种植业低碳绩效，还会间接影响种植业低碳绩效，具体来看，种植业碳排放强度的变动引起农产品出口贸易水平的变动，农产品出口贸易水平的变动会引起种植业经济发展水平的变动，从而引起种植业低碳绩效的变动；种植业碳排放强度还会影响农业人口规模的变动，从而引起种植业经济发展水平的变动，最终导致种植业低碳绩效的变动。净碳汇效应对种植业低碳绩效也存在直接和间接影响，净碳汇效应可以影响种植业发展规模或有效灌溉面积水平，从而引起种植业低碳绩效的变动；

第七章
低碳驱动与约束对山东省种植业低碳绩效的影响效应分析

同时，净碳汇效应的变动会引起农业人口规模的变动，农业人口规模的变动引起种植业经济发展水平的变动，从而使种植业低碳绩效产生变动。同理，可以分析低碳驱动手段对种植业低碳绩效的间接影响，低碳驱动手段会引起种植业经济发展水平以及有效灌溉面积水平的变动，从而促使种植业低碳绩效的变动；低碳驱动手段依然会引起农业人口规模的变动，从而引起种植业经济发展水平的变动，最终引起种植业低碳绩效的变动。

二 脉冲响应函数分析

脉冲响应函数描述的是误差项所带来的冲击对系统内生变量的影响，即一个标准差的正向冲击对内生变量的当期值和未来值产生的影响过程（陈锦泉，2017；唐爽等，2017）。基于格兰杰因果关系检验，本书针对种植业低碳绩效对低碳约束目标与低碳驱动手段、种植业经济发展水平、农产品出口贸易水平、种植业发展规模、有效灌溉面积水平、科研投入冲击的脉冲响应图进行分析。横轴为响应的期数，纵轴为响应强度，实线为脉冲响应曲线，阴影为95%显著性水平的上下边界。

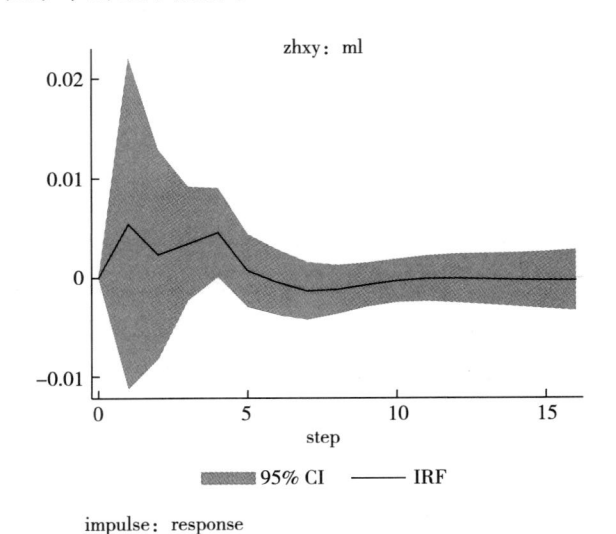

图7-2 ML对净碳汇效应冲击的脉冲响应

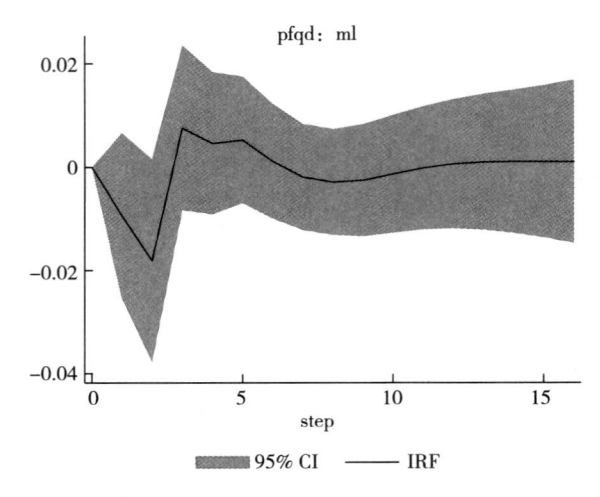

图 7 – 3   ML 对碳排放强度冲击的脉冲响应

由种植业低碳绩效对净碳汇效应冲击的脉冲响应图可知，给净碳汇效应的一个标准差的正向冲击，种植业低碳绩效向正方向响应，并迅速达到最大响应，响应强度为 0.0054，随后呈现波动下降的趋势，最终趋于收敛，脉冲响应函数表明，净碳汇效应的正向冲击会促进种植业低碳绩效的提升，且在短期效果相对更加明显。

由种植业低碳绩效对种植业碳排放强度冲击的脉冲响应图可知，给种植业碳排放强度的一个标准差的正向冲击，种植业低碳绩效向负方向响应，并逐渐增强，第二期达到最大响应，响应强度为 -0.1814，随后呈现波动下降的趋势，并呈现正向响应，第八期达到正向最大，响应强度为 0.0295，随后呈现逐步下降的趋势，第七期再次呈现负向响应，最终趋于收敛。脉冲响应函数表明，种植业碳排放强度的正向冲击会在短期对种植业低碳绩效具有较强的抑制影响，长期来看，呈现正负交替，但是正向响应力度远小于负向响应，因此在长期来看，种植业碳排放强度对种植业低碳绩效具有一定的抑制作用。

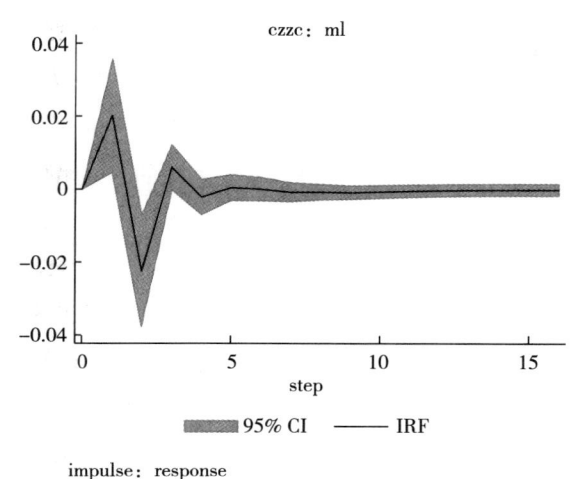

图7-4　ML对低碳驱动手段冲击的脉冲响应

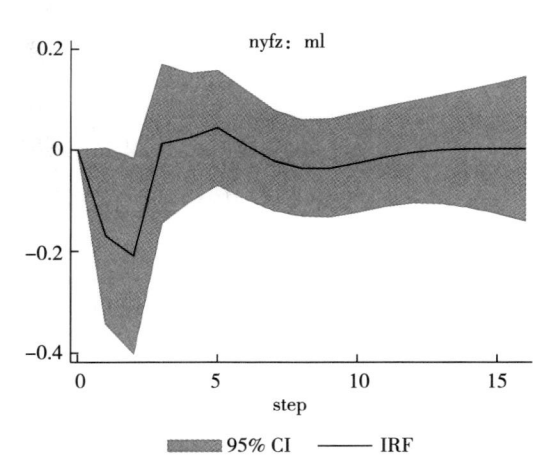

图7-5　ML对种植业经济发展水平冲击的脉冲响应

由种植业低碳绩效对低碳驱动手段冲击的脉冲响应图可知，给低碳驱动一个标准差的正向冲击，种植业低碳绩效向正方向响应，并迅速达到最大响应，响应强度为0.02，随后呈现波动下降的趋势，第二期呈现负向响应，并在第四期达到负向最大，响应强度为 -0.0021，随后逐渐减弱，并开始呈现正向响应，最终趋于收敛。脉冲响应函数表明，低碳驱动手段的正向冲击在短期内对种植业低碳绩效具有显著的促进作用，中期呈现微弱的负向影响，长期来看低碳驱动手段对种植业低碳绩效具有正向促进作用。

由种植业低碳绩效对种植业经济发展水平冲击的脉冲响应图可知，给种植业经济发展水平一个标准差的正向冲击，种植业低碳绩效先呈现负向响应，并在第二期达到最大响应，响应强度为 -0.2089，随后呈现波动下降的趋势，第三期开始呈现正向响应，且逐渐增强，第五期达到最大响应，响应强度为 0.0436，随后呈现波动下降的趋势，最终趋于收敛。脉冲响应函数表明，种植业经济发展水平正向冲击短期内对种植业低碳绩效具有较大的抑制作用，但是长期来看，种植业经济发展水平对种植业低碳绩效具有正向促进作用。

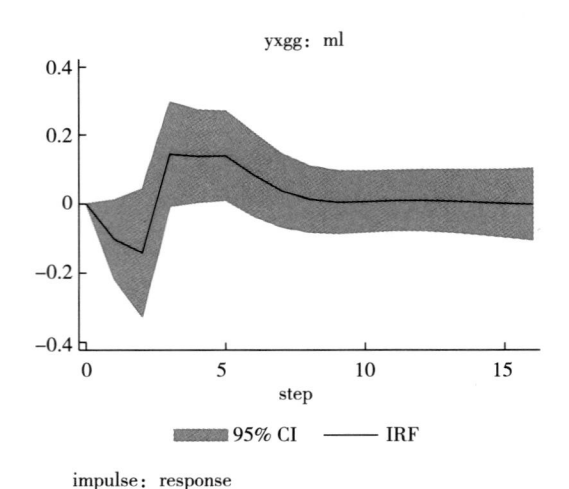

图 7-6 ML 对有效灌溉冲击的脉冲响应

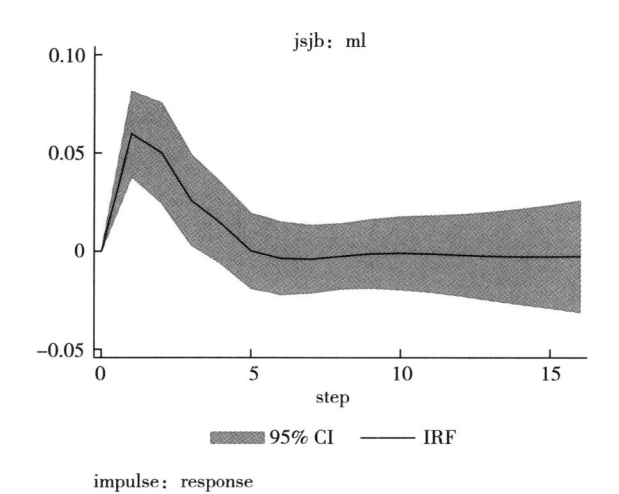

图 7-7 ML 对科研投入冲击的脉冲响应

由种植业低碳绩效对有效灌溉面积水平冲击的脉冲响应图可知，有效灌溉面积水平一个标准差的正向冲击，种植业低碳绩效呈现负向响应，并逐渐增强，第二期达到最大响应，响应强度为 -0.1412，随后呈现正向响应，且在第三期达到最大，响应强度为 0.1444，并逐渐减弱，最终趋于收敛。脉冲响应函数表明，有效灌溉面积水平的正向冲击对种植业低碳绩效的积极影响存在两期的滞后，长期内有效灌溉面积水平对种植业低碳绩效具有正向促进作用。

由种植业低碳绩效对科研投入冲击的脉冲响应图可知，科研投入一个单位的正向冲击，种植业低碳绩效呈正向响应，并快速达到最大，第一期最大响应强度为 0.0597，随后呈现波动下滑的趋势，最终趋于收敛。脉冲响应函数表明，科研投入的正向冲击在短期对种植业低碳绩效的促进力度较大，第五期开始促进力度较弱，说明科研投入对种植业低碳绩效的影响可持续性较差。

◆ 种植业低碳绩效评价与减排政策研究

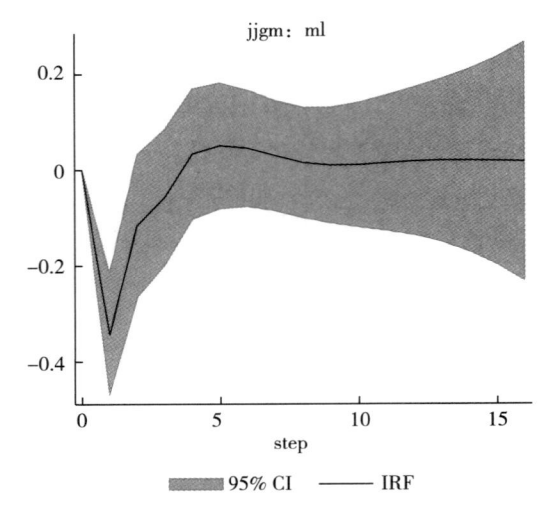

图 7-8　ML 对种植业发展规模冲击的脉冲响应

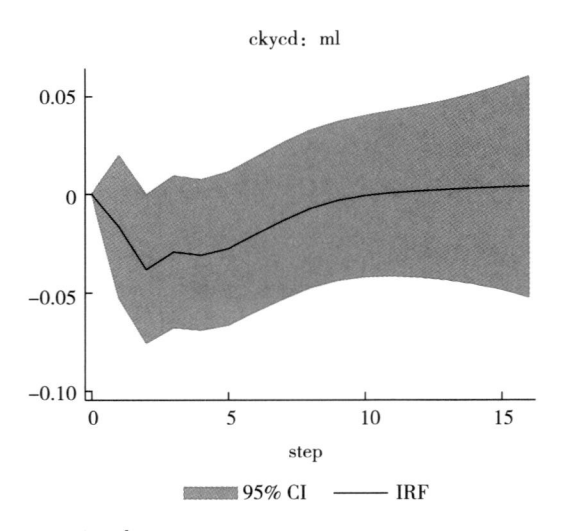

图 7-9　ML 对农产品出口贸易水平冲击的脉冲响应

由种植业低碳绩效对种植业发展规模冲击的脉冲响应图可知，种植业发展规模的正向冲击使种植业低碳绩效呈现负向响应，并且在第一期达到最大响应，响应强度为 -0.3421，随后逐渐减弱，第四期开始呈现正向响应，并在第五期达到最大响应，响应强度为 0.0505，随后呈现波动下滑的趋势，最终趋于收敛。脉冲响应函数表明，种植业发展规模的扩张短期内会导致种植业低碳绩效的下滑，但是长期内种植业发展规模的正向冲击对种植业低碳绩效呈现显著的积极影响。

由种植业低碳绩效对农产品出口贸易水平冲击的脉冲响应图可知，农产品出口贸易水平的正向冲击对种植业低碳绩效呈现负向响应，且逐渐增强，第二期达到最大，响应强度为 -0.038，随后逐渐减弱，第十一期开始呈现正向响应，但是响应力度较弱。脉冲响应函数表明农产品出口贸易水平在短期内对种植业低碳绩效具有明显的抑制作用，但是在长期内呈现一定的促进作用。

三 方差分解分析

方差分解分析描述的是一个标准差的冲击对系统变量影响的贡献度，与脉冲响应函数分析一样，可以进一步说明一单位标准冲击的反应程度（刘后平等，2019；钟超，2017）。表 7-7 为对种植业低碳绩效进行方差分解的结果。

表 7-7　　　　　　　　　方差分解分析

时期	ML	PFQD	ZHXY	CZZC	NYFZ	YXGG	JSJB	RKGM	JJGM	CKYCD
1	1.0000	0.0000	0.0000	0.0000	0.0000	0.0000	0.0000	0.0000	0.0000	0.0000
2	0.7815	0.0334	0.0099	0.0530	0.0667	0.0033	0.0180	0.0023	0.0311	0.0010
3	0.6984	0.0322	0.0164	0.0845	0.0701	0.0131	0.0267	0.0235	0.0294	0.0058
4	0.6812	0.0395	0.0161	0.0833	0.0707	0.0199	0.0293	0.0229	0.0288	0.0083
5	0.6712	0.0389	0.0180	0.0825	0.0702	0.0248	0.0303	0.0238	0.0291	0.0112
6	0.6624	0.0387	0.0178	0.0814	0.0702	0.0301	0.0299	0.0260	0.0300	0.0135
7	0.6585	0.0394	0.0177	0.0809	0.0698	0.0317	0.0297	0.0268	0.0308	0.0147
8	0.6570	0.0399	0.0177	0.0808	0.0698	0.0320	0.0297	0.0268	0.0311	0.0152
9	0.6564	0.0400	0.0178	0.0807	0.0699	0.0320	0.0297	0.0270	0.0311	0.0154
10	0.6559	0.0400	0.0177	0.0807	0.0700	0.0320	0.0297	0.0273	0.0312	0.0154
11	0.6557	0.0400	0.0177	0.0807	0.0701	0.0320	0.0297	0.0276	0.0312	0.0154
12	0.6555	0.0400	0.0177	0.0808	0.0700	0.0320	0.0297	0.0276	0.0312	0.0154

续表

时期	ML	PFQD	ZHXY	CZZC	NYFZ	YXGG	JSJB	RKGM	JJGM	CKYCD
13	0.6555	0.0400	0.0177	0.0808	0.0700	0.0320	0.0297	0.0276	0.0313	0.0154
14	0.6554	0.0400	0.0177	0.0807	0.0700	0.0320	0.0298	0.0276	0.0313	0.0154
15	0.6553	0.0400	0.0177	0.0807	0.0700	0.0320	0.0298	0.0276	0.0314	0.0154
16	0.6552	0.0400	0.0177	0.0807	0.0700	0.0320	0.0298	0.0276	0.0314	0.0155

由表7-7可知，第一期，种植业低碳绩效对自身预测误差的方差贡献度为100%，从第二期开始，低碳约束目标和低碳驱动手段以及经济因素、规模因素、制度因素、技术因素对种植业低碳绩效具有方差贡献，且逐渐增强，自身因素对种植业低碳绩效的方差贡献逐渐减弱。最终各因素对种植业低碳绩效的方差贡献趋于收敛。方差分解表明，种植业低碳绩效来自自身的方差贡献为65.52%，来自低碳约束目标的方差贡献为5.77%，来自低碳驱动手段的方差贡献为8.07%，来自经济因素的方差贡献为8.55%，来自规模因素的方差贡献为5.9%，来自技术因素的方差贡献为6.18%。方差分解表明相对于低碳约束目标，低碳驱动手段对种植业低碳绩效的贡献更大，且种植业经济发展水平、种植业发展规模以及科研投入对种植业低碳绩效的贡献也不容小觑，这正好也印证了前文空间效应研究中的结果。

四 实证结论与分析

根据PVAR研究可知，种植业低碳绩效不仅受低碳约束目标与低碳驱动手段的影响，同时，还受到经济因素、规模因素、制度因素、技术因素的影响，而由格兰杰因果检验可知，各变量之间均存在直接与间接影响关系，如低碳约束目标中种植业碳排放强度不仅会直接影响低碳种植业绩效的变化，还会间接影响农产品出口贸易水平的变化，同时，农产品出口贸易水平又会引起种植业经济发展水平的变化。另外，由方差分解可知，低碳约束目标与低碳驱动手段对种植业低碳绩效的影响作用远大于其他影响变量，所以在制定低碳发展规划时，要对低碳约束目标与低碳驱动手段进行合理使用，并注重对其他相关政策进行组合运用，才能更好地促进种植业低碳绩效提升。

低碳约束目标中种植业碳排放强度对种植业低碳绩效前期呈现出正负交替的影响作用，这主要是由于山东省内碳排放强度存在较大差异，省会城市经济圈碳排放强度远低于省内平均水平，且碳排放强度已达到合理区间，所以碳排放强度目标的设置需要考虑地区间的差异才能使低碳约束目标发挥最大效应；低碳约束目标中净碳汇效应对种植业低碳绩效呈现出显著的正向影响，且在短期内效果相对更加明显。种植业生产的双重属性中碳汇效应对于低碳减排工作的顺利进行有着十分重要的作用，由第四章碳汇集聚效应研究可知，山东省碳汇在空间上具有明显的集聚特征，另外净碳汇效应与碳排放强度约束目标需要配合使用，在充分考虑地区差异与时序变化的情况下制定，才能取得更好地促进种植业低碳绩效增长的效果；低碳驱动手段中地方财政支农力度对种植业低碳绩效的增长贡献度最高，对于种植业低碳绩效的积极影响与空间效应研究结果一致，但是从长期来看，影响效果逐渐变弱，这主要是由于山东省经济发展良好，市场调节能力强，在转型升级的初期，政府必要的财政支持力度，可以降低种植业生产者的负担，达到良好的种植业低碳绩效提高效果，但是长期的支持会容易滋生其依赖性。而且需要重点注意的是，低碳约束目标与低碳驱动手段都没有相关法律作为支撑，对于目标的制定、执行的监管都没有明确依据，不利于低碳约束目标与低碳驱动手段作用的发挥，对于种植业低碳绩效的提高没能起到最大的促进作用，接下来关于低碳约束目标与低碳驱动手段的立法工作是有效提高种植业低碳绩效的关键所在。

第四节　本章小结

本书通过构建 PVAR 模型，运用 GMM 广义矩估计对参数进行估计，综合考虑了时间和地区因素，进行了低碳驱动与约束对山东省种植业低碳绩效的作用机制研究。研究表明，低碳约束目标与低碳驱动手段均会对种植业低碳绩效呈现直接和间接的影响，且种植业经济发展水平、有效灌溉面积水平、科研投入、种植业发展规模也是引起种植业低碳绩效变动的格兰杰原因。

进一步通过脉冲响应函数分析与方差分解分析开展了低碳驱动与约束对种植业低碳绩效的动态变动关系以及方差贡献度研究，结果表明，低碳约束目标与低碳驱动手段对种植业低碳绩效的影响作用远大于其他影响变量。低碳约束目标中种植业碳排放强度对种植业低碳绩效前期呈现出正负交替的影响作用，这主要是由于山东省内碳排放强度存在较大差异，省会城市经济圈碳排放强度远低于省内平均水平，且碳排放强度已达到合理区间，所以碳排放强度目标的设置需要考虑地区间的差异才能使低碳约束目标发挥最大效应；低碳约束目标中净碳汇效应对种植业低碳绩效呈现出显著的正向影响，且在短期内效果相对更加明显。低碳驱动手段中地方财政支农力度对种植业低碳绩效的增长贡献度最高，对于种植业低碳绩效的积极影响与空间效应研究结果一致，但是从长期来看，影响效果逐渐变弱，这主要是由于山东省经济发展良好，市场调节能力强，在转型升级的初期，政府必要的财政支持力度，可以降低种植业生产者的负担，达到良好的种植业低碳绩效提升效果，但是长期的支持会容易滋生其依赖性。而种植业低碳绩效的变动除了受自身因素和低碳驱动与约束影响外，还受到经济因素、规模因素、制度因素、技术因素的影响。所以要积极推动种植业立法进程，在制定低碳发展规划时，要对低碳约束目标与低碳驱动手段进行合理使用，同时，注重对其他相关政策措施进行组合运用，才能更好地促进种植业低碳绩效提升。

第八章 山东省种植业低碳政策情景仿真分析

第一节 山东省种植业现有情景仿真分析

前文已经对种植业低碳绩效水平影响因素开展了系统的分析，并进行了低碳驱动与约束对山东省种植业低碳绩效的作用机制研究。而山东省种植业低碳减排政策的实施效果最终将通过种植业低碳绩效水平来反映，系统动力学模型可以有效预测种植业低碳绩效水平发展趋势。因此，本章将以种植业低碳绩效为研究对象，综合前文的研究结果，将种植业低碳绩效系统分为种植业经济系统、生产资料消费系统、环境系统和生态低碳系统四个子系统，接着对影响种植业低碳绩效的主要变量进行因果反馈分析后，建立种植业低碳绩效的系统动力学模型进行情景模拟分析，从而为山东省种植业低碳减排政策的制定提供理论与现实依据。

一 系统动力学介绍与分析

1. 系统动力学介绍

系统动力学综合了统计、数学、动力学等学科，能够有效研究生态、社会以及经济等复杂关系的相互影响作用，具有强大的实用功能，能分析过去，研究现在与预测未来，对于研究山东省种植业低碳减排政策具有以下优点，首先，能运用计量经济学的方法进行仿真分析与政策模拟实验；其次，能预测多种场景，并对政策进行短、中、长期的分析模拟，便于政策实施部门根据具体情况变化进行政策的选择组合；最后，把社会系统各个方面进行综合研究与预测，能够真实地反映实际情况变化（徐磊等，2017；李明亮，2018；范太胜，2013；Jinho Ryu，2020）。

2. 系统动力学研究步骤

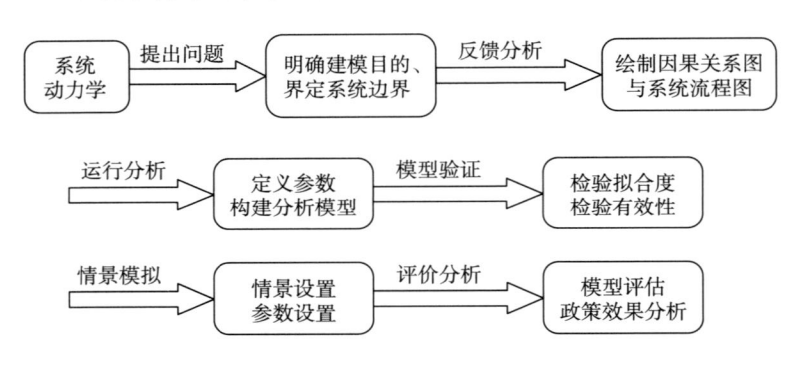

图 8-1 系统动力学研究流程

二 系统的边界和变量

系统边界及子系统划分

本书研究对象为山东省 17 个地级市的种植业低碳绩效，因此本书将 SD 系统的空间边界定义为山东省所辖市区；模拟的时间边界定位 2019—2030 年，模拟的基期为 2001 年，时间步长为 1 年。为了更准确地研究种植业低碳绩效系统的核心问题，本书将系统影响甚微的变量排除在外，仅研究对系统具有直接或重大影响的必要变量。为此，本书模型提出以下基本假设：

假设 1：环境子系统中的温室气体仅考虑碳排放水平，其他气体或固体污染未考虑。

假设 2：本书仅考虑前文设定的山东省种植业碳排放来源所产生的碳排放量，其他碳排放过程以及与种植业发展无关的耗能过程

第八章 山东省种植业低碳政策情景仿真分析

本书不予考虑。

根据前文分析,本书将山东省种植业低碳绩效系统分为种植业经济系统、生产资料消耗系统、环境系统和生态低碳系统,共四个子系统,具体结构关系如图8-2所示,下面分别对各子系统进行说明。

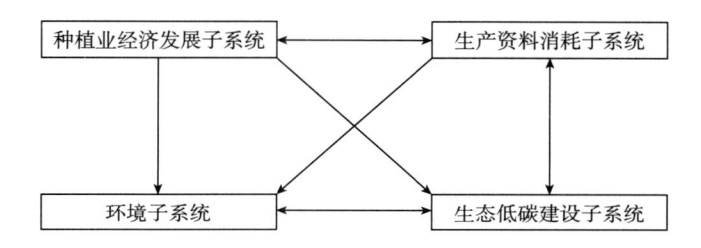

图8-2 山东省种植业低碳绩效系统结构

(1)种植业经济发展子系统。根据前文分析,种植业经济发展水平对种植业低碳绩效的方差贡献相对最大。种植业经济发展一方面刺激生产资料耗用,导致碳排放总量上升;另一方面会加大对生态系统的建设,增加科技投入,提高种植业生产技术水平、优化生产资料消费结构,降低对高碳排放生产资料的依赖,从而提高种植业低碳绩效水平。

(2)生产资料消耗子系统。生产资料消耗子系统既是种植业经济发展子系统的输出系统,同时又是环境子系统的直接输入系统。生产资料消耗虽然促进了种植业经济的发展,但是也导致环境子系统压力较大。基于前文的分析,本书仅考虑种植业种植过程中化肥的使用、农药的使用与农用柴油等的消耗。

(3)环境子系统。山东省明确提出了低碳发展目标,碳排放强度到2020年要比2015年减少20.5%,碳排放总量得到控制,碳汇能力显著增强,本书基于此目标进行情景分析,但由于2020年新冠肺炎疫情对种植业生产带来的影响,故将此目标模拟实现年份调整为2021年,下文皆按照此设定进行模拟,不再进行赘述。种植业经济发展过程最终都以碳排放的形式导致环境压力,为此环境子系统主要涉及碳排放量、碳排放强度等变量。

（4）生态低碳子系统。种植业经济的发展、生产资料消耗等导致生态环境压力，从而促进政府对生态低碳的建设，优化种植业生产资料消费结构，提高净碳汇效应与降低减排成本等。为此，本书生态环境子系统主要涉及净碳汇效应变量、地方财政支农力度等变量。

三 系统动力学模型构建

1. 系统因果关系构建

在系统动力学中，主要通过因果关系图和流量存量图来体现所描述系统结构和内部反馈关系（施婷，2013；程云鹤等，2014；徐磊等，2017）。本书根据山东省种植业低碳绩效的整体特征以及上一节提到的种植业经济、生产资料消耗、环境、生态低碳建设四个子系统的作用关系，借助系统动力学软件Vensim PLE绘制了山东省种植业低碳绩效的系统因果关系图，如图8-3所示。

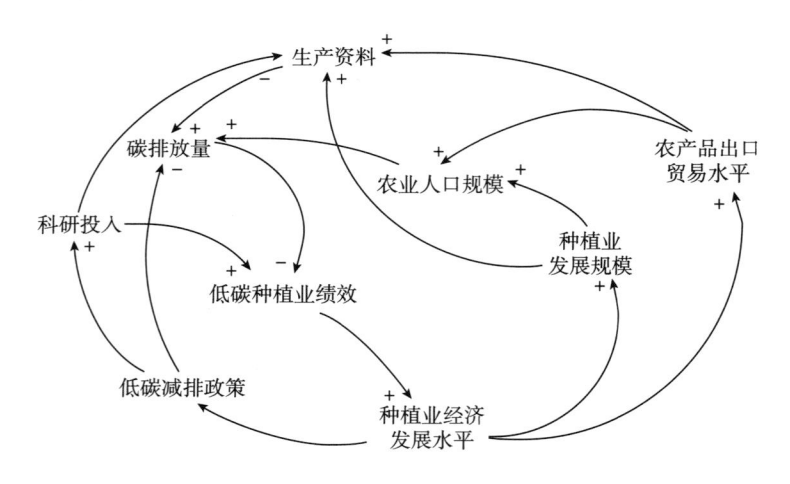

图8-3 山东省种植业低碳绩效系统因果关系

在系统因果关系中，为了更加直观地描述系统内部的反馈结构和关系，两变量之间的因果关系用箭头标明方向，变量之间的正负反馈关系通过正（+）负（-）号体现。由图8-3可知，在山东省种植业低碳绩效系统之中存在多条因果反馈回路，其中，具有代表性的几条反馈回路如下所示：

（1）生产资料消耗→碳排放量→种植业低碳绩效→种植业经济发展水平→低碳减排政策→科研投入→生产资料消耗；

（2）种植业经济发展水平→种植业发展规模→生产资料消耗→碳排放量→种植业低碳绩效→种植业经济发展水平；

（3）种植业经济发展水平→农产品出口贸易水平→农业人口规模→碳排放量→种植业低碳绩效→种植业经济发展水平；

（4）科研投入→种植业低碳绩效→种植业经济发展水平→低碳减排政策→科研投入。

2. 系统存量流量

存量流量主要包括以下几个要素：状态变量、速率变量、辅助变量和常量。在前文的因果图基础上，本书得到如图8-4所示的存量流量。基于数据的可得性以及模型的可操作性，本书仅选取了具有代表性的指标构建一个简化的模型。从图8-4可知，本书种植业低碳绩效系统总共包含17个变量。

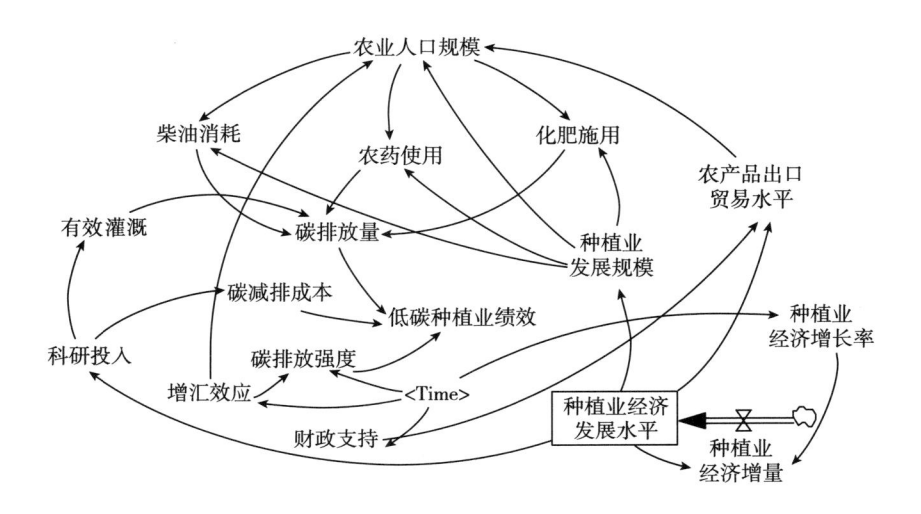

图8-4 山东省种植业低碳绩效系统存量流量

由图 8-4 可知，种植业低碳绩效系统中共有 17 个变量，其中有 1 个状态变量，1 个速率变量和 15 个辅助变量，具体结果如表 8-1 所示。

表 8-1　山东省种植业低碳绩效系统的主要变量

变量类型	变量名称
状态变量	种植业经济发展水平
速率变量	种植业经济发展增量
辅助变量	种植业经济增长率、种植业发展规模、农产品出口贸易水平、财政支持、技术进步、净碳汇效应、碳排放强度、碳减排成本、有效灌溉、碳排放量、种植业低碳绩效、农业人口规模、柴油消耗、农药使用量、化肥施用量

3. 模型参数及变量方程确定

通过 Vensim 软件对系统动力学模型进行仿真模拟时可以分为两个阶段：第一阶段为历史还原阶段，即 2001—2018 年这一时间段的模拟仿真，通过不断对模型及相关参数的调试，使之与系统实际运行情况相符；第二阶段为未来仿真阶段，即 2019—2030 年，通过对模型的模拟来预测未来山东省种植业低碳绩效。在第一阶段需要对模型中的参数进行确定，并建立变量之间的方程保证模型能够进行动态仿真。本书系统动力学模型参数设定主要通过以下几种方法：第一，基于前文收集的数据，借助 Stata15.1 软件对具有显著相关性的变量进行面板数据的回归；第二，运用表函数来确定，适用于一些与其他变量没有显著相关性，但随时间变化的变量；第三，间接赋值法，用于状态变量初值的设定。需要说明的是，由于本书为 2001—2018 年山东省 17 个地级市的面板数据，而 Vensim 软件不能处理面板数据，因此在模拟过程中对每个市进行一次模拟，将模拟结果加总后得到山东省的数据。主要的模型设置及变量方程如下所示。

(1) INITIAL TIME = 2001、FINAL TIME = 2030、TIME STEP = 1、Units for Time = Year；

(2) 种植业经济发展水平 = INTEG（种植业经济发展增量）以青岛为例，Initial Value = 2781.7492，单位：万元/人；

(3) 种植业经济发展增量 = 种植业经济发展水平 × 种植业经济发展增长率，单位：万元/人；

(4) 种植业经济增长率 = WITH LOOKUP（Time），（以青岛市为例）

LOOKUP = {[（2001，0）-（2030，1）]，（2001，0.017），（2002，-0.023），（2003，0.045），（2004，0.1），（2005，0.067），（2006，0.07），（2007，0.083），（2008，0.166），（2009，0.042），（2010，0.206），（2011，0.011），（2012，0.051），（2013，0.123），（2014，0.053），（2015，0.112），（2016，-0.016），（2017，-0.107），（2018，0.087）}；单位:%（注：种植业经济增长率是时间的函数，各个地区不同年份的值不同，不能用相同的表达式）；

(5) 种植业低碳绩效 = 1.1213 - 0.0015 × 碳排放强度 - 0.0023 × 碳减排成本 + 0.0002 × 碳排放量，单位：Dmnl（这是一个表函数）；

(6) 农业人口规模 = 0.0477 × 农产品出口贸易水平 + 0.1782 × 种植业发展规模 - 0.0108 × 净碳汇效应 + 62.69，单位：Dmnl（这是一个表函数）；

(7) 农产品出口贸易水平 = 0.0002 × 种植业经济发展水平 + 0.02472 × 财政支农力度 + 5.326，单位：Dmnl（这是一个表函数）；

(8) 农药使用 = -9.0517 × 农业人口规模 - 66.7292 × 种植业发展规模 + 12580.2，单位：Dmnl（这是一个表函数）；

(9) 化肥施用 = -554.39 × 农业人口规模 - 1305.92 × 种植业发展规模 + 372231，单位：Dmnl（这是一个表函数）；

(10) 净碳汇效应 = WITH LOOKUP（TIME），单位：Dmnl（注：净碳汇效应是时间的函数，各个地区不同年份的值不同，因此不能用相同的公式表达，其函数形式如种植业经济增长率）；

（11）科研投入 = 265.7698 + 1.0282 × 种植业经济发展水平，单位：Dmnl（这是一个表函数）；

（12）有效灌溉面积水平 = 6.49e – 007 × 科研投入 + 0.4462，单位：Dmnl（这是一个表函数）；

（13）农用柴油消耗 = – 301.111 × 农业人口规模 + 450.918 × 种植业发展规模 + 92520.3，单位：Dmnl（这是一个表函数）；

（14）种植业碳减排成本 = – 0.000508 × 科研投入 + 8.4672，单位：Dmnl（这是一个表函数）；

（15）碳排放强度 = WITH LOOKUP（TIME），单位：Dmnl（注：碳排放强度是时间的函数，各个地区不同年份的值不同，因此不能用相同的公式表达，其函数形式如种植业经济增长率）；

（16）碳排放量 = 0.000255 × 农用柴油消耗 + 0.000357 × 化肥施用 + 0.000826 × 农药使用 – 0.8749 × 有效灌溉 – 41.4728，单位：Dmnl（这是一个表函数）；

（17）种植业发展规模 = 0.000485 × 种植业经济发展水平 + 42.0098，单位：Dmnl（这是一个表函数）；

（18）地方财政支农力度 = WITH LOOKUP（TIME），单位:%（注：地方财政支农力度是时间的函数，各个地区不同年份的值不同，因此不能用相同的公式表达，其函数形式如种植业经济增长率）。

四 系统动力学模型的估计与检验

根据完整的系统动力学建模过程要求，在模型构建以后，需要对模型的有效性进行检验，从而保证所建模型符合本书对象的现实情况（郭耀辉等，2018）。

1. 结构性检验

结构性检验是指对系统动力学模型的稳定性进行检验，即模型对变量变动是否具有敏感性。本书以青岛市的种植业碳排放量和种植业发展规模（种植业产值/农业总产值）为例，分别对步长为1

第八章 山东省种植业低碳政策情景仿真分析

年、2年、3年的情形进行检验。从图8-5中可以看出,在不同的仿真步长下,模型的结果以及变动趋势趋于一致,表明模型对参数的变化是不敏感的,从而可以判断模型具有稳定性。

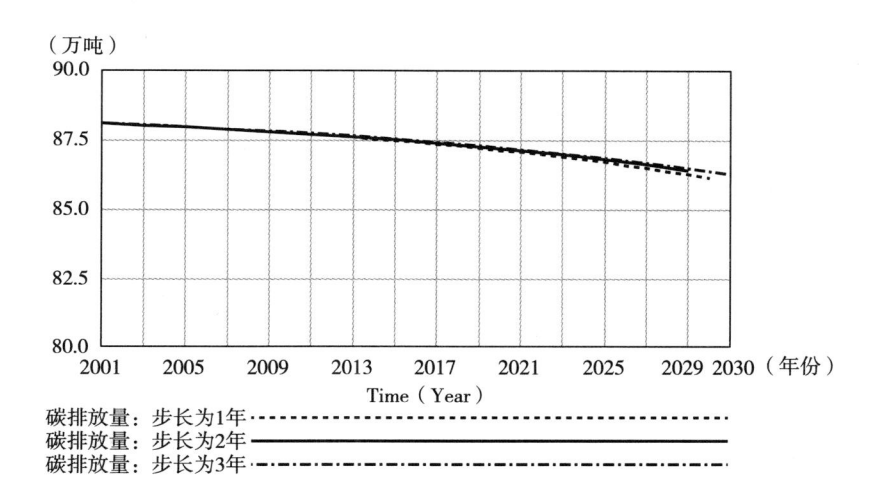

图8-5　2001—2030年不同步长下种植业碳排量模拟结果对比

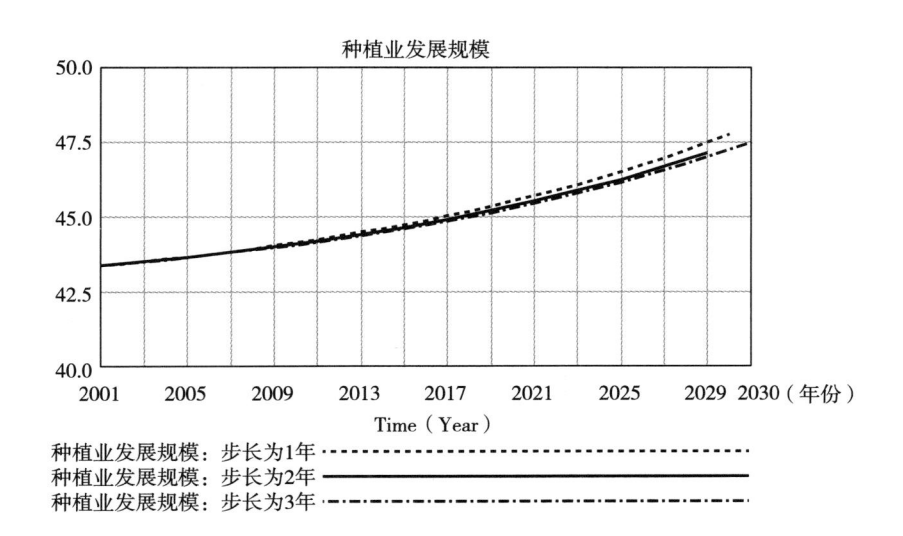

图8-6　2001—2030年不同步长下种植业发展规模模拟结果对比

2. 真实性检验

真实性检验是将模型的仿真结果与变量的真实值进行对比，若模拟值与真实值的误差小于15%，则认为模型与现实系统基本一致。本书将2001—2018年山东省17个地级市的碳排放量和种植业发展规模作为检验指标，分别将实际值和拟合值整理至表8-2、表8-3中，限于篇幅有限，本书仅披露了2001年、2009年和2018年的数据。由表8-2、表8-3可知，上述指标真实值与模拟值相对误差基本在15%以内，说明山东省种植业低碳绩效系统的模拟结果可靠，该模型可以用于仿真预测。

表8-2 2001—2018年山东省碳排放量模拟值与实际值对照　　单位：万吨

地区	2001年			2009年			2018年		
	真实值	模拟值	误差	真实值	模拟值	误差	真实值	模拟值	误差
青岛	85.09	88.09	-3.52	85.29	87.79	-2.93	74.87	77.29	-3.22
日照	37.29	38.30	-2.71	37.95	38.11	-0.42	33.13	37.78	-14.03
潍坊	138.80	137.71	0.79	155.87	137.42	11.84	138.30	136.94	0.99
威海	40.21	42.85	-6.57	46.44	42.59	8.30	38.01	42.12	-10.81
烟台	81.19	84.96	-4.65	92.89	84.67	8.85	77.54	84.17	-8.54
滨州	59.87	55.43	7.41	57.10	55.17	3.39	56.47	54.71	3.13
东营	27.00	28.13	-4.20	32.18	27.79	13.63	28.37	27.21	4.08
济南	53.32	52.87	0.83	57.98	52.52	9.41	51.46	51.92	-0.88
莱芜	10.19	11.79	-15.67	9.41	10.57	-12.34	9.24	10.20	-10.38
泰安	51.67	53.50	-3.53	56.17	53.26	5.17	50.20	52.86	-5.30
淄博	34.06	32.59	4.33	32.92	32.33	1.78	26.10	28.89	-10.71
德州	86.14	87.49	-1.57	97.41	87.19	10.49	97.29	86.67	10.91
菏泽	109.45	112.71	-2.97	123.08	112.51	8.58	130.26	112.17	13.88
济宁	99.50	102.02	-2.54	104.60	101.81	2.67	94.84	101.43	-6.96
聊城	88.91	97.56	-9.73	103.95	97.29	6.41	96.61	96.82	-0.22
临沂	103.02	101.07	1.89	117.48	100.90	14.11	103.23	100.61	2.54
枣庄	34.59	38.95	-12.59	43.07	40.72	5.47	40.47	40.32	0.38

表8-3　　　2001—2018年山东省种植业发展规模
模拟值与实际值对照　　　　　　　单位:%

地区	2001年			2009年			2018年		
	真实值	模拟值	误差	真实值	模拟值	误差	真实值	模拟值	误差
青岛	43.43	43.36	0.17	45.44	44.02	3.12	44.65	45.17	-1.16
日照	43.63	42.88	1.70	48.47	43.31	10.64	36.70	34.05	7.20
潍坊	59.12	53.30	9.85	56.06	53.93	3.80	50.93	55.03	-8.05
威海	25.54	23.24	9.02	24.88	23.84	4.16	17.43	19.88	-14.09
烟台	50.99	46.35	9.11	45.97	42.01	8.63	41.32	43.14	-4.41
滨州	63.09	63.23	-0.22	55.82	63.83	-14.34	42.93	44.87	-4.51
东营	57.17	48.56	15.06	41.46	46.32	-11.72	34.63	47.63	-37.52
济南	65.04	57.62	11.41	61.62	58.41	5.21	61.87	59.78	3.38
莱芜	70.03	67.01	4.32	56.38	59.50	-5.52	66.97	68.34	-2.05
泰安	65.77	63.09	4.08	58.60	63.62	-8.57	57.05	64.53	-13.10
淄博	70.94	65.18	8.12	67.16	65.76	2.10	64.64	66.75	-3.25
德州	72.14	65.39	9.36	55.15	61.07	-10.72	46.00	47.23	-2.69
菏泽	72.87	64.91	10.92	65.86	65.35	0.78	62.70	66.11	-5.44
济宁	57.83	55.00	4.90	58.15	55.49	4.58	53.15	56.32	-5.97
聊城	70.42	65.24	7.35	71.97	65.85	8.51	61.32	66.90	-9.09
临沂	63.40	61.78	2.55	61.10	62.16	-1.74	57.40	62.82	-9.44
枣庄	71.76	62.06	13.52	64.38	62.58	2.80	62.11	63.47	-2.18

五　现有情景仿真模拟分析结果

在系统进行不断调试与通过有效性检验后,对现有情景下山东省种植业低碳绩效及主要变量进行仿真模拟,为了突出山东省种植业低碳绩效和主要变量的变化,本书将用2001—2030年山东省各市的农用柴油消耗量、碳排放总量以及种植业低碳绩效的平均水平来反映山东省的变动情况,设定步长为1年,最终结果如表8-4所示。

表 8-4　　2001—2030 年山东省种植业低碳绩效系统动力学仿真结果　　单位：吨，万吨

年度	农用柴油消耗	碳排放总量	种植业低碳绩效
2001	99384.20	68.7073	0.997135
2002	99408.98	68.6805	0.999037
2003	99435.05	68.6523	1.001037
2004	99462.45	68.6226	1.003139
2005	99491.27	68.5915	1.005348
2006	99521.55	68.5587	1.007671
2007	99553.38	68.5243	1.010114
2008	99586.85	68.4881	1.012681
2009	99622.04	68.4500	1.01538
2010	99659.03	68.4100	1.018218
2011	99697.91	68.3679	1.021200
2012	99738.80	68.3237	1.024336
2013	99781.77	68.2772	1.027633
2014	99826.95	68.2283	1.031099
2015	99874.45	68.1769	1.034742
2016	99924.38	68.1229	1.038572
2017	99976.86	68.0661	1.042599
2018	100032.00	68.0064	1.046832
2019	100090.00	67.9437	1.051282
2020	100151.00	67.8777	1.055960
2021	100215.10	67.8083	1.060878
2022	100282.50	67.7354	1.066048
2023	100353.40	67.6588	1.071483
2024	100427.90	67.5782	1.077197
2025	100506.20	67.4935	1.083204
2026	100588.50	67.4044	1.089519
2027	100675.10	67.3108	1.096157
2028	100766.00	67.2124	1.103136
2029	100861.70	67.1089	1.110473
2030	100962.20	67.0002	1.118186

第八章　山东省种植业低碳政策情景仿真分析

根据现有情景仿真模拟结果，结论如下：

（1）碳排放总量。由图8-7与表8-4可知，虽然山东省碳排放总量呈现下降发展趋势，但是在现有情景发展下2021年碳排放总量较2015年下降约0.54%，下降幅度非常缓慢，说明山东省种植业碳减排工作亟待加强。

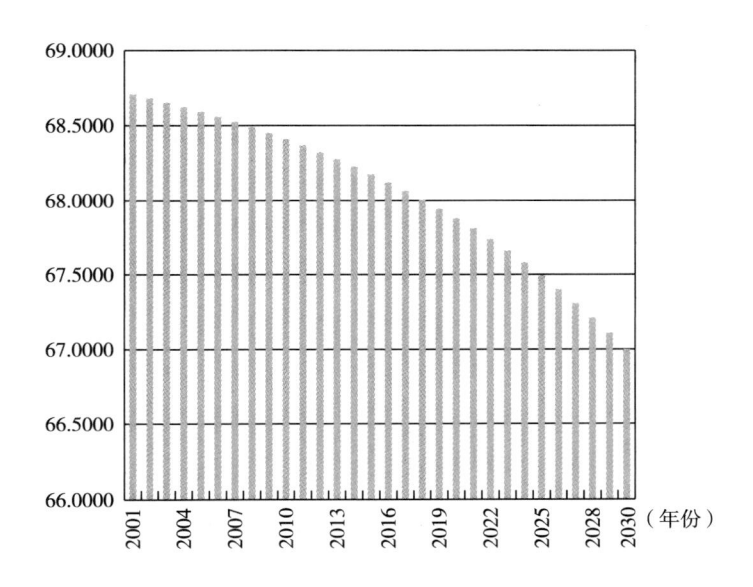

图8-7　2001—2030年碳排放量发展趋势

（2）农用柴油消耗。2001—2030年，山东省农用柴油消耗仍然呈现上升趋势，2015年为99874.75吨（动力），2021年突破6位数，较2015年上浮约0.34%。从农用柴油消耗增幅来看，山东省种植业发展对农用柴油的依赖有所增强。

（3）种植业低碳绩效。由图8-9可知，2001—2030年山东省种植业低碳绩效呈现上升趋势，2021年种植业低碳绩效指数约为1.06，较2015年上升约2.46%，2030年约达到1.12，较2015年提高约8.02%。上述模拟结果表明，山东省种植业低碳绩效虽然呈现上升趋势，但是上升速度较慢，主要受碳减排力度与净碳汇效应

◇ 种植业低碳绩效评价与减排政策研究

上升幅度较小所致，这也印证了前文关于低碳驱动与约束对种植业低碳绩效影响研究的结论，对于设定碳减排目标与净碳汇目标的立法应抓紧列入工作议程，以此促进种植业低碳绩效的提高，从而更好地推动山东省种植业走低碳发展之路。

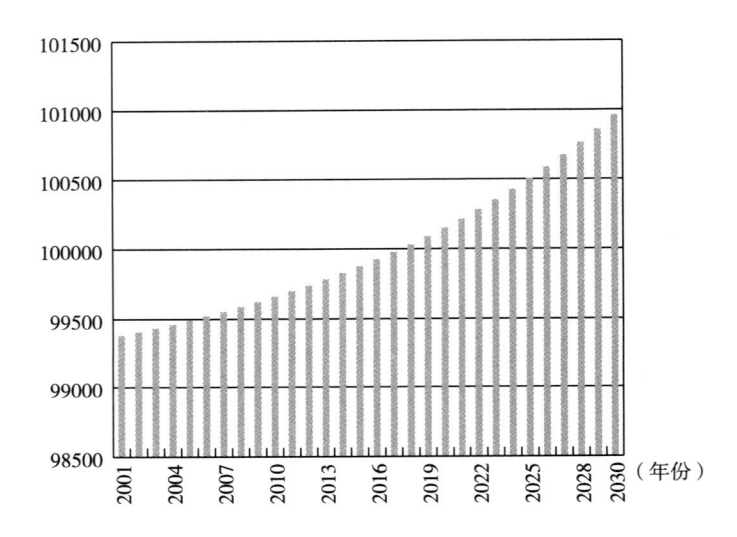

图 8-8　2001—2030 年农用柴油消耗发展趋势

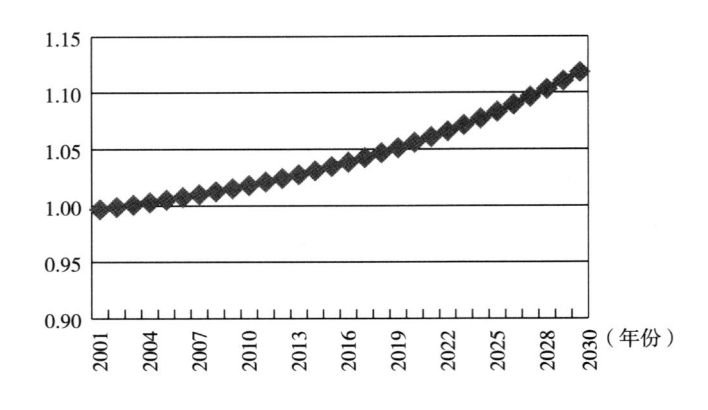

图 8-9　2001—2030 年种植业低碳绩效发展趋势

第二节　低碳政策情景设定与仿真分析

根据前文的分析，通过已建立的山东省种植业低碳绩效系统动力学模型在现有的发展情景下并不能实现既定的碳减排目标，且种植业低碳绩效增幅较小，因此本书针对种植业低碳绩效的主要影响因素进行提升种植业低碳绩效的调整后，开展相关低碳政策情景模拟仿真，从而为推动山东省种植业低碳发展提出最优的减排政策。

一　低碳政策情景设定

通过前文综合分析可知，种植业经济发展水平对种植业低碳绩效具有较大的方差贡献，因此种植业低碳绩效的变动对种植业经济发展水平比较敏感。种植业经济发展水平的变动又会引起种植业发展规模、农产品出口贸易水平以及生产资料消耗的变动，从而引起种植业低碳绩效的变动。根据《山东省低碳发展方案》，到 2020 年碳排放强度要比 2015 年下降 20.5% 以上，但由于新冠肺炎疫情影响，本书将目标模拟实现年份调至 2021 年，因此本书将对达到该碳排放强度目标下的种植业低碳绩效进行模拟。2015 年山东省种植业平均碳排放强度为 24.67 吨/万元，按照此目标，2021 年山东省种植业碳排放强度为 19.61 吨/万元，并假设 2016—2021 年碳排放强度每年最高下降比例为 5%；政府对农业支持力度有利于种植业经济的发展，为实现低碳环境下种植业低碳绩效的快速增长，还需要加大政府财政支农力度，目前并没有明确的支农政策的实施，本书预期政府未来会加大对农业的财政支持投入，本书根据 2001—2018 年政府地方财政支农力度，假设政府财政支农力度增幅为 5%，最高增幅为 8%，因此根据现有数据推测，2021 年政府财政支农力度为 15.25%；净碳汇效应可以通过影响农业人口规模带动生产资料消耗的变动从而引起种植业低碳绩效的变动，为此，提高净碳汇效应水平对种植业低碳绩效具有积极贡献。2015 年山东省净碳汇效应为 312.36 万吨，本书借助碳排放强度的规划目标，假设 2021 年净碳汇效应较 2015 年上升 20.5%，因此 2021 年山东省增汇目标为 376.40 万吨，假定 2016—2021 年净碳汇效应每年上升 4%，最高上升 5%。种植业经济发展水平，参考《山东省农业生产服务业转型升级实施方案》的规划，设定种植业产值年均增长 8.5%。故根据以上目标设定，政策变量调整情况如表 8-5 所示。

表 8-5　　　　山东省种植业低碳政策变量调控设定

对应政策变量	调整幅度	最大调控限值	2015 年现状值	2021 年效果值
碳排放强度	4.00%	5.00%	24.67（吨/万元）	19.61（吨/万元）
净碳汇效应	4.00%	5.00%	312.36（万吨）	376.40（万吨）
地方财政支农力度	5.00%	8.00%	11.95%	15.25%
种植业经济增长率	8.50%	10.00%	4.18%	6.30%

根据以上相关因子变量的调整，本书设定情景如下：

(1) 情景设定为不调整和单因素调整情景

①现有发展情景。在该情景设定中，所有政策因子调整幅度均为 0，以此模拟并未实施低碳规制和种植业经济扩张政策下的发展情景。

②降低碳排放强度。在该情景设定中，仅将碳排放强度调整为每年下降 4%，其余因子变量的值保持不变，从而模拟达到 2021 年碳排放强度减排目标下，种植业低碳绩效的变动趋势。

③提高净碳汇效应。在该情景设定中，将净碳汇效应设为每年上升 4%，最高上升 5%，其余因子变量保持不变，从而模拟净碳汇效应下的种植业低碳绩效的变动趋势。

④提高地方政府财政支农力度。在该情景设定中，将政府财政支农力度设为每年上升 5%，最高上升 8%，其余因子变量保持不变，从而模拟加大政府财政支农力度下的种植业低碳绩效的变动趋势。

⑤刺激种植业经济增长。在该情景设定中，将种植业经济增长力度设为每年上升8.5%，最高上升10%，其余因子变量保持不变，从而模拟种植业经济发展引起的种植业低碳绩效的变动趋势。

（2）双因素调整情景

①在该情景设定中，降低碳排放强度的同时，提高净碳汇效应，并按照预期的情景进行设定即碳排放强度每年下降4%，净碳汇效应每年上升4%，其他因子保持不变。

②在该情景设定中，降低碳排放强度的同时，提高地方政府财政支农力度，并按照单因素情景设定方式进行双因素情景的模拟，并保持其他因子不变。

③在该情景设定中，降低碳排放强度的同时，刺激种植业经济增长，并按照单因素情景设定方式进行双因素情景的模拟，并保持其他因子不变。

④在该情景设定中，提高净碳汇效应同时，提高地方政府财政支农力度，并按照单因素情景设定方式进行双因素情景的模拟，并保持其他因子不变。

⑤在该情景设定中，提高净碳汇效应的同时，刺激种植业经济的增长，并按照单因素情景设定方式进行双因素情景的模拟，并保持其他因子不变。

⑥在该情景设定中，提高地方政府财政支农力度的同时，刺激种植业经济的发展，并按照单因素情景设定方式进行双因素情景的模拟，并保持其他因子不变。

（3）三因素调整情景

①在该情景设定中，降低碳排放强度，提高增汇能力，以及增强地方政府财政支农力度，其他因子保持不变，在此情景下模拟山东省种植业低碳绩效的变动情况。

②在该情景设定中，降低碳排放强度，提高增汇能力，以及刺激种植业经济的增长，其他因子保持不变，在此情景下模拟山东省种植业低碳绩效的变动情况。

③在该情景设定中,降低碳排放强度、增强地方政府财政支农力度并刺激种植业经济的发展,其他因子保持不变,在此情景下模拟山东省种植业低碳绩效的变动情况。

④在该情景设定中,提高增汇能力、增强地方政府财政支农力度并刺激种植业经济的增长,其他因子保持不变,在此情景下模拟山东省种植业低碳绩效的变动情况。

(4) 综合调整情景

在该情景设定中,降低碳排放强度、提高净碳汇效应、增强地方政府财政支农力度并刺激种植业经济的发展,在此情景下模拟山东省种植业低碳绩效的变动情况。

二 不同政策情景下山东省种植业低碳绩效仿真结果分析

根据上述不同政策的情景设置,本书运用 Vensim PLE 软件进行仿真,并将最终的模拟仿真结果整理如表 8-6 所示。

表 8-6 不同政策情景设定下山东省种植业低碳绩效仿真结果

年份	情景(1)	情景(2)	情景(3)	情景(4)	情景(5)	情景(6)	情景(7)	情景(8)
2018	0.9777	1.0077	1.0577	1.0277	0.9900	1.0400	1.1037	1.0453
2019	0.9914	1.0214	1.0714	1.0414	1.0104	1.0604	1.1257	1.0698
2020	1.0057	1.0357	1.0857	1.0557	1.0318	1.0818	1.1489	1.0957
2021	1.0205	1.0505	1.1005	1.0705	1.0544	1.1044	1.1733	1.1231
2022	1.0360	1.0660	1.1160	1.0860	1.0781	1.1281	1.1990	1.1520
2023	1.0521	1.0821	1.1321	1.1021	1.1031	1.1531	1.2261	1.1825
2024	1.0688	1.0988	1.1488	1.1188	1.1293	1.1793	1.2546	1.2148
2025	1.0863	1.1163	1.1663	1.1363	1.1568	1.2068	1.2846	1.2489
2026	1.1044	1.1344	1.1844	1.1544	1.1858	1.2358	1.3063	1.2849
2027	1.1233	1.1533	1.2033	1.1733	1.2163	1.2663	1.3396	1.3230
2028	1.1429	1.1729	1.2229	1.1929	1.2483	1.2983	1.3747	1.3632
2029	1.1634	1.1934	1.2434	1.2134	1.2819	1.3319	1.4117	1.4057
2030	1.1847	1.2147	1.2647	1.2347	1.3173	1.3673	1.4407	1.4505

续表

年份	情景(9)	情景(10)	情景(11)	情景(12)	情景(13)	情景(14)	情景(15)	情景(16)
2018	1.0900	1.0437	1.0637	1.1337	1.0953	1.1637	1.1137	1.1056
2019	1.1104	1.0657	1.0929	1.1629	1.1198	1.1929	1.1429	1.1401
2020	1.1318	1.0889	1.1239	1.1939	1.1457	1.2239	1.1739	1.1770
2021	1.1544	1.1133	1.1568	1.2268	1.1731	1.2568	1.2068	1.2163
2022	1.1781	1.1390	1.1918	1.2618	1.2020	1.2918	1.2418	1.2582
2023	1.2031	1.1661	1.2289	1.2989	1.2275	1.3289	1.2789	1.3030
2024	1.2293	1.1946	1.2683	1.3383	1.2548	1.3683	1.3183	1.3507
2025	1.2568	1.2246	1.3101	1.3801	1.2819	1.4101	1.3601	1.4017
2026	1.2858	1.2563	1.3545	1.4245	1.3149	1.4545	1.4045	1.4561
2027	1.3163	1.2896	1.4017	1.4717	1.3563	1.5017	1.4517	1.5141
2028	1.3483	1.3247	1.4518	1.5218	1.3842	1.5518	1.5018	1.5761
2029	1.3819	1.3617	1.5050	1.5750	1.4117	1.6050	1.5550	1.6422
2030	1.4173	1.4007	1.5614	1.6314	1.4485	1.6614	1.6114	1.7127

本书对不同政策设定进行情景模拟，得到各种政策情景下的种植业低碳绩效水平，下面根据2018—2030年山东省种植业低碳绩效值以及种植业低碳绩效增幅对模拟结果进行评价，2030年种植业低碳绩效达到1.45以上，且种植业低碳绩效增幅在35%以上的有6种情景，分别为情景8、情景11、情景12、情景14、情景15和情景16。仅仅通过单一政策的变动均不能实现上述目标。通过双政策组合变动时，情景8和情景11可以实现山东省种植业低碳绩效目标，即降低碳排放强度的同时刺激种植业经济的增长、加大政府财政支农力度且刺激种植业经济增长的两种政策方案，其余政策组合均不能完成这一目标。通过同时调整三种政策组合时，情景12、情景14、情景15能够较好地完成种植业低碳绩效目标，即在保证加强地方政府财政支农力度的前提下，任意组合两组政策即可实现种植业低碳绩效目标。当低碳约束目标、低碳驱动手段以及种植业经济扩张政策同时调整时，种植业低碳绩效相对最高，增幅最大。

第三节 政策可行评估分析

通过对不同情景设定下的仿真结果来看,要实现山东省种植业低碳绩效的快速增长,可以遵循不同的政策组合,但是各种政策组合的实施难度和成本方面具有差异性。在上一节的基础上,本书对能够实现种植业低碳绩效目标的政策组合采用内联决策指数法(ID-MI)进行决策分析,从而找到种植业低碳绩效快速发展的最优方案。

一 内联指数决策法介绍

由于不同低碳政策方案的实施过程不一,在实施难易程度上也存在差异,因此,本书借鉴前人的做法,认为种植业低碳绩效发展效果越好,实施起来成本越高,实施难度越大,因此本书将不同政策方案实施难度系数引入 IDM 过程中,使评价效果更加合理。基于政策效果越好实施难度越大的原则,本书将各情境下种植业低碳绩效水平与原有发展情景下种植业低碳绩效水平的比值作为难度系数,具体计算公式如下所示(王若梅等,2019)。

$$D_i = \frac{ML_i}{ML_0} \qquad (8-1)$$

其中,ML_0 代表原有发展背景下 2021 年种植业低碳绩效指数,ML_i 代表第 i 种政策组合下 2021 年种植业低碳绩效指数。

二 数据预处理

根据前文的 6 种可行政策情景设计,本书选取种植业碳排放边际减排成本、科研投入、种植业发展规模、碳排放量 4 项指标作为初始数据,进行 IDMI 输入。具体输入指标整理如表 8-7 所示。

下面对初始数据进行无量纲处理,结果如表 8-8 所示。

第八章 山东省种植业低碳政策情景仿真分析

表 8-7　IDMI 输入指标值

变量	单位	情景 8	情景 11	情景 12	情景 14	情景 15	情景 16
碳减排成本	吨/元	6.43	6.43	6.37	6.26	6.11	5.93
科研投入	人年	3343.54	3354	3381.93	3374.93	3388.26	3412.65
种植业发展规模	%	64.23	64.36	64.99	64.62	65.62	67.06
碳排放量	万吨	84.98	83.93	82.78	82.16	81.78	80.61

表 8-8　无量纲化处理结果

变量	情景 8	情景 11	情景 12	情景 14	情景 15	情景 16
碳减排成本	1	1	0.990	0.974	0.950	0.922
科研投入	1	0.997	0.989	0.991	0.987	0.98
种植业发展规模	1	0.998	0.988	0.994	0.979	0.958
碳排放量	1	0.988	0.974	0.967	0.962	0.949

通过无量纲处理后，发现山东省种植业碳排放边际减排成本与碳排放量存在多重共线性，因此，本书考虑将种植业碳排放边际减排成本剔除。另外，根据前文的式（8-1）可以计算出不同政策情景下的难度系数如表 8-9 所示。

表 8-9　不同政策情景难度系数

指标	情景 8	情景 11	情景 12	情景 14	情景 15	情景 16
难度系数	1.1176	1.1673	1.1572	1.1564	1.1167	1.2094

三　IDMI 值计算及分析

将无量纲后的各指标数据及难度系数值作为 IDMI 值计算的初始数据进行计算，本书分为不选择关键指标、选择一个关键指标、选择两个关键指标三种情况。

1. 不选择关键指标

当不选择关键指标进行决策时，各低碳政策情景下的 IDMI 值运算结果如表 8-10 所示。

表 8-10　　　　不选择关键指标时各政策情景 IDMI 值

	情景 8	情景 11	情景 12	情景 14	情景 15	情景 16
IDMI 值	3.3527	3.4820	3.4148	3.4136	3.2697	3.3988
排名	6	5	4	3	1	2

在决策者不选取关键指标时，情景 15 和情景 16 的 IDMI 值相对最小，说明该政策情景为最优方案。表明可以采取增汇手段、低碳驱动手段以及刺激种植业经济增长的政策，不需要对碳排放强度进行调整，即可实现种植业低碳绩效高速发展的目标。

2. 选择种植业碳排放为单独关键指标

当只考虑一种关键指标时，本书选择种植业碳排放为关键指标，得到各发展经济的 IDMI 值如表 8-11 所示。

表 8-11　　　碳排放为单独关键指标时各政策情景 IDMI 值

	情景 8	情景 11	情景 12	情景 14	情景 15	情景 16
IDMI 值	2.2351	2.3008	2.2282	2.2196	2.1120	2.0667
排名	6	5	4	3	2	1

当设定种植业碳排放为关键目标时，情景 16 的 IDMI 值相对最小，即该方案相对最优。情景 16 表明决策者需要实施低碳约束目标、低碳驱动手段和刺激种植业经济增长的组合策略，但是由难度系数表可知，该方案实施难度较大。

3. 选择种植业碳排放和种植业发展规模两个关键指标

当决策者侧重于碳排放和种植业发展规模时，各政策情景的 IDMI 值如下所示：

当碳排放和种植业发展规模为关键指标时，情景 16 的 IDMI 值最小，其次是情景 15，说明情景 16 方案相对最优，情景 15 次之，而情景 16 相对于情景 15 实施难度大。但是,尽管最优组合的政策实施存在较大难度,但为了促进山东省种植业低碳绩效的提高,达到最佳的低碳发展效果,政策决策者需对减排政策进行综合运用,以期推动种植业更好地走低碳发展之路。

表 8-12　碳排放和种植业规模为关键指标时各政策情景 IDMI 值

	情景 8	情景 11	情景 12	情景 14	情景 15	情景 16
IDMI 值	1.1176	1.1475	1.1013	1.1015	1.0380	0.9923
排名	6	5	3	4	2	1

第四节　本章小结

为了更好地构建山东省种植业低碳发展减排政策体系,本章以种植业低碳绩效为研究对象,根据前文的研究结果,将种植业低碳绩效系统分为种植业经济系统、生产资料消费系统、环境系统和生态低碳系统四个子系统,并对影响种植业低碳绩效的主要变量进行因果反馈分析后,建立了种植业低碳绩效的系统动力学模型并对模型的有效性进行检验,接着对现有情景进行了仿真模拟分析,由结果可知,种植业低碳绩效虽呈现增长的发展趋势,但增长效果不明显。

根据建立的山东省种植业低碳绩效系统动力学模型发现,在现有的发展情景下并不能实现既定的碳减排目标,且种植业低碳绩效增幅较小,因此针对种植业低碳绩效的主要影响因素进行提升种植业低碳绩效的调整后,开展相关低碳政策情景模拟仿真。首先进行了低碳政策情景设定,然后根据设定的 16 种不同情景进行了种植业低碳绩效的仿真模拟分析,由结果可知,共有 6 种情况可以达到预期低碳目标设定,接着通过内联指数决策法就该 6 种情况进行可行决策分析，由结果可知，情景 16 方案相对最优，情景 15 次之，而情景 16 相对于情景 15 实施难度大，所以为了促进山东省种植业低碳绩效的提高，达到最佳的低碳发展效果，政策决策者需对减排政策进行综合运用。

第九章 山东省种植业低碳发展减排政策体系构建

第一节 种植业减排政策体系的框架构建

通过对山东省种植业现状与特征分析、种植业低碳绩效综合评价以及低碳政策仿真分析的研究,为山东省种植业低碳发展减排政策体系构建奠定了坚实的理论与科学依据,在考虑山东省种植业碳汇集聚特征与碳排放边际减排成本区域差异的基础上,本章系统地为推动山东省种植业低碳发展进行了减排政策体系构建。

一 指导思想与基本原则

(一)指导思想

减排政策体系的指导思想是整个体系构建的核心,减排政策体系构建是一项系统工程,是保证种植业低碳绩效能够得到显著提高从而促进种植业低碳发展的灵魂所在。结合山东省种植业现状,减排政策体系构建的指导思想必须坚持以下几点:首先,必须把提高种植业低碳绩效放在突出位置,要求在减少种植业投入的前提下,提高期望产出即增加种植业经济产出与种植业碳汇产出,减少非期望产出即种植业碳排放,从而促进山东省种植业进行低碳发展,确保种植业能够实现生态、环境与经济的可持续发展。其次,要以农业低碳经济理论为减排政策体系的核心指导理论,运用农业循环经济理论作为减排手段的指导思想,坚持以农业绿色发展理论为指导理念,促进山东省种植业更好地走低碳发展之路。最后,需要建立大局观,一方面,要统筹种植业整体发展,优化调整种植业产业结构;另一方面,要从山东省整体出发,统筹区域间种植业低碳的协调发展,同时,做好经验总结,为减排政策的进一步推广做好模式样本。

（二）基本原则

减排政策体系的基本原则是整个体系构建需要遵循的准则:第一,需要因地制宜,依据山东省种植业现状提出减排政策。要依据山东省种植业结构现状,农作物产量、生产资料投入使用现状以及区域之间的发展程度的差异等制定切实可行的政策。第二,要遵循种植业发展的特点,必须以种植业生产为基础,不违背种植业生产特点为前提提出减排政策,同时,需要结合山东省种植业碳排放与碳汇的发展趋势与现状,做到提前预判和综合考量。第三,要以市场需求为导向,以提高经济效益为目的。从种植业低碳绩效空间效应研究可知,种植业经济水平与农产品出口贸易水平均对低碳种植绩效的提高有显著的影响,种植业生产是国民经济的重要产业支柱,所以必须考虑经济效益的提高,同时,农产品出口对经济与外交的重要作用不言而喻,所以减排政策的提出必须要以市场为导向,提前做好部署。第四,以技术为支撑,兼顾区域协调发展。种植业低碳绩效的提高离不开低碳技术的提升,前文的研究已经证实技术因素对种植业低碳绩效的提升有显著的正向影响,从实际情况出发,种植业走低碳发展之路,技术的革新是其必由之路,但从研究可知,山东省种植业低碳绩效在区域中存在发展不平衡的现状,在构建减排政策体系时,需要兼顾区域协调发展,做好统筹工作,既要做好省内示范引领工作,又要做好互助工作,梯次推进山东省种植业低碳发展。

二 减排政策工具

为了解决当今全球气温变暖、环境污染等影响人类生存发展的问题,各国都陆续以政策工具为手段对经济的发展进行环境约束,以实现经济、环境与社会三位一体的可持续发展。宋德勇(2012)在研究中指出,自从庇古在新古典经济学基础上提出通过制度设计能够有效解决经济发展对环境产生带来的影响,政策工具逐渐成为环境经济领域研究的热点问题。我国作为负责任的大国,虽然没有减排的强制任务,但在哥本哈根全球气候大会上做出了庄严的承诺,在2020年碳排放量将比2005年下降40%—50%。当前,面临巨大的减排压力与农业碳排放持续上升的双重压力,如何科学制定切实有效的减排政策,将成为当前农业研究的主旋律。

政府用来影响经济与社会变量的政策变量被称为政策工具,且政策目标的实现需以政策工具为手段。李波(2011)在研究中提到,无论是改变生产行为或是消费行为,还是通过技术提升来促进农业低碳发展,都需要以政策工具作为实施手段,才能达到预期减排效果。杨洪刚(2009)在研究中指出,政策工具也叫作政策手段,我国关于治理环境问题运用的政策工具(政策手段)大致分为以下五类,即法律手段、行政手段、经济手段、宣传教育手段以及技术手段。而Rothwell(1988)在研究中将政策工具系统划分为环境型政策工具、供给型政策工具以及需求型政策工具,该种划分在学术界被广泛认可。同样,我国学者许冠南(2014)在研究中系统地介绍了环境面政策工具、供给面政策工具以及需求面政策工具并对其作用机理进行了深入的分析。由此可以看出,虽然政策工具分类没有明确定论,但作为政策手段用于抑制碳排放增长与保护环境的作用被国内外学者所认可,故本书在构建减排政策体系中,将借鉴Rothwell与许冠南等学者的分类法,从环境类政策工具、供给类政策工具以及需求类政策工具的角度出发,研究探讨有利于山东省种植业低碳发展的政策工具。

环境类政策工具主要是通过创立外部条件,为种植业低碳发展提供环境支撑，主要表现在对节能减排的影响上，其主要手段可分为财政支持、减排目标制定、战略规划措施（如打造自主品牌、建立农业示范园区等）、立法约束、引导低碳生产等。

需求类政策工具着力点为农产品市场，其目的一方面在于为农产品销售开拓新的市场，打开新销路；另一方面是了防范经营风险，降低市场不稳定对种植业生产带来的不利影响，以此来保证种植业低碳生产能够顺利进行。其主要手段可分为：贸易管控（重点：农产品进口限制、出口鼓励）、市场开拓、低碳技术引进等。

供给类政策工具主要是指政府在种植业生产过程中，为其提供人力、信息以及技术等方面支持，确保低碳生产顺利进行所使用的政策手段，具体可分为：基础设施建设（农田与农村基础设施建设）、农业信息支持、减排专项资金投入、农业公共服务（培养人才、部门协作）等。

三 减排体系构建思路

种植业减排参与主体及范围：以山东省政府为主导，各级政府主管部门与政府主管部门的工作人员参与其中，依靠运用环境类政策工具、需求类政策工具与供给类政策工具对市场进行有效驱动，实施与推动种植业减排政策。相关涉农企业与农民应根据减排政策要求参与到减排工作中，承担在低碳减排中的社会责任与经济责任，一方面间接参与政府监督，另一方面积极加入低碳发展减排工作中。

山东省种植业低碳发展减排政策体系的构建需要兼顾种植业经济效益和生态效益的协调发展，充分运用好政策工具，厘清减排思路，在种植业发展现状的客观基础上，构建符合山东省种植业实际所需的减排政策体系。第一，必须把提高种植业低碳绩效放在突出位置，要以农业低碳经济理论为减排政策的核心指导理论，运用农业循环经济理论作为减排手段的指导思想，坚持以农业绿色发展理论为减排政策的指导理念。第二，必须以种植业经济效益与生态效益协调发展为目标，有效保障种植业低碳发展，从而实现经济与环境可持续发展。第三，必须以因地制宜、遵循种植业发展特点与现状为原则，以市场需求为导向，以提高经济效益为目的，同时，要以技术为支撑，兼顾区域协调发展。第四，必须以政策工具为减排手段，充分发挥其减排作用，助力减排任务的完成。第五，必须以山东省种植业低碳绩效综合评价结果、碳汇集聚分析、减排成本测算与低碳政策仿真结果为减排政策设计依据，在基于分析研究的基础上构建减排政策体系，如图9-1所示。

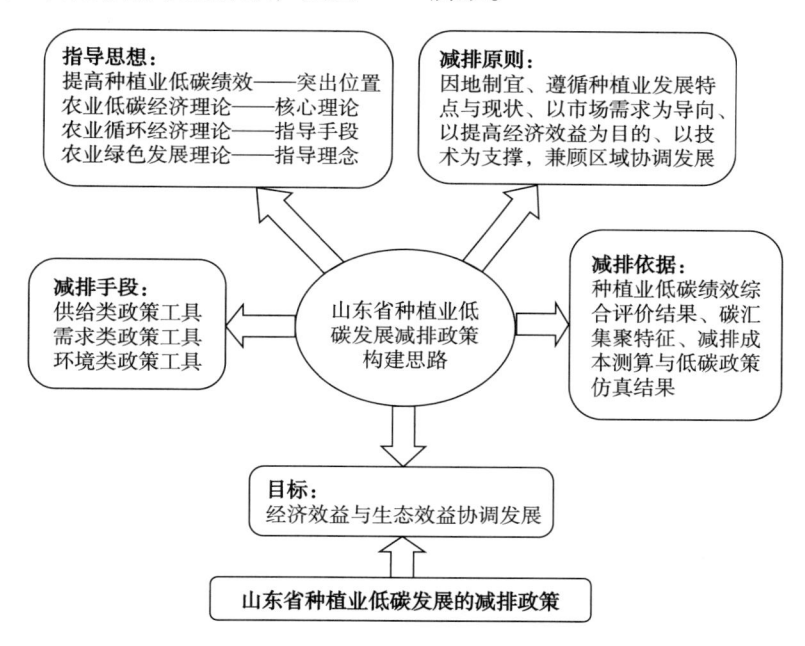

图9-1 山东省种植业低碳发展减排政策体系构建思路

第二节 种植业减排政策体系的制度构建

一 区域减排任务细分制度构建

由山东省种植业现状分析可知，省内种植业碳汇存在较为明显的空间集聚特征。与此同时，区域碳排放量与碳排放强度有显著差异，碳排放强度最高的为半岛蓝色经济区，结合碳排放减排成本分析可知，该区域减排成本高于全省平均水平，减排难度较大。碳排放量最大的为西部经济隆起带，且该区域单位碳排放的碳汇比例占比较低，但其碳减排成本最低，减排空间最大。碳排放平均排放量最小的为省会城市经济圈，但该区域减排成本最高，难度也最大。高效生态区碳排放总量与平均碳排放量均远低于全省平均水平，但是其减排成本仅略低于省会城市经济圈，减排难度较大。基于省域内种植业发展存在的较大差异，需在坚持种植业低碳发展主体目标不变的前提下，理清减排工作存在的困难与关键所在，综合统筹构建减排政策体系，执行区域协同治理机制，降低种植业碳排放减排成本，同时，为了适时优化调整减排目标与责任，需建立动态评估机制以保证减排体系构建的合理性。

（一）半岛蓝色经济区种植业减排任务

半岛蓝色经济区种植业经济较发达，生产水平较高，低碳技术相对较成熟，单位碳排放的碳汇比例占比较高，该区域为全省经济作物花生主产区，同时，全国最大蔬菜生产基地也位于该区域内，该两类作物经济价值较高，造成碳排放减排成本偏高。故该区域在减排过程中主要的任务是，首先，利用其经济发达的优势，多承担资本密集型减排项目，负责对新低碳种植技术进行研发与试验工作。其次，利用好其沿海便利条件与国际农业合作园区分布较多优势，积极引进与开发新的低碳项目，创新提高低碳种植技术，发挥好"引路者"作用，积极向省内其他区域推广新低碳技术。最后，向技术较落后但减排成本较低的西部经济带输出低碳减排技术和减排资本，提升其碳减排能力。

（二）黄河三角洲高效生态区种植业减排任务

黄河三角洲高效生态区碳排放量与平均碳排放量均远低于全省平均水平，其农业发展模式定位于"高效"，低碳种植技术较为成熟，进行升级改造则将付出较大的经济代价。故该区域在减排过程中主要的任务是，首先，遵循种植业发展规律，循序渐进开展低碳减排工作，避免碳减排成本出现大幅度波动。其次，继续进行生态农业模式研发工作，以"减排降成"为发展目标，将切实可行的"高效生态农业"模式在省域内进行推广。最后，坚持以市场为导向，贯彻落实绿色发展理念，拓展农业多样性功能，降低碳排放减排成本。

（三）省会城市经济圈种植业减排任务

省会城市经济圈重点发展都市农业、休闲农业与观光农业，其产业发展层次高，产业融合度较强，并且该发展形式经济产出较高，而其碳排放量为全省较低，故提高了碳减排成本，造成了减排难度相对最大。故该区域在减排过程中主要的任务是，首先，深入挖掘种植业潜力，优化提升种植结构，在保证碳排放"零增长"的前提下，开发种植业新资源。其次，继续完善"都市农业"功能，调整升级其空间布局和结构安排，在促进碳减排的同时提升经济效益，从而降低碳减排成本。最后，将都市农业发展模式向区域内其他城市推广，以提高其低碳生产水平与经济效益。

（四）西部经济隆起带种植业减排任务

西部经济隆起带为全省农作物主产区，其播种面积与粮食产量为全省最高，伴随而来的是较大的种植业生产资料投入，其碳排放总量为全省最高，且单位碳排放的碳汇比例占比较低，但其碳减排成本较低，减排空间较大。故该区域在减排过程中主要的任务是，首先，在保证粮食产量的情况下，承担更多实际减排任务，减少如化肥、农药等生产资料使用。其次，利用好其他区域减排资本与减排技术输入的机会，一方面，大力研发适应本区域实际发展情况的低碳种植技术；另一方面，积极使用清洁能源配合进行低碳生产方式转变。最后，重点进行农业环境保护，坚守耕地红线，同时，进行种植结构优化升级，促进种植业增产与提质有机结合。

二 政策落实监督制度构建

（一）构建监督检查制度

监督制度的构建能够有效地保障减排政策得到切实执行，从而有效促进山东省种植业更好地走低碳发展之路。构建减排政策监督检查制度首先要遵循以下原则：一是坚持严格且高标准建立原则，做到全方位、全流程监督政策落实情况；二是坚持与时俱进原则，一方面是监督手段的与时俱进，另一方面是监督人员水平的不断提升；三是做到制度管人原则，对减排政策落实不力以及监督不到位的情况，严格按照相关规定处理执行；四是发动社会共同监督原则，减排政策监督制度一方面需要依靠政府去执行，另一方面农民、涉农企业以及媒体等的监督已经成为不可或缺的一部分，在监督减排政策贯彻落实的过程中发挥着越来越重要的作用。

构建减排政策监督制度内容：第一，建立健全监督检查机构，一方面做到层级的全覆盖，由于种植业生产的特殊性，监督机构要深入村，形成省、市、县（区）、乡（镇）、村五级监督机构，每级机构需要配齐相应的工作人员，鉴于工作的特殊性与复杂性，可以利用已有的基层工作人员，如网格员等配合进行减排政策落实监督工作。第二，建立监督协同管理机制，政策执行机构应主动加入到监督工作来，监督如农业财政支出执行情况，低碳补贴政策落实后的改进情况等，形成全员监督。第三，建立健全公示制度，提高减排政策执行的公开透明度，主动公开低碳政策中如涉农补贴资金等执行情况，提高减排专项资金使用的透明度，以此来加强农民、涉农企业以及媒体对监督信息的可获得性。

（二）形成长效监督制度

形成长效监督制度对保证减排政策的有效执行意义重大。首先，需要建立长效的信息共享制度。长效信息共享制度的构建能够有效解决由于信息不对称带来的监督漏洞，可以及时发现并纠正政策执行过程中的问题，助推减排政策得到有效执行。其次，建立长效的监督制度创新体系。根据市场导向，种植业的生产将会带来改变，由此而来的是减排政策的调整，监督机制要根据减排政策的调整适时进行创新以符合监督发展的需求。再次，建立长效的权力执行监督制约制度。一方面强调监督的前提是为了更好服务政策落地，切实推进山东省种植业走低碳发展之路；另一方面，是为了将监督的权力用制度进行约束。最后，建立长效的动态评估制度。动态评估制度的建立旨在保证区域减排任务能够根据生产实际变化适时调整，同时监督减排任务切实有效地进行落实。一是需要建立起全省碳排放数据库，充分运用大数据分析观察其变化发展规律，以期制定科学合理的减排任务。二是需进行区域协同治理制度，一方面发挥区域间正向促进作用，另一方面，从全局的角度进行减排任务的合理分配。

第三节 山东省种植业低碳发展的减排政策

综合前文研究结果，本书为推动山东省种植业低碳发展提出以下政策建议。

一 制定种植业低碳法律法规

种植业立法对于低碳进程的推动有着强力的促进作用，可以使制定的低碳发展规划做到有法可依、有章可循。我国目前尚未有专门针对农业或者种植业低碳发展方面的法律法规，就山东省现状而言只有政府发布的低碳工作方案而且仅制定了短期的任务目标，相比于法律而言缺少强制执行力，不利于种植业的长期发展以及取得较好的低碳效果。为了能更好地促进种植业的低碳发展，亟须制定相应的法律法规以保证种植业低碳发展。首先，应将低碳约束用法律法规的形式确定下来，将种植业碳排放"零增长"、碳排放强度降低目标以及碳汇增加目标等加入低碳法律法规中，增强地方重视度与执行力。其次，制定严格的法律法规。一方面，从源头抓起，对于生产达不到绿色环保标准的农业生产资料投入市场的，依据法律法规严惩制造商；另一方面，对于不按规定使用农药、化肥、农膜等生产资料造成环境污染的，追究其相关法律责任。再次，完善农产品绿色检测法律法规制度建设，以确保内销与外销的农产品能满足绿色检疫标准。最后，以法律的形式确定低碳激励政策。一是对于在推动种植业低碳发展工作中做的较好的典型示范地区，给予更多的财政支持与农业补贴；二是对于在种植业低碳发展过程中做出较大贡献的个人，给予相应的奖励，从而激励典型地区与突出个人在种植业低碳发展过程中做出更大贡献。

在立法保证的前提下，种植业低碳发展规划的制定就成为顺理成章的工作。一方面，需要从山东省整体出发，建立短、中、长期的低碳规划，需要充分考虑碳减排以及种植业低碳绩效的提高，同时要兼顾经济发展；另一方面，一是需要进行具体区域规划，第一个层次是大区域低碳规划，建立已有的山东省四大分区低碳规划；第二个层次是在大区域规划下，依据区域内各城市种植业低碳发展现状，做到"一区一市一规划"。二是需要统筹区域发展，因为山东省种植业发展存在较大差异，故低碳发展规划的制定需要综合考虑试点建设与分类指导相结合的方法，做到因地制宜，因时制划。

二 聚力提升种植业经济发展水平

（一）发挥品牌大省优势，加紧打造高端品牌

山东省拥有一大批卓越的产品品牌、企业品牌、行业品牌、区域品牌和地理标志品牌，其中好品山东、好客山东品牌体系享誉海内外。所以亟须加强农业品牌认证、监管、保护等各环节的规范与管理，打造山东省整体农产品品牌形象，因地制宜发展多样性特色农业，倡导"一村一品""一县一业"。例如强化如寿光蔬菜、栖霞苹果、莱阳黄梨等品牌效应，提高农产品市场竞争力和占有率。并且支持有资质的企业对接国际生产标准开展国际认证，着力培育打造一批国际自主品牌。要坚持质量第一、效益优先，大力实施质量强省战略、品牌战略和标准化战略，推动"山东标准"建设，积极创建全国标准化综合改革试点省。

（二）聚力发展高效特色种植业，助推现代种植业示范区建设

一是依托现有特色高效蔬菜种植基地，打造聊城市精致种植业示范园区，德州市全国种植业产业化示范基地等一批示范园区。二是重点围绕粮食产能建设，大力发展生态、绿色和有机农业，并适时推荐符合条件的省级现代种植业示范区创建为国家级示范区与全国重要的农产品生产加工示范基地。

(三) 优化种植业的产品结构、生产结构和区域结构

中央文件提出要"树立大农业、大食物"的观念，也就是不能单纯以增加产量论英雄，要合理开发更多农业资源，要为市场提供品种多样的产品。第一，山东省是农业大省，其粮食生产的稳定对我国的粮食安全起到至关重要的影响，在稳定粮食播种面积与保证粮食安全产量的情况下，主动调整种植结构。例如，根据区域实际情况，主动减少玉米播种面积、小麦播种面积等产能过剩的农作物，减少已不具备生产规模效应与经济利益的棉花播种面积。第二，大力发展紧缺和绿色优质农产品，适应城乡居民食品结构升级的需要，努力占领市场。第三，深入推进优质粮食工程，引导种植业生产由增产向提质转变。

(四) 坚定地实施"走出去"战略，加强农产品市场开拓

首先，鼓励企业到国外资源相对丰富的地区，建设生产基地、研发基地和营销网络，支持有实力的企业优先建设一批境外种植业合作示范区、产业园区，在全球范围内布局产业链条。其次，鼓励农产品出口企业赴境外建设农产品展示中心，举办农产品宣传推介活动。加强农产品出口基地建设，提升蔬菜、果品、畜产品、水产品等优势农产品出口份额。最后，加快推进农业"走出去"战略，加强"一带一路"农业国际合作，主动扩大国内紧缺农产品进口，拓展多元化进口渠道，培育一批跨国农业集团，提高农业对外合作水平。

(五) 积极学习国际先进技术与贸易规则，打造"互联网＋外贸"营销方式

一是学习引进国外优良种植资源以及种植业安全生产、标准化生产、病虫害综合防治等领域的关键技术。二是打造一批熟悉国际规则的种植业龙头企业，提升优势特色农产品国际市场竞争力。三

是利用丰富的海外网络资源与国内网络资源相结合，多渠道全方位对适应市场需要的农产品进行宣传，并与海外电商加紧工作，利用其平台宣传推广本省产品，实现利益"双赢"。

（六）充分发挥引领作用，提升农产品出口贸易水平

1. 深入推进国际合作水平，保证优惠政策尽快落地

首先，对区域内农产品企业"走出去"给予资金筹措、外汇审核等方面的优惠政策。其次，引导农业企业积极开展跨国经营，加快推进青岛中德生态园建设，研究开展日照国际海洋城、潍坊滨海产业园等中外合作项目。最后，发挥区位优势紧密结合"一带一路"倡议，将半岛蓝色经济区建设成为中日韩高效生态农业合作试验区。

2. 发展滨海特殊种植业，完善食品安全机制

一是在滨海地区因地制宜发展设施蔬菜、优质果品、特色作物等高效农业，推进无公害农产品、绿色食品、有机食品认证，培育名牌产品，建设沿海种植业休闲观光走廊。二是配套建立标准化体系和可追溯体系建设，同时对检验检疫、市场开拓等方面给予政策和资金扶持，支持设立国家级出口农产品质量安全示范区。

3. 整合优势资源，带动区域共同发展

第一，利用其农产品深加工优势，实现省内区域互通有无，助推农产品深加工。第二，利用其海港优势，在货运方便，节省运输成本，增加其价格优势。第三，利用其已有宣传平台优势，大力宣传省内优势农产品，帮助其打响知名度。

三 财政支农助推种植业高质量发展

（一）研究制定对口财政政策，加大财税扶持力度

一是制定政策引导和扶持战略性新兴产业发展的优惠政策，对相关区域的建设给予支持。二是整合资金，用于支持区域内种植业重点项目建设。整合现有专项资金，重点支持列入规划的能源、水利等重大基础设施项目建设。三是适当加大对区域内出口退税负担较重地区的财政支持力度，解放其生产发展能力。

（二）健全财政支农方式

第一，种植业基础设施建设初期给予必要的财政支持。种植业转型升级的初期，由于负担过重，运行成本较高，需要政府给予必要的财政支持。第二，健全财政投入稳定增长机制，将种植业作为财政支出和固定资产投资的重点保障领域。第三，财政资金重点投入生态文明建设工程。政府应大力度抓好环境保护，将资金投入环境保护中。第四，优化农机购置补贴政策，加大保护性耕作、深松整地、秸秆还田等绿色增产技术所需机具补贴力度。第五，完善结构调整补助政策，继续支持粮改饲，健全生态建设补贴政策，加强种植耕地及生态资源保护，探索建立以绿色生态为导向的种植业补贴制度。

（三）建立健全财政资金监督使用机制

财政支农资金需要做到事前申请、事中监督、事后考察的全程监控体系。推动农业财政支出资金绩效管理，做到了解财政支持项目实施进度、绩效目标实现情况，加强执行监控，强化绩效评价等，顺应市场规律，积极培育种植业生产的自主能动性，主动优化升级，在市场竞争中站稳脚跟。

（四）取长补短，强化现代要素集成运用

第一，发挥区域协同作用。因地制宜，充分发挥省内高效农业示范园区多且强的优势，鼓励各地依托资源禀赋和优势主导产业，积极拓宽农村产业融合发展渠道，加快区域之间种植业互补发展，形成更加合理的框架布局。第二，做强种植业。实现转型升级必须强化现代科技装备支撑，要大力推广运用新技术，同时推动设施装备升级，技术集成创新，优良品种推广，促进农业生产向"优质高效"发展。第三，坚持问题导向。深入剖析省内农业结构存在的主要矛盾问题，精准定位突破口，解决效益偏低的"瓶颈"问题，着力提升山东种植业发展质量效益。

（五）发挥政府调控作用

第一，加快创建全程质控模式，建立符合种植业产区实际的全

程质量控制模式，遵循质量为主、数量控制的实施原则。第二，政府应做好相关预警机制的建立，要求统计部门及时汇总数据，把控种植业经济发展规模与质量，在推进种植业高质量发展过程中，不能造成新的失衡，作为我国粮食主产区，既要坚持质量优先，但不可过度关注质量而放松了数量基础，需确保种植业经济发展速度与所需规模相适应。

四 确立科研核心战略地位

（一）创建科研共享平台，整合优势资源

高校与科研机构承载着人才培养、科学研究、社会服务和文明传承的重大使命，引导区域内高校与科研机构将生态文明纳入思政教育，切实将生态文明理念植入大学生与科研人员思想中，将对整合优势资源助推农业低碳发展起到积极的推动作用。首先，积极争取国家级涉农科研机构在山东布局分支机构，为其成功落地提供政策保障与优惠措施。其次，打造产学研深度融合平台。一方面，结合区域内高校与科研单位资源，有针对性地创办如"都市种植业"核心理论期刊，助推创新理论成果落地。另一方面，加快与区域内山东大学等科研的单位"产学研"一体化进程，鼓励地方进行实践探索和理论研究，以更好地指导种植业的发展。再次，建立健全农业科研成果产权制度，赋予科研人员科技成果所有权，完善人才评价和流动保障机制，落实兼职兼薪、成果权益分配政策。最后，加大对区域内生产一线农民的科技培养，让教学人员深入一线生产中去，在种植业生产中教学，在教学中攻破技术难关，切实解决农技推广"最后一公里"问题。

（二）加快突破种植业关键核心技术

一是强化创新驱动发展，加快突破种植业灌溉关键核心技术与复种提高技术，继续组织实施水稻、小麦、玉米、大豆联合攻关，加快选育和推广优质草种。二是进行"海水种植业"关键技术攻关。一方面对以土地为载体运用海水进行浇灌和海水无土栽培方式进行生产的种植业加大科研投入，组织专家团队进行研究，力争提高区域内整体科研水平。另一方面，通过对现有技术与品质优化升级，加快由粗放型向集约型转变，发展现代海上种植业。三是促进种植业科研成果转化。一方面加强种植业领域知识产权创造与应用，为其提供科研奖励补助，帮助其申请专利，力争为科研成果项目落地提供全方位的支持。另一方面，提升种植业科技园区建设水平，着力建设种植业科技成果转化中心、打造现代种植业创新高地。

（三）强化农业设施装备支撑

首先，加快重大水利工程建设，提升中小型农田水利设施，发展节水农业、旱作农业，加快推广水肥一体化，加大地下水超采区综合整治力度。其次，围绕推进"全程、全面、高质、高效"农业机械化，优先发展大马力、高性能、复式作业机械，大力发展智能化、高端农机装备，推进粮食机械化干燥，规范推广棉花机采、花生机播机收等关键环节技术，推动粮棉油等主要农作物生产全程机械化。

（四）完善农田灌溉制度，优化提升灌溉体制

首先，制度先行，完善保障机制。明晰相关部门职责，确立期中管控与后期责任追责机制，确保灌溉质量在制度保障下得到提升。其次，多方协作，保障水利建设资金充足。对于农田水利工程建设重点项目，应该加大财政补贴力度，同时，对于小型水利建设，可以通过完善相关政策，吸引社会资金与鼓励农民和集体筹资进行建设并举，尽快完善基础农田水利设施建设，为提高有效灌溉水平打好硬件基础。最后，一方面，实施精准农业科技示范工程，推进田水林路电综合配套，同步发展高效智能节水灌溉。另一方面，加快灌区续建配套与节水改造，不断完善农田灌排体系。加快修复水毁灾毁水利工程，突出抓好防洪薄弱环节建设。

（五）发挥水网优势资源，创新灌溉技术

第一，建立全新种植业用水价格机制，推进种植业灌溉用水总量控制和定额管理制度，建立节水奖励和精准补贴机制，增强农民

节水意识。第二，提升种植业灌溉科技水平，完善田间雨水集蓄利用设施，改地面漫灌为喷（滴）灌并应用水肥一体化等高效节水技术，提高水利用系数与种植业用水效率，保障蔬菜增产丰收，助推"菜篮子"工程。

五　打造农村宜居宜业环境

（一）千方百计增加农民收入

第一，加大政府引导和扶持力度，提高省内农民职业技能和创收能力，努力拓展农民增收渠道，促进农民收入持续较快增长。第二，巩固提高农业经营收入。健全农产品价格保护制度和价格稳定机制，使农民合理分享农产品种养、加工、流通增值收益。第三，鼓励农民工返乡创业，扶持农民以创业带动就业，大力增加农村转移性收入。

（二）坚持"引进来"与"走出去"两手抓战略

首先大力吸引区域外优秀种植业人才落户农村，成为农村种植业带头人，推进优秀科研成果快速铺开应用。其次加快省内"走出去"步伐，选择有资质有学习潜力的种植能手，学习区域外优秀技术与经验，更好地回乡带动种植业发展，为吸引人才落户打下坚实基础。

（三）落实强农惠农富农政策

为返乡就业农民工、农业企业等提供专项信贷资金，稳步推进农民合作社内部信用互助，建立健全农业融资担保体系。落实对产粮大县主要粮食作物保险保费补贴支持政策，逐步扩大农业保险险种范围，进一步扩大地方特色险种种类。使其在农村就业充满政策优惠，让其工作无后顾之忧。

总而言之，努力为农村留住人才与培养人才并提供良好的环境与政策支持，为种植业不断升级发展提供新鲜的血液与可靠的劳动力资源。

第四节 本章小结

本书首先从指导思想、减排原则、减排手段、减排依据等方面进行了减排政策的体系构建，接着为减排政策体系构建了减排任务细分制度与政策落实监督制度，并构建了减排目标与减排政策，由此构建了完整的减排政策体系。

综上所述，总结全书研究分析结果从五个方面提出了推动山东省种植业低碳发展的政策建议：第一，制定种植业低碳法律法规；第二，聚力提升种植业经济发展水平；第三，财政支农助推种植业高质量发展；第四，确立科研核心战略地位；第五，打造农村宜居宜业环境。通过本书对山东省种植业低碳绩效综合评价与减排政策研究的结论，为山东省种植业低碳发展提供了决策参考。

第十章 结 论

一 研究结论

第一,山东省种植业碳排放呈现出先升后降的发展趋势,且区域间差异明显。从种植业碳排放时序演变特征结果来看,种植业碳排放总量由2000年的1119.56万吨上升到了2018年的1146.39万吨,上升幅度约为2.40%,年均增幅约为0.26%。第一阶段(2000—2007年)为持续上升阶段,第二阶段(2008—2011年)为缓慢下降阶段,第三阶段(2012—2018年)为持续下降阶段,在农作物产量大幅增加的同时,碳排放总量呈现出下降的发展趋势,表明山东省的碳减排工作取得了一定的成效。从种植业碳排放空间结构特征来看,潍坊市碳排放量为省内最高,达到了143.90万吨,最小的为莱芜市9.26万吨,从分区来看,碳排放量依次为:西部经济隆起带>半岛蓝色经济区>黄河三角洲高效生态区>省会城市经济圈。

第二,山东省种植业边际减排成本在逐渐下降,但区域间减排成本差异明显。研究结果表明,种植业碳排放边际减排成本大小顺序依次为省会城市经济圈>黄河三角洲高效生态区>半岛蓝色经济区>西部经济隆起带,同时,随着时间的推移,减排过程中经济成本付出无效率部分有了明显的减少,其每减少1吨种植业碳排放所需要付出的经济成本呈现出下降的发展趋势,这说明山东省种植业减排难度在逐渐下降。

第十章 结 论

第三，山东省种植业低碳绩效驱动力较为单一。由结果可知，受低碳约束的影响，2001—2018年山东省种植业低碳绩效指数增长率比传统种植业绩效指数慢，年均增长速度为3.00%。经过分解可以发现，驱动种植业低碳绩效主要力量来源于前沿技术进步的变化，整个样本期间内，种植业低碳绩效水平呈现一定的波动，增长的驱动力比较单一，因此要实现种植业低碳的全面发展，仅仅依赖于技术进步的提高还不够，还需要进一步改善技术效率，实现技术效率和技术进步的双重驱动。从分区来看，山东省四大区域种植业低碳绩效指数均值均大于1，说明山东省种植业低碳绩效指数呈现明显的增长趋势，在研究区间内四大区域种植业低碳绩效水平均得到了持续改善，其中省会城市经济圈平均增速相对最高，达到了4.50%。

第四，山东省种植业低碳绩效存在明显的空间聚集特征。研究结果表明，山东省种植业低碳绩效存在空间依赖性与空间聚集特征，且大部分城市集聚在第一、第三象限。从影响因素来看，种植业经济发展水平对种植业低碳绩效具有显著的促进作用，种植业发展规模对种植业低碳绩效具有显著的积极影响，农业人口规模对种植业低碳绩效的影响不显著，财政支农力度对种植业低碳绩效具有显著的积极影响。空间相关系数显著不为0，说明山东省种植业低碳绩效存在显著的空间效应，种植业低碳绩效不仅受经济因素、规模因素、技术因素变量的影响，还与邻近区域的种植业低碳绩效具有较强的关联。

第五，低碳约束目标与低碳驱动手段对种植业低碳绩效的影响作用显著。低碳约束目标中种植业碳排放强度对种植业低碳绩效前期呈现出正负交替的影响作用，低碳约束目标中净碳汇效应对种植业低碳绩效呈现出显著的正向影响，且在短期内效果相对更加明显，净碳汇效应与碳排放强度约束目标需要配合使用，在充分考虑地区差异与时序变化的情况下制定，才能取得更好地促进种植业低碳绩效增长的效果；低碳驱动手段中地方财政支农力度对种植业低碳绩效的增长贡献度最高，对于种植业低碳绩效的积极影响与空间效应研究结果一致，但是从长期来看，影响效果逐渐变弱。需要重点注意的是，低碳约束目标与低碳驱动手段都没有相关法律作为支撑，对于目标的制定、执行的监管都没有明确依据，接下来关于低碳约束目标与低碳驱动手段的立法工作是有效提高种植业低碳绩效的改进方向。

二　研究的不足与展望

研究方法有待充实与提高。本书虽然将山东省种植业低碳绩效进行了较为全面的实证研究以求充分挖掘其内在联系，但受限于实证方法的局限性，其研究不能全面概括其内外在联系，后续的研究可以进一步拓展实证方法，以求找到最优解。

参考文献

白仲林:《一种结构突变面板数据单位根的联合检验》,《数量经济技术经济研究》2008 年第 10 期。

曹志宏等:《河南省农业生产碳汇的演变趋势及其集聚特征分析》,《中国生态农业学报》2018 年第 9 期。

陈德湖、张津:《中国碳排放的环境库兹涅茨曲线分析——基于空间面板模型的实证研究》,《统计与信息论坛》2012 年第 5 期。

陈锦泉:《农产品价格波动对县域经济发展的影响研究》,《发展研究》2017 年第 11 期。

陈林等:《宜宾市近 15 年农业碳排放时空格局及其驱动力分析》,《石南农业学报》2019 年第 6 期。

陈罗烨等:《中国农业净碳汇时空演化特征分析》,《自然资源学报》2016 年第 4 期。

陈儒、姜志德:《中国低碳农业发展绩效与政策评价》,《华南农业大学学报》(社会科学版) 2017 年第 5 期。

陈儒等:《低碳农业联合生产的绩效评估及其影响因素分析》,《华中农业大学学报》(社会科学版) 2018 年第 3 期。

陈炜等:《1997—2015 年中国种植业碳排放时空特征及与农业发展的关系》,《干旱区资源与环境》2019 年第 2 期。

程叶青等:《中国能源消费碳排放强度及其影响因素的空间计量》,《地理学报》2013 年第 10 期。

程云鹤等:《安徽绿色经济发展系统动力学模型及政策仿真》,《华东经济管理》2019 年第 6 期。

崔军：《循环经济理论指导下的现代农业规划理论探讨与案例分析》，《农业工程学报》2011年第11期。

邓博：《低碳经济视野下我国农业循环经济发展研究》，《农业与技术》2018年第24期。

刁云霞等：《基于因变量抽样设计下线性回归模型的假设检验问题》，《数学学报》2018年第6期。

丁越华：《低碳经济语境下对农业发展方式转变的思考》，《农业经济》2012年第4期。

董红敏等：《中国农业源温室气体排放与减排技术对策》，《农业工程学报》2008年第10期。

董明涛：《我国低碳农业发展效率的评价模型及其应用》，《资源开发与市场》2016年第8期。

段显明、许敏：《基于PVAR模型的我国经济增长与环境污染关系实证分析》，《中国人口·资源与环境》2012年第S2期。

樊高源等：《新疆农业生产碳排放变化特征及其净碳排放压力研究》，《浙江农业学报》2016年第2期。

范太胜：《基于系统动力学的低碳经济发展模式研究：以福建省为例》，《华东经济管理》2013年第8期。

方福前、张艳丽：《中国农业全要素生产率的变化及其影响因素分析——基于1991—2008年Malmquist指数方法》，《经济理论与经济管理》2010年第9期。

方时娇、周倩玲：《绿色发展的理论归旨与社会主义经济创新发展》，《毛泽东邓小平理论研究》2017年第11期。

冯烽：《内生视角下能源价格，技术进步对能源效率的变动效应研究——基于PVAR模型》，《管理评论》2015年第4期。

高标等：《区域农业碳排放与经济增长演进关系及其减排潜力研究》，《干旱区资源与环境》2017年第1期。

高文玲等：《低碳农业的概念及其价值体现》，《江苏农业科学》2011年第2期。

郭耀辉等：《农业循环经济发展指数及障碍度分析——以四川省21个市州为例》，《农业技术经济》2018年第11期。

韩冰等：《中国农田土壤生态系统固碳现状和潜力》，《生态学报》2008年第2期。

韩长赋：《大力推进农业绿色发展》，《人民日报》2017年5月9日第12期。

何蒲明：《我国发展低碳农业的必要性、前景与对策分析》，《农业经济》2012年第1期。

何炫蕾等：《基于LMDI的兰州市农业碳排放现状及影响因素分析》，《中国农业大学学报》2018年第7期。

何艳秋等：《中国农业碳排放空间格局及影响因素动态研究》，《中国生态农业学报》2018年第9期。

胡联升：《环境规制、技术创新与绿色发展动态交互影响研究——基于PVAR模型》，《海峡科学》2019年第6期。

胡曙虹等：《中国高校创新产出的空间溢出效应与区域经济增长——基于省域数据的空间计量经济分析》，《地理科学》2016年第12期。

胡颖梅等：《论政府低碳规制体系构建》，《企业经济》2016年第4期。

黄锋等：《农产品价格波动时期的空间自相关性分析》，《计算机工程与设计》2016年第1期。

黄宁、郭平：《经济政策不确定性对宏观经济的影响及其区域差异——基于省级面板数据的PVAR模型分析》，《财经科学》2015年第6期。

纪玉山、纪明：《低碳经济的发展趋势及中国的对策研究》，《社会科学辑刊》2018年第2期。

姜磊：《空间回归模型选择的反思》，《统计与信息论坛》2016年第10期。

蒋诗泉等：《灰色面板数据视域下的相似性和接近性关联度模

型拓展》,《运筹与管理》2019年第4期。

金乐琴、刘瑞:《低碳经济与中国经济发展模式转型》,《经济问题探索》2009年第1期。

李波、张俊飚:《基于投入视角的我国农业碳排放与经济发展脱钩研究》,《经济经纬》2012年第4期。

李波、张俊飚:《我国农作物碳汇的阶段特征与空间差异研究》,《湖北农业科学》2013年第5期。

李波:《我国农地资源利用的碳排放及减排政策研究》,博士学位论文,华中农业大学,2011年。

李克让:《土地利用变化和温室气体净排放与陆地生态系统碳循环》,气象出版社2002年版。

李明亮:《基于碳足迹与新型低碳技术的农业现代化发展研究》,《生态经济》2018年第6期。

李茜等:《我国经济增长与环境污染双向作用关系研究——基于PVAR模型的区域差异分析》,《环境科学学报》2015年第6期。

李秋萍等:《中国农业碳排放的空间效应研究》,《干旱区资源与环境》2015年第4期。

李涛、梁晶:《农村合作金融对农业经济增长影响的实证检验》,《统计与决策》2019年第7期。

李婉红:《中国省域工业绿色技术创新产出的时空演化及影响因素:基于30个省域数据的实证研究》,《管理工程学报》2017年第2期。

廖红:《循环经济理论:对可持续发展的环境管理的新思考》,《中国发展》2002年第2期。

刘凤梅:《我国区域农业生产效率动态评价及优化策略研究——基于DEA – Malmquist指数分解法》,《新疆大学学报》(哲学·人文社会科学版)2016年第2期。

刘后平等:《供给侧结构性改革下的国产大豆供给问题研究》,《江苏农业科学》2019年第17期。

鲁涛、周晶：《基于投入要素生产效率变化的 Malmquist 指数分解方法》，《统计与决策》2010 年第 17 期。

马骏、王改芹：《环境规制对产业结构升级的影响——基于中国沿海城市系统广义矩估计的实证分析》，《科技管理研究》2019 年第 9 期。

马丽梅等：《能源结构，交通模式与雾霾污染——基于空间计量模型的研究》，《财贸经济》2016 年第 1 期。

毛晓丹：《湖北省农业循环经济发展研究》，博士学位论文，华中农业大学，2014 年。

米松华：《我国低碳现代农业发展研究》，博士学位论文，浙江大学，2013 年。

米松华等：《稻田温室气体减排成本收益分析》，《浙江农业学报》2016 年第 4 期。

牛鸿蕾：《中国城镇化碳排放效应的实证检验》，《统计与决策》2019 年第 6 期。

秦书生、胡楠：《中国绿色发展理念的理论意蕴与实践路径》，《东北大学学报》（社会科学版）2017 年第 6 期。

冉锦成等：《西北五省农业碳排放测算及碳减排潜力研究》，《江西农业大学学报》2017 年第 3 期。

尚杰、杨滨键：《种植业碳源、碳汇测算与净碳汇影响因素动态分析：山东例证》，《改革》2019 年第 6 期。

生延超、周玉姣：《适宜性人力资本与区域经济协调发展》，《地理研究》2018 年第 4 期。

师博、任保平：《策略性竞争、空间效应与中国经济增长收敛性》，《经济学动态》2019 年第 2 期。

施婷：《基于系统动力学的碳排放系统仿真与优化方案研究》，博士学位论文，华北电力大学，2013 年。

舒扬，孔凡邦：《内生视角下环境规制、产业集聚与城市绿色全要素生产率——以长江经济带城市为例》，《工业技术经济》2019

年第 10 期。

宋德勇、石昶：《环境友好行为，信息公开与庇古税研究》，《中国人口·资源与环境》2012 年第 6 期。

宋蕾：《低碳规制的"效率困境"内生性因素分析——基于"认知—态度—行为"模型的调研》，《社会科学》2012 年第 9 期。

苏洋等：《新疆农牧业碳排放及其与农业经济增长的脱钩关系研究》，《干旱区地理》2014 年第 5 期。

孙久文、姚鹏：《空间计量经济学的研究范式与最新进展》，《经济学家》2014 年第 7 期。

唐爽等：《武陵山民族特困地区城镇化与农业现代化的互动效应分析——基于面板 VAR 模型的实证检验》，《重庆师范大学学报》（哲学社会科学版）2017 年第 2 期。

田云、陈池波：《中国碳减排成效评估、后进地区识别与路径优化》，《经济管理》2019 年第 6 期。

田云：《中国低碳农业发展：生产效率、空间差异与影响因素研究》，博士学位论文，华中农业大学，2015 年。

田云等：《中国农业碳排放研究：测算、时空比较及脱钩效应》，《资源科学》2012 年第 11 期。

田云等：《中国种植业碳汇盈余动态变化及地区差异分析——基于 31 个省（市、区）2000—2012 年的面板数据》，《自然资源学报》2015 年第 11 期。

佟昕：《中国区域碳排放差异分析及减排路径研究》，博士学位论文，东北大学，2015 年。

汪晓燕等：《基于空间自相关的贵溪市耕地保护分区研究》，《浙江农业学报》2017 年第 3 期。

王家庭、唐袁：《中国城市化投入—产出的空间计量分析》，《社会科学辑刊》2018 年第 1 期。

王劼、朱朝枝：《农业碳排放的影响因素分解与脱钩效应的国际比较》，《统计与决策》2018 年第 11 期。

王珏等:《中国地区农业全要素生产率及其影响因素的空间计量分析——基于1992—2007年省域空间面板数据》,《中国农村经济》2010年第8期。

王凯等:《基于空间聚类分析的中国旅游业碳排放效率》,《环境科学研究》2018年第3期。

王立平、陈俊:《中国雾霾污染的社会经济影响因素——基于空间面板数据EBA模型实证研究》,《环境科学学报》2016年第10期。

王梁等:《山东省农田生态系统碳源,碳汇及其碳足迹变化分析》,《中国农业大学学报》2016年第7期。

王若梅等:《基于水—土要素匹配视角的农业碳排放时空分异及影响因素——以长江经济带为例》,《资源科学》2019年第8期。

王思斯:《基于随机前沿分析的碳排放效率及影子价格研究》,硕士学位论文,南京航空航天大学,2012年。

王松良、C. D. Caldwell、祝文烽:《低碳农业:来源、原理和策略》,《农业现代化研究》2010年第5期。

王小彬等:《中国农业土地利用管理对土壤固碳减排潜力的影响》,《中国农业科学》2011年第11期。

王雨飞、倪鹏飞:《高速铁路影响下的经济增长溢出与区域空间优化》,《中国工业经济》2016年第2期。

吴贤荣等:《中国省域农业低碳绩效评估及边际减排成本分析》,《中国人口·资源与环境》2014年第10期。

吴贤荣等:《中国省域农业碳减排潜力及其空间关联特征——基于空间权重矩阵的空间Durbin模型》,《中国人口·资源与环境》2015年第6期。

吴贤荣等:《中国省域农业碳排放:测算、效率变动及影响因素研究——基于DEA – Malmquist指数分解方法与Tobit模型运用》,《资源科学》2014年第1期。

吴贤荣等:《中国种植业低碳生产效率及碳减排成本书》,《环境经济研究》2017年第1期。

吴义根、冯开文：《中国省际农业碳排放的时空分异特征及关联效应》，《环境科学与技术》2019年第3期。

肖大伟：《黑龙江省发展低碳农业的模式选择与对策》，《农业现代化研究》2011年第6期。

肖红波、王济民：《新世纪以来我国粮食综合技术效率和全要素生产率分析》，《农业技术经济》2012年第1期。

肖新成等：《三峡生态屏障区农业面源污染的排放效率及其影响因素》，《中国人口·资源与环境》2014年第11期。

谢鸿宇等：《基于碳循环的化石能源及电力生态足迹》，《生态学报》2008年第4期。

徐磊等：《基于SD模型的湖北省农业碳排放系统仿真与政策优化》，《资源开发与市场》2017年第9期。

徐雪高、郑微微：《农业绿色发展制度机制创新：浙江实践》，《江苏农业科学》2018年第16期。

许冠南等：《引入政策维度的技术路线图分析工具创新》，《科技进步与对策》2014年第12期。

严雅雪、齐绍洲：《外商直接投资对中国城市雾霾（PM2.5）污染的时空效应检验》，《中国人口·资源与环境》2017年第4期。

杨滨键等：《农业生产碳足迹影响因素研究——基于SVAR模型》，《生态经济》2019年第8期。

杨果、陈瑶：《中国农业源碳汇估算及其与农业经济发展的耦合分析》，《中国人口·资源与环境》2016年第12期。

杨皓然、吴群：《碳排放视角下的江苏省土地利用转型生态效率研究——基于混合方向性距离函数》，《自然资源学报》2017年第10期。

杨洪刚：《中国环境政策工具的实施效果及其选择研究》，博士学位论文，复旦大学，2009年。

姚晔等：《基于空间比较路径选择模型的碳生产率区域差异性

研究》,《中国管理科学》2018年第7期。

姚增福、刘欣:《现代农业全要素生产率分解及空间优化差异——来自湘南农户案例及VRS—DEA模型的实证检验》,《经济地理》2016年第12期。

于伟咏等:《中国农业系统碳汇和碳源的省域差异及影响因素》,《西部林业科学》2016年第5期。

俞花美、葛成军:《海南省热带农业循环经济可持续发展的理论与实践》,《安徽农业科学》2011年第26期。

岳立、李文波:《环境约束下的中国耕地利用效率及影响因素——基于GlobalMalmquist – Luenberger指数方法》,《农业经济与管理》2017年第6期。

曾大林等:《中国省际低碳农业发展的实证分析》,《中国人口·资源与环境》2013年第11期。

曾岚婷等:《时空效应下能源要素和经济增长的传导路径研究——基于半参数空间模型的经验分析》,《北京化工大学学报》(社会科学版)2019年第1期。

张秉福:《发展绿色农业的理论误区的剖析》,《社会科学辑刊》2006年第5期。

张俊飚等:《湖北循环农业发展的现状分析与对策研究》,《湖北社会科学》2008年第3期。

张俊等:《产业结构高级化对碳生产率的影响研究——基于空间杜宾模型》,《华南理工大学学报》(社会科学版)2019年第2期。

张莉侠、曹黎明:《中国低碳农业发展现状与对策探讨》,《经济问题探索》2011年第11期。

张丽君等:《基于DPSIR模型的中国城市低碳发展水平评价及空间分异》,《世界地理研究》2019年第3期。

张征宇、朱平芳:《地方环境支出的实证研究》,《经济研究》2010年第5期。

赵其国、钱海燕：《低碳经济与农业发展思考》，《生态环境学报》2009年第5期。

赵文晋等：《低碳农业的发展思路》，《环境保护》2010年第12期。

赵先超、宋丽美：《湖南省农地利用碳排放与农业经济关系研究》，《生态与农村环境学报》2018年第11期。

赵小雨等：《区域创新能力，农业经济与生态环境协调发展关系研究》，《科技进步与对策》2018年第7期。

郑长德、刘帅：《基于空间计量经济学的碳排放与经济增长分析》，《中国人口·资源与环境》2011年第5期。

郑恒、李跃：《低碳农业发展模式探析》，《农业经济问题》2011年第6期。

钟超、祁春节：《投入品价格波动对中国柑橘种植面积影响研究》，《价格月刊》2017年第2期。

钟凯扬：《对外贸易，FDI与环境污染的动态关系——基于PVAR模型的研究》，《生态经济》2016年第12期。

周建、高静：《空间计量经济学模型设定理论及其新进展》，《经济学报》2016年第2期。

朱平芳、张征宇、姜国麟：《FDI与环境规制：基于地方分权视角的实证研究》，《经济研究》2011年第6期。

ACIL Tasman Pty Ltd., *Agriculture and GHG mitigation Poliey: Options in Addition to the CPRS*, 2009.8.

Adams B., *Green Development: Environment and Sustainability in a Developing World*, Routledge, 2008.

Ali G., et al., "Exploring Environmental Kuznets Curve (EKC) in Relation to Green Revolution: A Case Study of Pakistan", *Environmental Science & Policy*, 2017, 77: 166 – 171.

Andreoni V., Galmarini S., "Decoupling Economic Growth from Carbon Dioxide Emissions: A Decomposition Analysis of Italian Energy

Consumption", *Energy*, 2012, 44 (1): 682 – 691.

Antle J. M., et al., "Estimating the Economic Potential for Agricultural Soil Carbon Sequestration in the Central United States Using an Aggregate Econometric – process Simulation Model", *Climatic Change*, 2007, 80 (1 – 2): 145 – 171.

Ayenew, et al., "Decent Rural Employment and Agricultural Production Efficiency: Empirical Evidence from sub – Saharan Africa", *Habtamu Ayenew*, 2015.

Baumann M, et al., "Carbon Emissions from Agricultural Expansion and Intensification in the Chaco", *Global Change Biology*, 2016, 23 (5).

Burney J A, et al., "Greenhouse gas mitigation by agricultural intensification", *Proceedings of the National Academy of Sciences*, 2010, 107 (26): 12052 – 12057.

Castillo – Santiago M A, et al., "Carbon Emissions from Land – use Change: An Analysis of Causal Factors in Chiapas, Mexico", *Mitigation and Adaptation Strategies for Global Change*, 2007, 12 (6): 1213 – 1235.

Castroe S M, Silva M., "Leapfrogging Agriculture as Usual: The Potential Contribution and Sustainability Benefits of Organic Farming to Carbon Sequestration in Portugal", *International Journal of Agriculture Innovations & Research*, 2015.

Chiodi A, et al., "Integrating Agriculture and Energy to Assess GHG Emissions Reduction: A Methodological Approach", *Climate Policy*, 2016, 16 (2): 215 – 236.

Coderoni S., Esposti R., "Long – Term Agricultural GHG Emissions and Economic Growth: The Agricultural Environmental Kuznets Curve across Italian Regions", International Congress, 2011.

Coderoni S., Esposti R., "Long – Term Agricultural GHG Emissions and Economic Growth: The Agricultural Environmental Kuznets Curve across Italian Regions", 2011.

de Moraes Sá J. C. , Lal R. , Cerri C. C. , et al. , "Low – carbon Agriculture in South America to Mitigate Global Climate Change and Advance Food Security", *Environment international*, 2017, 98: 102 – 112.

De Pinto A. , et al. , "Low Emission Development Strategies in Agriculture. An Agriculture, Forestry, and Other Land Uses (AFOLU) perspective", *World Development*, 2016, 87: 180 – 203.

Fogarassy C. , Nabradi A. , "Proposals for Low – carbon Agriculture Production Strategies between 2020 and 2030 in Hungary", *APSTRACT: Applied Studies in Agribusiness and Commerce*, 2015, 9 (1033 – 2016 – 84328): 5 – 16.

Gianelle D. , et al. , "The Role of Vineyards in the Carbon Balance Throughout Italy", *Environmental Science & Engineering*, 2015: 159 – 171.

Hu Y. , et al. *Dynamic Evaluation on Research Productivity of "211 Project" Universities: The DEA – Malmquist Approach* [M] //Evaluating Research Efficiency of Chinese Universities, 2017.

IPCC, "2006 IPCC guidelines for national greenhouse gas inventories", (2012 – 12 – 01), http://www.ipcc – nggip.iges.or.jp/public/2006gl/.

Jane N. , "Greenhouse Gas Emissions from Scottish Arable Agriculture and the Potential for Biochar to be Used as an Agricultural Greenhouse Gas Mitigation Option", University of Edinburgh, 2015.

Janzen H. H. , et al. , Soil Carbon Dynamics in Canadian Agroecosystems, *Soil Processes and the Carbon Cycle*. CRC Press, 2018: 57 – 80.

Jinho Ryu, et al. , "Comparison and Validation of the Lattice Thermal Conductivity Formulas Used in Equilibrium Molecular Dynamics Simulations for Binary Systems", *Computational Materials Science*, 2020, 178.

Johnson J. M. , et al. , "Agricultural Opportunities to Mitigate Greenhouse Gas Emissions", *Environmental Pollution*, 2007, 150 (1): 107 – 124.

Kahia M., et al., "What impacts of renewable energy consumption on CO2 emissions and the economic and financial development? A panel data vector autoregressive (PVAR) approach", //2016 7th International Renewable Energy Congress (IREC). IEEE, 2016: 1 – 6.

Kai T., et al., "Marginal Abatement Costs of Greenhouse Gas Emissions: Broadacre Farming in the Great Southern Region of Western Australia", *Australian Journal of Agricultural & Resource Economics*, 2016, 60 (3): n/a – n/a.

Kirkels F. M. S. A., et al., "The Fate of Soil Organic Carbon Upon Erosion, Transport and Deposition in Agricultural Landscapes – A Review of Different Concepts", *Geomorphology*, 2014, 226 (dec.1): 94 – 105.

Korhonen J., Honkasalo A., Seppälä J., "Circular Economy: The Concept and its Limitations", *Ecological Economics*, 2018, 143: 37 – 46.

Kurkalova L. A., "Nonlinear Models of Agricultural Production Efficiency: Bayesian, Classical, and Entropy Perspectives: An Analysis of Grain Production Decline During the Early Transition in Ukraine: A Bayesian Inference", *Social Science Electronic Publishing*, 2003, 51 (5): 1256 – 1263.

Lal R., "Agricultural Carbon Sinks", *Agu Fall Meeting*. 2016.

Lal R., "Carbon emission from farm operations", *Environment International*, 2004, 30 (7): 981 – 990.

Lengers B., et al., "Comparison of GHG – Emission Indicators for Dairy Farms with Respect to Induced Abatement Costs, Accuracy, and Feasibility", *Applied Economic Perspectives and Policy*, 2013, 35 (3): 451 – 475.

Liang Y., University W. T., "Reform Path of Low Carbon Agricultural Development in Shaanxi Province", *Agricultural Engineering*, 2017.

Luo J. W., Xu L., "On Production, Connotation and Development Strategy of Low Carbon Agriculture", *Research of Agricultural Moderniza-*

tion, 2010, 31 (6): 701 - 728.

Macleod M., et al., "Developing Greenhouse Gas Marginal Abatement Cost Curves for Agricultural Emissions from Crops and soils in the UK", *Agricultural Systems*, 2010, 103 (4): 0 - 209.

Magazzino C., "Economic growth, CO_2 Emissions and Energy Use in the South Caucasus and Turkey: A PVAR Analyses", *International Energy Journal*, 2017, 16 (4).

Mccarl B. A., Schneider U. A., "U. S. Agriculture's Role in a Greenhouse Gas Emission Mitigation World: An Economic Perspective", *Applied Economic Perspectives and Policy*, 2000, 22 (1): 134 - 159.

Mohanad Ismael, et al., "Agricultural Technologies and Carbon Emissions: Evidence from Jordanian Economy", *Environmental Science & Pollution Research*, 2018, 25 (1): 10867 - 10877.

Moran D., et al., "Marginal Abatement Cost Curves for UK Agricultural Greenhouse Gas Emissions", *Journal of Agricultural Economics*, 2011, 62 (1): 93 - 118.

Mosier A. R. et al., "Net Global Warming Potential and Greenhouse Gas Intensity in Irrigated Cropping Systems in Northeastern Colorado", *Journal of Environmental Quality*, 2006, 35 (4): 1584 - 1598.

Nan - you Y., "Concept and Connotation of Low - carbon Economy", *Urban Environment & Urban Ecology*, 2010, 1: 011.

Norse D., "Low Carbon Agriculture: Objectives and Policy Pathways", *Environment Development*, 2012, (59): 25 - 39.

Nsiah C., Fayissa B., "Trends in Agricultural Production Efficiency and their Implications for Food Security in Sub log aharan African Countries", *African Development Review*, 2019, 31.

Patricio J. H. P., "How much soil organic carbon is there in agricultural lands? A case study of a prime agricultural province in Southern Philippines", *Aes Bioflux*, 2014.

Pingali P. L., "Green revolution: impacts, limits, and the path ahead", *Proceedings of the National Academy of Sciences*, 2012, 109 (31): 12302 – 12308.

Powlson D. S. et al., "Does Conservation Agriculture Deliver Climate Change Mitigation through Soil Carbon Sequestration in Tropical Agro – ecosystems?", *Agriculture, Ecosystems & Environment*, 2016, 220: 164 – 174.

Pretty J., et al., "Policy Challenges and Priorities for Internalizing the Externalities of Modern Agriculture", *Journal of Environmental Planning and Management*, 2001, 44 (2): 263 – 283.

Reicosky D., "Carbon sequestration and environmental benefits from no – till systems", *No Till Farming Systems*, 2016.

Riesgo L., et al., "Multi – criteria Policy Scenario Analysis for Public Regulation of Irrigated Agriculture", *Agricultural Systems*, 2006, 91 (1 – 2): 1 – 28.

Rong – Zhang L., et al., "Theories and Models on Agricultural Circular Economy", *Fujian Journal of Agricultural Sciences*, 2009.

Rothwell R. O. Y., Zegveld W., *An assessment of government innovation Policies*, Government Innovation Policy. Palgrave Macmillan, London, 1988: 19 – 35.

Saunders M. J., et al., "Agricultural Encroachment: Implications for Carbon Sequestration in Tropical African Wetlands", *Global Change Biology*, 2012, 18 (4): 1312 – 1321.

Sauvé S., Bernard S., Sloan P., "Environmental Sciences, Sustainable Development and Circular Economy: Alternative Concepts for Trans – disciplinary Research", *Environmental Development*, 2016, 17: 48 – 56.

Schepaschenko M., "Carbon balance of Russian agricultural land", *Geophysical Research Abstracts*, Egu General Assembly, 2012.

Shu S., Chen J., Zhao X., "Dynamic Analysis of Energy Consumption and Economic Growth Based on the PVAR Model", *Chemical Engi-*

neering Transactions, 2018, 67: 823-828.

Simon Clinet, Yoann Potiron., "Testing if the market microstructure noise is fully explained by the informational content of some variables from the limit order book", *Papers*, 2019.

Tillé Y., et al., "Measuring the Spatial Balance of a Sample: A New Measure Based on Moran's I index", *Spatial Statistics*, 2018, 23: 182-192.

Wang K., et al., "On selecting Directions for Directional Distance Functions in a Non-parametric Framework: A review", *Annals of Operations Research*, 2019, 278 (1-2): 43-76.

West T. O., Six J., "Considering the Influence of Sequestration Duration and Carbon Saturation on Estimates of Soil Carbon Capacity", *Climatic change*, 2007, 80 (1-2): 25-41.

Wollenberg E., et al., "Reducing Emissions from Agriculture to Meet the 2 C Target", *Global Change Biology*, 2016, 22 (12): 3859-3864.

Xiang-hua W. Y. L., "Development of Low-carbon Agriculture with climate Change in the World", *Studies on Mao Zedong and Deng Xiaoping Theories*, 2010, 2.

Zhang K., Zhang S., "Testing Simulated Positive Spatial Autocorrelation by Getis-Ord General G", 2015 23rd International Conference on Geoinformatics. IEEE, 2015.

Zheng S., Economics S. O., "Does the Reform of Turnover Tax Promote the Upgrading of Industrial Structure? An Analysis of PVAR Model from a Perspective of Business-to-VAT Reform", 2017.

后 记

回首博士的读书生涯，除了感叹时光的流逝，更多是收获与感恩，在此谨向所有给予我关心与帮助的人致以最衷心的感谢。

饮其流者怀其源，在这里我最先要感谢的是我的博士生导师尚杰教授。德高鸿儒博学，这是对尚老师最好的概括，导师博学、严谨、求真的学风，一直是我学习且激励我在学术道路上不断前进的源泉与动力，学术上，导师从培养方案的制定、博士论文的开题、资料的收集、论文写作的指导、论文后期的修改与完善都倾注了心血与汗水，可以说我在学术上每一点的进步与提高都离不开尚老师的帮助，也是在尚老师高标准、严要求的前提下，才能按要求完成博士论文。更需要特别提出的是，尚老师在生活与工作中，也给予了我很大的帮助与指导，印象特别深刻的是，每当我思想有所懈怠的时候，尚老师都会及时对我进行帮助，使我获益匪浅，即使我不在哈尔滨，老师一旦发现我有需要改正的地方，都会及时提醒我，记得博二的时候，有次尚老师和我通话了近一小时，从论文的写作、技巧的训练一直谈到人生目标的树立，真的让我非常感动，我的导师不仅是一位严师，更是一位慈母，在这里对您郑重地说声：谢谢！

在这里我要感谢我的母校——东北林业大学，从本科、硕士一直到博士，母校的老师给予了我太多的帮助与支持，特别庆幸自己能有机会在这里学习与成长！我要感谢佟光霁教授、陈红教授、王红姝教授、于振伟副教授在论文开题、写作过程中对我的指导与帮助。同时，感谢华中农业大学的张俊飚教授、北京师范大学的毛显强教授、安徽财经大学的董刚教授，你们对我博士论文提出的宝贵意见使我能够顺利地完成论文。还要感谢在我的学生生涯中对我给予帮助与支持的朱美容老师、张尧老师、苏晋老师，由衷地对你们说一句谢谢！当然，还要感谢本书原始数据来源国家统计局与山东省统计局，贵单位提供的精确数据支撑了本书的研究。感谢一路走来老师们对我的关心与指导，是你们的帮助与支持，才让我能有机会顺利地完成博士学业，再次感谢各位老师！

  博士学习的完成不是终点，只是另一个学习的起点，提醒我要更加努力地学习与完善自我。在这里再次祝愿母校越来越好，祝愿尚杰老师以及帮助过我的所有老师、同学工作顺利、身体健康、越来越好。

杨滨键

2020 年 12 月